U0499084

不确定性条件下技术创新
与品牌资产价值关系研究

王　肇　著

中国财经出版传媒集团

经济科学出版社
Economic Science Press

·北京·

图书在版编目（CIP）数据

不确定性条件下技术创新与品牌资产价值关系研究 /
王肇著 . -- 北京 ： 经济科学出版社，2024.6. -- ISBN
978 - 7 - 5218 - 6064 - 1

Ⅰ. F273

中国国家版本馆 CIP 数据核字第 20247BN667 号

责任编辑：谭志军
责任校对：王苗苗　郑淑艳
责任印制：范　艳

不确定性条件下技术创新与品牌资产价值关系研究
王　肇　著
经济科学出版社出版、发行　新华书店经销
社址：北京市海淀区阜成路甲 28 号　邮编：100142
总编部电话：010 - 88191217　发行部电话：010 - 88191522
网址：www. esp. com. cn
电子邮箱：esp@ esp. com. cn
天猫网店：经济科学出版社旗舰店
网址：http：//jjkxcbs. tmall. com
北京季蜂印刷有限公司印装
710 × 1000　16 开　18. 25 印张　300000 字
2024 年 6 月第 1 版　2024 年 6 月第 1 次印刷
ISBN 978 - 7 - 5218 - 6064 - 1　定价：68. 00 元
（图书出现印装问题，本社负责调换。电话：010 - 88191545）
（版权所有　侵权必究　打击盗版　举报热线：010 - 88191661
QQ：2242791300　营销中心电话：010 - 88191537
电子邮箱：dbts@ esp. com. cn）

序

　　2020 年《中共中央关于制定国民经济和社会发展第十四个五年规划和 2035 年远景目标的建议》、2014 年习近平总书记提出三大转变的重要论述、《中国制造 2025》纲领等重要指示和各项政策多次提到中国品牌发展问题，说明在我国经济由"高速增长"向"高质量发展"推进过程中，培育中国品牌意义重大。在品牌经济发展速度迅猛的背景下，对企业所掌握的品牌以资产的形式确认，探究品牌资产价值增值路径和实现机制有重要的研究价值。中国品牌发展和品牌资产价值增值离不开企业持续研发创新。目前关于企业研发创新经济效应的研究大多围绕企业财务绩效、资本市场反映和公司治理等方面，而较少结合会计学科和市场营销学科，从品牌资产视角进行有针对性的研究，更鲜有学者从无形资产视角对品牌资产进行充分界定和探索，基于经济政策不确定性动态视角讨论研发创新与品牌资产价值增值关系问题。因此，本书选择在探索品牌资产的无形资产属性基础上，研究研发创新对品牌资产价值增值的作用效果和作用路径，并结合经济政策不确定性调节作用，探讨如何在经济政策不确定性背景下提升企业研发创新对品牌资产价值的增值作用等问题，具有一定理论价值与现实意义。

　　本书立足品牌资产的价值增值问题，在对相关领域研究成果进行充分梳理和回顾的基础上，讨论研发创新对品牌资产价值的作用效果和作用路径，并从财政政策不确定性和货币政策不确定性两个角度讨论经济政策不确定性的调节作用，同时拓展在产权异质性、行业异质性、区域异质性等不同条件下的具体情况。通过数据分析方法对理论分析进行检验，通过案例研究探索不同特征企业的研发创新对品牌资产价值的实际作用和存在的问题，并提出相应政策建议，以期为在经济政策不确定性背景下，促进中国品牌经济流通、提升中国企业品牌资产的技术含量和资产价值提供参考。

本书共分九章，按照"理论分析及文献回顾—政策研究及现状分析—实证研究及数据探索—案例分析及问题发现—结论与政策建议"的思路逐步展开研究。具体而言：在理论分析和文献回顾部分，主要从关键概念界定、支撑理论和文献资料回顾等方面进行梳理，并结合文献内容进行总结评述。在文献回顾部分，主要讨论品牌资产价值的相关研究、研发创新对品牌资产价值的作用以及经济政策不确定性的经济影响等方面。在政策研究及现状分析部分，对中国品牌资产相关政策演进脉络进行梳理和国际比较，并从多角度全面统计分析我国品牌资产现状，以期对我国品牌资产的管理和发展趋势进行充分了解。在实证研究和数据检验部分，首先是多角度讨论企业研发创新对品牌资产价值增值的影响和作用路径；其次是基于货币政策不确定性视角进行研究，检验货币政策不确定性对研发创新与品牌资产价值间关系的调节作用；最后是基于财政政策不确定性视角进行研究，检验财政政策不确定性对研发创新与品牌资产价值间关系的调节作用。三章实证内容从整体和不同经济政策不确定性背景等方面分别讨论研发创新与品牌资产价值之间的关系。在案例研究及问题发现章节，基于学界对于传统工艺型品牌企业是否需要创新的焦点话题，通过选择科技创新品牌的代表性企业"格力电器"和传统工艺型品牌的代表性企业"贵州茅台"进行双案例对比分析，挖掘不同类型企业研发创新对品牌资产价值的作用效应及存在的问题，为本书深入讨论品牌资产价值增值的内因动力提供现实情境。

本书通过理论分析、实证检验和案例研究，得出如下主要研究结论。

其一，区分研发创新投入、研发创新产出和研发创新动机等视角，探索企业研发创新与品牌资产价值增值的影响效应。研究发现：（1）研发创新投入、获得专利授权能够提升品牌资产价值；（2）区分实质性创新（发明专利）和策略性创新（非发明专利）后，发现实质性创新对品牌资产价值的促进作用更明显；（3）研发创新形成专利产出能够通过提升企业价值、提升企业销售收入等路径提升品牌资产价值。为保证实证结果的稳健性，本书通过调整样本选择范围、调整回归方法、替换变量、替换样本等方法进行稳健性检验，通过 Heckman 两阶段法和工具变量法缓解内生性问题。

进一步，基于企业研发创新异质性视角、行业异质性视角和地区异质性视角对研究结论进行拓展，发现：（1）资本化研发支出和费用化研发支出均会提升品牌资产价值，发明专利和实用新型专利对品牌资产价值的提升作用更显著；（2）研发创新对品牌资产价值的提升作用在高端制造业样本下显著；（3）国家自主创新示范区政策调节作用对实质性创新作用显著。

其二，检验货币政策不确定性对企业研发创新与品牌资产价值间关系的调节作用。结果发现：（1）货币政策不确定性显著抑制研发创新投入、获得专利授权对品牌资产价值增值的影响。（2）货币政策不确定性显著抑制企业进行实质性创新和策略性创新对品牌资产价值增值的影响。为保证实证结果的稳健性，本书通过调整样本选择范围、替换变量、替换样本等方法进行稳健性检验，通过 Heckman 两阶段法缓解内生性问题。

基于以上研究结论进一步分析，本书从企业所属经济区域、高端制造业行业样本等宏观视角和企业财务杠杆水平、企业产权性质等微观视角进行拓展，结果发现：（1）货币政策不确定性对于三大经济区内企业的影响存在差异。（2）货币政策不确定性显著抑制高端制造业获得专利授权、实质性创新和策略性创新的品牌资产价值增值效应实现。（3）货币政策不确定性对于财务杠杆水平较高企业的影响相对显著。（4）货币政策不确定性对于国有企业和非国有企业样本的影响存在一定差异。

其三，本书检验财政政策不确定性对企业研发创新与品牌资产价值间关系的调节作用。研究发现：财政政策不确定性对企业研发创新投入、研发创新获得专利授权、实质性创新和策略性创新均存在显著的抑制作用。为保证实证结果的稳健性，本书通过调整样本选择范围、替换变量、替换样本等方法进行稳健性检验，通过 Heckman 两阶段法缓解内生性问题。进一步研究发现：（1）对于京津冀地区而言，财政政策不确定性对研发创新投入的影响相对较小，但显著抑制获得专利授权、实质性创新和策略性创新对品牌资产价值增值的作用。在长江三角洲地区，财政政策不确定性对企业研发创新的抑制作用更多体现在研发创新投入、研发专利产出和实质性创新的品牌资产价值增值效应上。在粤港澳大湾区，财政政策不确定性对研发创新的影响相对较小。（2）财政政策不确定性对高端制造业企业获得专利授权、实质性创新的品牌资产价值增值效应有显著的抑制作用。（3）财政政策不确定性对于高新技术企业获得专利授权和实质性创新存在一定削弱作用。（4）财政政策不确定性对国有企业样本研发创新的品牌资产价值影响显著。（5）在一定范围内，财政政策越宽松，企业获得专利授权、实质性创新对品牌资产价值增值的促进作用越明显。

其四，本书通过"格力电器"与"贵州茅台"的双案例对比分析，研究科技创新型企业品牌资产和传统工艺型企业品牌资产通过研发创新实现资产增值效应的异同点。通过对案例企业品牌资产管理现状、企业研发创新现状、研发创新对品牌资产价值增值作用等问题的研究，发现：研发创新有助于两类企业品牌资产的价值增值，但在企业品牌资产增值战略的制定过程中，需要明确品牌定位和经营目标，确立适合企业特征的品牌资产增值路径。另外，企业需要加强品牌资产管理体系建设，对企业品牌资产的价值进行动态评估和管理。

本书的主要创新之处体现在以下三个方面。

其一，研究内容创新。现有研究大多针对企业创新对企业财务绩效的影响进行理论分析和实证研究，而对交叉学科的品牌资产增值效应研究不足。本书创新性地探究企业研发创新驱动品牌资产价值增值的规律，能够完善关于品牌资产价值的学术资料，在研究内容上有所创新。

其二，研究视角创新。一方面，从无形资产视角讨论品牌资产管理问题，增补会计学科和市场营销学科研究资料；另一方面，在理论上将经济政策不确定性的动态视角融入企业研发创新与品牌资产价值的静态关系研究，增补经济政策不确定性的研究框架，以及宏观政策与微观企业绩效研究领域的研究资料。

其三，研究方法创新。本书通过手工整理品牌资产价值数据，创新性地通过实证方法检验研发创新与品牌资产价值之间的关系，对现有研究内容进行充分增补，并通过案例研究与实证研究相结合的方式，从不同视角对研发创新与品牌资产价值增值问题进行探索。

前言

当今世界面临百年未有之大变局，全球经济社会发展处于不确定性状态，迫切需要"加快形成以国内大循环为主体、国内国际双循环相互促进的新发展格局"，实现宏观经济和微观企业的高质量发展。新发展格局下的市场流通，一方面需要提升本国产品和服务质量，培育经济增长新动能和消费市场新活力、塑造国际竞争新优势；另一方面需要引领消费结构升级、提振消费者对国产自有产品和服务的信心。实现以上发展目标的重要途径，是打造中国品牌。品牌是高质量发展的象征，"是企业乃至国家竞争力的综合体现，代表着供给结构和需求结构的升级方向"。打造中国品牌不仅有助于经济高质量发展、反映国家形象和地区特色，也在传承中华优秀传统文化、推进文化自信自强中起到重要作用。早在 2014 年，习近平总书记便提出了"三大转变"的重要论述，要求"中国产品向中国品牌转变"；2018 年上海市国有资产监督管理委员会《关于本市国有企业全力打响上海"四大品牌"的实施方案（2018—2020）》中，明确提出了针对品牌建设中的投入机制、运营管理机制、考核评价机制等方面的要求；2023 年 7 月 14 日，中共中央、国务院《关于促进民营经济发展壮大的意见》明确提出要加强品牌建设，提升"中国制造"美誉度。可见，在新发展格局下，构建中国企业高质量、高附加值的品牌资产，提升中国品牌的国际竞争力，对于经济高质量发展有着重要、不可替代的作用，对企业所掌握的品牌以资产的形式确认，探究品牌资产价值增值路径和实现机制有重要的研究价值。

现有学术资料中对于品牌资产的价值管理、基于不确定性动态视角下的品牌资产价值驱动因素的研究较少，存在较大的研究空白。本书通过制度梳理、数据分析、理论回顾、案例研究等多角度研究设计，在探索品牌资产的无形资产属性基础上，论述技术创新对品牌资产价值增值的作用效果和作用机制，并结合不确定性视角，探讨如何在不确定性背景下提升企业技术创新对品牌资产价值的增值作用，以制度创新倒逼技术创新，实现中国品牌资产的保值增值和不确定性风险防范能力，对现有资料和理论框架进行充分增补。本书研究旨在为促进中国品牌经济流通、提升中国企业品牌资产的技术含量和资产价值提供参考和决策支持。

在本书定稿之际，由衷地感谢各位专家老师在论证和研究过程中的指导与支持，从研究内容、研究方向、研究方法等各方面提出中肯的指导意见。感谢首都经济贸易大学新入职青年教师科研启动基金项目（XRZ2022035）、北京国际商贸中心研究基地课题"数字经济赋能品牌价值提升的机制及实现路径研究"（ZS2023B02）的资助。

感谢我的博士导师首都经济贸易大学崔也光教授和北京财贸职业学院王成荣教授，对本书从设计到开展研究、从结构到文字表述的全程悉心指导，对我在理论知识传授、研究方法引导、治学态度培养上所付出的辛苦，对我的学业的那份牵挂，对生活关爱的那份慈祥，更感谢老师授业解惑之外教给我做人的道理。

感谢首都经济贸易大学和会计学院的领导、老师。是学校、学院和各位老师的培养，帮我过滤了狂热和浮躁，沉淀了理性与沉着。学为人师，行为世范。会计学院杨世忠教授、顾奋玲教授、于鹏教授、许江波教授、杨鹃教授、蔡立新教授、王凡林教授、谭静老师、孙军鹏老师以及每一位老师诲人不倦的教育，认真负责又充满激情，不仅引领我提升研究能力，更让我了解到应该如何追求卓越，如何做一名优秀的教师。

感谢学术成长之路上给予指导和帮助的各位老师。在本书的研究过程中，得到了中国会计学会周守华教授、中国人民大学耿建新教授、中国人民大学况伟大教授、中央财经大学刘红霞教授、北京工商大学毛新述教授从研究内容、研究方向、研究方法等各方面提出的指导意见，这些意见不仅对完善研究内容帮助极大，也开阔了我的研究视野，帮助我更好地规划未来的研究目标。

感谢北京物资学院鹿瑶博士、东北财经大学博士生苏畅对本书部分章节的指导和建议。感谢北京财贸职业学院副研究员王春娟博士、南京农业大学博士生杜东英在研究论证中提供的宝贵建议。感谢华为技术有限公司王艺哲老师在研究过程中提供的宝贵经验支持。感谢首都经济贸易大学会计学院张悦老师、博士生张明晶和王守杰，硕士生逯蓉、梁月、马昕婕，天津大学硕士生赵静怡在撰写过程中承担的重要修订任务。

感谢经济科学出版社的谭志军老师对本书定稿提出了建设性意见，付出了大量心血和辛勤汗水。

感谢在本书写作过程中所参阅诸多学术资料的作者，通过不同方式表达了专业领域的真知灼见，给本书的撰写提供重要启迪。同样，也感谢每一位在科研道路上给予帮助、鼓励和微笑的老师和朋友。本书撰写过程中尚有诸多不足，恳请各位专家学者批评指正。

作　者
2024 年 5 月

目 录

第一章 绪 论

第一节 问题的提出

一、研究背景

2020 年，《中共中央关于制定国民经济和社会发展第十四个五年规划和 2035 年远景目标的建议》中多次提到品牌问题："以质量品牌为重点，促进消费向绿色、健康、安全发展"、"推进服务业标准化、品牌化建设"。2014 年，习近平总书记提出要"推动中国制造向中国创造转变、中国速度向中国质量转变、中国产品向中国品牌转变"的重要论述；2017 年，国务院总理李克强在政府工作报告中提出要"打造更多享誉世界的中国品牌，推动中国经济发展进入质量时代"；2017 年，国务院将每年 5 月 10 日设立为"中国品牌日"；《中国制造 2025》纲领提出加强制造业质量品牌建设。重要指示和各项政策说明，在我国经济由"高速增长"向"高质量发展"推进进程中，培育中国品牌具有重要意义。中国企业掌握的品牌数量众多、经济体量巨大，且品牌特色各异，这不仅代表着中国的先进生产水平和服务水平，也承载着传统文化的"流行密码"。2020 年世界品牌实验室发布的数据披露，中国企业掌握的最具品牌价值的 500 个品牌总价值为 246 920.58 亿元人民币，涵盖能源、金融、信息技术、汽车等多行业；经过我国商务部认证，拥有"中华老字号"品牌（中国世代传承品牌）的企业有 1 128 家，掌握诸多世代传承的特色产品、技艺或者服务，是中华民族传统文化的集中体现。可以说，发展民族品牌经济，兼具文化传承和经济高质量发展双重任务，有重要的意义。品牌经济时代，企业文化、区位优势、人力资源等要素比重增加，资源向首选品牌流动、形成品牌附加值，企业间竞争的本质转变为品牌价值的竞争。虽然品牌经济发展得如火如荼且我国民族品牌众多，但对于企业所掌握的品牌的研究仍未受到学界的足够重视，对于品牌的研究多是从公司战略视角的探讨，而将企业所掌握的品牌以资产的形式确认、管理，讨论品牌资产价值增值路径和实现机制的研究框架仍不充分。

品牌和专利是自主知识产权的两大支柱，品牌资产和核心技术更是决定无形资产质量的关键因素，合理计量品牌资产价值有重要的经济价值和理论意义（于玉林，2005）。早在 1988 年，英国麦克多格公司便在资产负债表中记载公司开发品牌的价值。随着国际化发展，企业间的兼并和收购日趋复杂，品牌资产及其价值的重要性逐渐显现。中华牙膏曾为民族品牌中的领先者，有较高的品牌效应和市场份额（约15%）。1994 年联合利华以 1 800 万美元入股、获得民族品牌"中华牙膏"的品牌经营权，其每年为联合利华公司贡献 10 亿元左右的销售额，但其所支付的"中华"品牌商标使用费仅 3 000 万元左右。在会计信息披露规定中不要求披露企业自创品牌的价值，会计准则中也未将自创品牌这一无形资产纳入资产负债表或报表附注进行管理，而在企业兼并收购中，品牌资产却有高额的品牌溢价和巨大的品牌价值效应（杨雄胜，2000）。可见，对品牌资产的价值管理问题进行研究，既是对无形资产会计领域的拓展，也是企业管理的重要内容。

科技实力和企业文化决定品牌资产价值。2021 年，李克强总理在政府工作报告中再一次明确指出"依靠创新推动实体经济高质量发展，促进科技创新与实体经济深度融合，更好发挥创新驱动发展作用"。品牌资产蕴含的文化要素（例如企业文化、战略方向等）决定企业的发展方向，而品牌资产所拥有的技术含量决定企业的增值动力，是品牌竞争的关键。中国品牌走向世界，必须依靠科技创新、掌握关键专利技术。但社会整体创新研发能力仍然不能满足国家经济高质量发展的要求，在关键技术领域的中国品牌仍然不足。例如，2019 年世界品牌实验室发布的《世界品牌价值 500 强排行榜》中国上榜品牌 40 家，且上榜企业以金融、互联网等行业居多。2019 年《财富》杂志发布的《世界 500 强排行榜》中国公司上榜数量已达到 129 家，排名世界第一位，且上榜企业销售规模和资产规模与平均水平持平，但中国企业的盈利水平仍有较大提升空间，企业的高质量发展变得更为迫切。中国上榜企业平均利润为 35 亿美元，低于世界平均水平 43 亿美元，如果剔除 11 家上榜银行业企业的利润后，其他中国大陆上榜企业平均利润仅 19.2 亿美元。可见，中国大规模企业数量多，但企业所拥有的品牌资产仍有巨大的价值成长潜力，品牌资产溢价水平相对较低。中国品牌亟须提高价值，掌握核心专利技术、推动中国品牌资产价值成长，鼓励企业集中力量打好关键核心技术攻坚战，充分挖掘企业研发创新对品牌资产价值增值的作用。

　　另外，研发创新对品牌资产价值增长的作用受到经济政策的显著影响。结合制度理论，国家有关部门的政策变化会对品牌战略布局和品牌资产成长产生深远影响（孙立、何佳讯，2019）。在推动中国经济稳步高质量发展过程中，政府出台各类经济政策，对企业研发创新和品牌资产价值增值趋势有较大影响。例如，财政部与国家知识产权局颁布的《知识产权相关会计信息披露规定》、国家税务总局颁布的企业研发费用加计扣除优惠政策等政策法规出台，能够为企业创新研发提供相关优惠和财政支持，降低企业研发活动的成本，保护研发成果的相关权益，推动专利成果的成功转化、降低企业创新成本和新产品投产成本；设立粤港澳大湾区、自由贸易试验区，为推动中国品牌国际化提供平台。但同时，上调基准利率、"去杠杆"政策，可能短期内增加企业的融资约束，增加研发创新项目的投产难度，更有可能给企业带来财务风险。此时的相关政策会削弱企业对新项目的研发创新动机和新产品投产意愿，影响企业品牌战略。可见，不同经济政策的颁布会对企业研发创新和品牌战略产生不同影响，未来经济政策的不确定性会影响企业的决策判断。稳定的经济政策会给企业较确定的未来预期，而政策频繁变化导致的经济政策不确定性会削弱企业研发创新的经济效应和品牌资产价值增长动力。2020 年的新型冠状病毒疫情，加之国际贸易壁垒增加，对各国经济发展冲击严重，存在诸多难以预料的影响因素，国际国内宏观因素的变化，更是引起经济政策的反复调整，带来较高的不确定性。据统计，2000～2019年我国经济政策不确定性指数存在较大波动（见图1.1）。参考梁权熙和谢宏基（2019）、张浩等（2015）的研究，中国经济政策不确定性可划分为5次较大的阶段性波动：其一，中国加入WTO（2001～2003年）；其二，全球金融危机（2008～2009年）；其三，央行下调准备金率（2011～2012年）；其四，供给侧结构性改革（2015年至今）；其五，中美贸易摩擦（2018～2019年）。

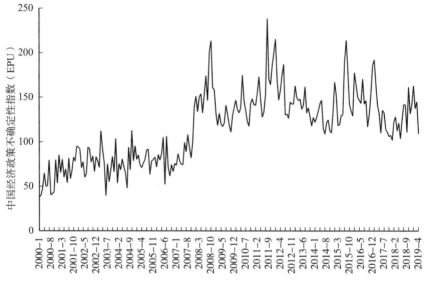

图1.1　中国经济政策不确定性指数（EPU）时序

资料来源：本书根据香港浸会大学中国经济政策不确定性指数整理。

经济政策不确定性较高时，政策变动较大、企业无法准确预知政府是否会改变现行经济政策（Ion and Gulen，2016），影响企业经营决策（顾夏铭等，2018），进而影响研发创新决策和品牌资产成长战略。但同时相关部门也会出台各项保证经济平稳运行、有力带动经济高质量发展的政策措施，为品牌资产价值增值提供机会。诸多企业并未认识到经济政策变动的多面性，将经济政策不确定性视为技术创新的阻碍，面对产业结构优化调整和经济转型升级压力时，倾向于模仿和投资简单技术移植等模式的创新成果（袁建国等，2015），进而影响品牌所拥有的核心技术的研发与突破，阻碍中国民族品牌的发展和资产增值。中央多次提出"六稳""六保"① 方针，只有通过引导经济政策稳定、保证市场主体和国家经济稳定运行，才能化解不确定性带来的发展压力，促进经济稳定，实现未来经济发展的确定性。2020 年，国务院政府工作报告指出："积极的财政政策更加积极有为、稳健的货币政策更加灵活适度。"面对诸多不确定性经济社会因素，政府加大宏观政策实施力度，加大减税降费力度、推动降低企业生产经营成本、强化对稳企业的金融支持。面对 2020 年新冠疫情，中央推出 8 个方面 90 项涉及财税政策、货币政策等各项政策措施推动经济社会发展；2021 年，李克强总理作政府工作报告中明确提出："保持宏观政策连续性稳定性可持续性"、"积极的财政政策要提质增效、更可持续"、"稳健的货币政策要灵活精准、合理适度"。在当前世界经济增长持续放缓、国内经济下行压力加大的背景下，确保经济政策稳定对于保持经济运行在合理区间、推动高质量发展，具有重要意义：保证政策的确定性和长期的财税政策、货币政策稳定，给企业留足技术创新时间，实现品牌资产的培育，最终实现"大国重器"、中国民族品牌崛起。

熊彼特认为，在研究经济周期时，需要在各种危机表现出来的外在形式中寻求危机的共同因素。同理，研究经济政策不确定性也是如此，通过挖掘各类经济政策不确定性的共同作用，厘清经济政策不确定性的一般规律，挖掘如何通过内生经济增长动力即企业研发创新实现品牌资产价值增值，为打造品牌强国提供资料。

基于以上思考，本书区分货币政策、财政政策等经济政策不确定性的调节作用，探究面对外部环境不确定性时，企业如何通过研发创新提升品牌资产价值，实现高质量稳定发展的内在机理和影响路径。

---

① 2018 年 7 月，中央经济工作会议首次提出"六稳"方针；2020 年 4 月中央提出"六保"任务。

二、研究意义

品牌资产决定企业的发展方向和战略定位，对核心技术改良创新是企业价值增长的真正来源，决定企业发展的未来。二者应协同并进，共同促进中国企业的稳定发展。尽管关于技术创新的研究越来越多，但对于企业发展的两条主线——创新与品牌之间关系的研究较少，且研究仍停留在相关性问题上，没有将企业战略和长期发展融入二者的关系。

参考 Romer 模型，经济发展需要吸收新的技术、自主创新，也需要改善现有的经济政策和相应制度。面对诸多风险和不确定性，政府的财税政策和货币政策也会相应变动，企业也应该把握经济政策不确定性的规律，为自身战略决策提供机遇、化解风险，充分发挥技术创新的作用，实现稳定的长期的品牌资产价值增值和企业发展。如何把握经济政策的不确定性，充分发挥研发创新对品牌资产价值的促进作用，实现企业稳定长期发展，是本书的主题，也是研究目标。基于以上分析，本书对经济政策不确定性、研发创新与品牌资产进行研究，存在一定理论价值和现实意义。

（一）理论意义

本书探究企业研发创新、经济政策不确定性与品牌资产成长问题，有以下理论意义。

其一，深化关于企业研发创新对品牌资产价值增值影响的作用逻辑的研究。关于企业技术创新的经济效果、影响因素的研究一直是学术界关注的重点问题。现有研究中关于企业技术创新经济效果研究多集中于企业生产效率、企业盈利能力，而关于技术创新与企业竞争力中的关键因素之一——品牌资产价值的研究相对较少，且对于研发创新如何促进品牌资产价值增值的作用机理的研究不够充分。[①] 本书研究对该问题进行拓展和完善，有一定理论意义。

---

① 实际上，技术创新是形成无形资产（尤其是品牌资产）的关键因素。

其二，结合中国市场环境特点，拓展对于经济政策不确定性研究的逻辑框架。本书研究将经济政策不确定性因素纳入技术创新与品牌资产价值增值的研究框架中，并区分财政政策、货币政策等不同类型政策进行研究。现有经济政策不确定性经济影响的研究多集中于资本市场和公司经营业绩，但对技术创新与品牌资产间关系的影响研究较少。本书对该问题进行拓展研究，有较高的理论价值。[①]

其三，本书以无形资产视角系统梳理品牌资产的价值评估方案问题，增补品牌资产价值评估和资产溢价问题的研究。现有关于品牌资产的研究，多聚焦于品牌资产的概念界定、品牌溢价的核算和影响因素、讨论品牌资产在会计报表中的归属问题，或与商品流通、企业治理等领域交叉研究，鲜有学者从无形资产视角，对如何发挥品牌资产的作用进行系统性讨论。实际上，作为企业发展的重要条件，企业拥有的核心品牌资产决定企业的发展方向，是企业有效应对外界不确定性条件影响、获得长期稳定发展的关键。本书研究对该问题进行充分补充和完善，有一定理论价值。

其四，目前关于政策不确定性的研究大多集中在整体经济政策上，但对于具体经济政策不确定性的衡量和经济效应研究较少。本书充分梳理相关政策不确定性的衡量方法，结合宏观背景，选取财政政策不确定性和货币政策不确定性进行研究，旨在充分厘清经济政策不确定性对企业创新经济效应的影响，为宏观政策与微观企业行为的相关研究提供资料。

（二）现实意义

在提质增效、经济高质量发展的宏观背景下，提高企业研发质量、提升企业品牌资产价值、培育中国品牌意义重大。尤其是在受到 2020 年新冠疫情和贸易壁垒增多的影响，世界经济出现危机，如何实现中国经济的转型升级、发挥技术和品牌优势成为重要议题。

本书研究有以下现实意义。

---

① 实际上，经济政策不确定性会直接影响企业对技术创新的投入，进而影响品牌资产的形成与发展。

其一，为引导企业依靠创新实现高质量发展、提升中国品牌核心竞争力提供思路。品牌经济时代，打造高质量的品牌资产，既是企业发展的战略目标，也是形成核心竞争力的关键。本书通过无形资产视角研究品牌资产价值增值问题，讨论如何通过政策调整化解不确定性风险，以技术创新打造中国品牌的核心竞争力问题，具有较强的实践意义。

其二，拓展企业研发创新的经济效应研究，为企业更好地进行研发创新管理提供参考，为提高高端制造业国际影响力提供资料。诸多学者对企业研发创新的宏观经济效应和对微观企业的影响进行研究，但较少有学者从品牌资产价值增值的视角出发进行讨论。本书研究企业研发创新对品牌资产价值增值的影响路径，在品牌经济时代促进企业培育民族品牌资产有一定现实意义。

其三，在"六稳"政策背景下，研究经济政策不确定性的经济影响和作用效应，为更好地实现经济稳增长、以制度创新推动企业技术创新提供建议。结合 2021 年国务院政府工作报告的重点工作内容，本书从如何保持宏观政策稳定性、如何依靠创新推动实体经济高质量发展和培育中国品牌资产的视角出发，研究经济政策不确定性背景下的企业研发创新与品牌资产价值增值问题，即为企业应对不确定性提供路径与方案——追求创新、培育品牌资产。本书研究通过适应经济政策不确定性而发挥技术创新的经济效益、实现中国企业的品牌资产价值增值的途径和理论框架，顺应宏观经济发展趋势和新时代特征，对于企业品牌资产价值管理和宏观经济高质量发展有一定现实意义。

第二节　研究内容与本书框架

一、研究内容

基于上述研究思路，本书共分为九章。本书借鉴财务会计与资本市场方向的主流研究方法，将规范研究与实证研究相结合，借助归纳和演绎提出研究问题，并有理有据地进行验证。

全书结构与主要研究内容如下。

第一章，绪论。本章基于经济政策不确定性条件下发挥技术创新对品牌资产价值增值的作用，系统说明本书的研究背景、主要研究问题及本书选题的理论意义与实践意义；说明本书的研究思路、研究内容和研究框架；介绍本书的理论分析和实证研究方法、技术路线；总结本书的研究结论和可能的创新之处。

第二章，理论基础与文献探索。本章分析与论题相关的理论基础（创新理论等），并梳理与论题有关的理论文献。在本章中，主要围绕研发创新、品牌资产价值和经济政策不确定性三个方面进行讨论。主要思路如下：（1）界定企业研发创新、品牌资产和经济政策不确定性的概念；（2）品牌资产的价值评估模型，以及品牌资产会计管理方法等；（3）关于企业研发创新的经济效应、对品牌资产价值影响的内在机理、作用路径的文献梳理；（4）经济政策不确定性的理论分析，包括经济政策不确定性类型、测度方法，讨论经济政策不确定性因素对企业研发创新与品牌资产价值关系影响的作用逻辑。在本章节讨论的经济政策不确定性分类，为第五章、第六章的研究框架设计提供基本思路。

第三章，国际品牌资产相关制度的演进。本章对与品牌资产价值成长相关的政策如知识产权保护制度，商标法等进行充分梳理，回顾知识产权相关政策、商标法政策和品牌资产的产生发展与应用问题。

第四章，中国品牌资产发展整体现状分析。通过统计分析，研究中国企业所拥有的品牌资产的发展现状，为充分了解中国企业品牌资产的发展情况、管理现状提供资料。具体而言，分析关于中国品牌资产的以下内容：（1）品牌资产会计核算问题和发展情况；（2）品牌资产行业分布；（3）世界品牌资产发展情况和中国品牌资产发展情况，各行业、各地区、重点城市上市公司品牌资产具体情况等。

第五章，技术创新对品牌资产价值的影响及机理研究。本章重点讨论品牌资产的形成与增值过程中，企业研发创新对品牌资产价值提升作用的内在逻辑和机理机制，检验研发创新对品牌资产价值提升的影响作用，并从国家政策支持（国家自主创新示范区设立）、行业特征（高端制造业样本）和企业研发投入和产出类型等视角进行补充分析。另外，本书选择工具变量法、Heckman 两阶段法处理内生性问题，选择替换变量、替换样本进行稳健性检验。全书主要涉及实证模型有 LSDV 模型、调节效应模型、中介效应模型和SUR 检验方法等。本书以 2007～2019 年中国上市公司为研究对象，根据世界品牌实验室《中国企业品牌价值 500 强》选定上市公司名单；参考 CSMAR数据库上市公司基本资料，手工识别、核对拥有品牌的上市公司股票代码。

第六章，货币政策不确定性、企业技术创新与品牌资产价值。本章研究思路为：检验在货币政策不确定性调节作用下，研发创新对品牌资产价值增值的影响程度。进一步，从地区经济发展水平（三大经济区）、企业特征（财务杠杆水平、行业属性、产权性质）等视角进行异质性检验。另外，选择 Heckman 两阶段法处理内生性问题，选择替换变量、替换样本等方法进行稳健性检验。全书主要涉及实证模型有 LSDV 模型、调节效应模型等。本章中货币政策不确定性衡量方法参考学者研究经验，以上海银行间同业拆借7 日利率的年度标准差作为标准，选择香港浸会大学陆尚勤等学者提供的研究数据辅助研究。

第七章，财政政策不确定性、企业技术创新与品牌资产价值。本章研究思路为：检验在财政政策不确定性调节作用下，研发创新对品牌资产价值增值的影响程度。从地区经济异质性（三大经济区）和企业特征（产权性质、高端制造业行业、高新技术企业）等视角进行异质性检验，同时拓展对于财政政策波动影响的讨论。选择 Heckman 两阶段法处理内生性问题，选择替换变量、替换样本等方法进行稳健性检验。全书主要涉及实证模型有LSDV 模型、调节效应模型等。财政政策不确定性指标选择香港浸会大学学者的研究成果进行衡量。

第八章，技术创新对品牌资产价值增值作用的典型案例。本章选择双案例对比分析，通过对贵州茅台和格力电器的对比分析，讨论不同类型企业的技术创新对品牌资产价值增值的具体作用，即传统工艺型品牌资产与科技创新型品牌资产之间的差异。根据案例研究，本书认为：（1）品牌资产的保值增值需要进行创新研发，无论是贵州茅台还是格力电器，都离不开对生产技术的不断改良升级。（2）在企业品牌资产价值增值过程中，需要明确品牌定位和经营目标，确立适合企业品牌资产特征的研发创新战略。（3）加强基于资产负债表观下的品牌资产管理体系建设，对企业品牌资产的价值进行动态评估和管理。

第九章，政策建议与展望。本部分在对本书第五章至第七章所得实证检验结果、第八章案例研究进行深入分析、合理归纳的基础上，形成全书的最终研究结论，并结合第三章政策研究提出相应建议，以及未来尚需进一步研究的方向。

二、本书框架

全书研究由以下四部分构成。本书按照"前言—理论基础与文献综述—制度背景与品牌资产发展现状—实证研究—案例研究—研究结论、政策建议与研究展望"的研究线路，对选题进行研究。在理论基础部分，本书主要介绍了信息不对称及信号理论、创新理论和内生经济增长理论以及不确定性理论。在文献综述部分，本书主要从企业研发创新、品牌资产价值、经济政策确定性三个方面对现有文献进行了梳理，并进行文献述评。在实证检验中，本书主要检验了企业研发创新在品牌资产形成与增值过程中的作用机理，以及货币政策不确定性、财政政策不确定性对两者关系的调节作用。

第一部分，经济政策不确定性、企业研发创新与品牌资产价值的理论研究。主要内容包括以下几方面：（1）概念界定与概念辨析。对品牌资产在多视角下的概念、经济政策不确定性的概念和企业研发创新的概念进行界定，并对品牌资产与其他类无形资产的概念进行对比辨析。（2）对品牌资产价值构成与评估方法、会计视角下的品牌资产管理方法进行总结回顾。（3）梳理前人关于企业技术创新与品牌资产价值的国内外文献，厘清企业研发创新对品牌资产价值影响的内在机理、可能的作用路径和影响因素。（4）梳理经济政策不确定性的分类、测度方法和经济后果等理论资料。

（5）回顾对全书有重要支撑作用的信息不对称及信号理论、创新理论和内生经济增长理论、不确定性理论。

第二部分，通过理论分析、文献回顾和统计分析对品牌资产发展现状进行描述。主要内容包括以下几个方面：（1）回顾对品牌资产保护作用较大的商标法产生与发展特点，以及商标与品牌之间的关系。（2）对我国品牌资产会计发展情况以及演进脉络进行梳理回顾。（3）对我国品牌资产发展现状进行统计以及国际比较。包括世界其他国家品牌资产发展整体情况及与中国上市公司品牌资产发展情况的对比分析；各年度上市公司品牌资产发展整体情况；各行业上市公司品牌资产发展整体情况分析；各地区及重点城市上市公司品牌资产价值发展情况；其他分类如"中华老字号"、高端制造业品牌资产发展情况分析。

第三部分，各类经济政策不确定性、企业研发创新与品牌资产价值的实证研究。在这一部分，本书基于前人研究和理论分析结果进行实证设计，探讨以下问题：（1）研发创新（包含研发创新投入、研发专利产出、研发创新动机等）对品牌资产价值影响，以及货币政策不确定性和财政政策不确定性的调节作用。在进行实证分析时，本书借助企业年报数据研究研发创新投入及专利产出。（2）针对高端制造业企业品牌资产价值增值问题、三大经济区内企业的品牌资产价值增值问题进行拓展，探究经济政策不确定性、企业研发创新对品牌资产价值的实际影响在不同行业、不同区域间的差异。

第四部分，企业研发创新与品牌资产价值的案例研究。由于学界专家学者针对是否各类品牌资产（科技创新型和传统工艺型）增值过程都需要研发创新存在激烈的讨论和不同意见。为更直观地对企业研发创新对品牌资产价值增值作用进行研究，本书选择具有明显文化特征、传统工艺型企业"贵州茅台"及以掌握核心技术为主的科技创新型企业"格力电器"进行双案例对比分析。在此部分，主要讨论以下内容：（1）不同类型企业品牌资产的差异。（2）企业研发创新的驱动因素、研发投入及效果等，对不同类型企业的研发创新对品牌资产价值增值作用实际效果的对比。（3）不同类型企业品牌资产价值管理方法的异同。

第三节　研究方法

本书聚焦中国企业的研发创新与品牌资产价值增值问题，研究如何在经济政策不确定性条件下，稳定企业研发创新的经济效果、提升品牌资产价值。本书立足品牌资产的价值增值，讨论经济政策不确定性调节作用下研发创新对品牌资产价值增值的作用，按照"理论分析及文献回顾—政策研究及现状分析—实证研究及数据探索—案例分析及问题发现—结论与政策建议"的思路逐步展开。本书坚持可靠、准确、"与国际对标"原则，对研发创新的品牌资产价值效应进行综合探究，力求在吸收国内外相关研究成果的基础上，立足中国市场特征、结合国际国内品牌企业具体情况进行分析，拓展对企业科技创新管理、品牌资产价值提升等问题的研究，形成以品牌资产价值指导技术创新的评价、管理体系，深化对企业品牌资产价值形成、发展规律的认识。本书涉及经济学、管理学与市场营销学等学科领域，研究方法如下。

一、文献研究法

本书研究经济政策不确定性、企业研发创新与品牌资产价值之间的关系，需要系统梳理回顾国内外相关文献和研究资料，从相关研究理论、实证研究经验、实证模型选择等方面进行整理，完善研究逻辑框架，以期正确认识企业研发创新对品牌资产价值的影响效应，厘清经济政策不确定性的调节作用，补充对企业技术创新的价值实现机理、作用传导途径、品牌资产价值形成驱动因素的研究。

二、归纳与演绎法

本书全面整理关于话题"经济政策不确定性背景下企业研发创新如何

提升品牌资产价值"的相关研究成果和最新观点，通过归纳法与演绎法，在国内外品牌资产的会计核算与计量方法的文献资料基础上，探讨中国情境下品牌资产的会计问题，搭建本书的理论框架。同时，本书将创新理论等重要经济理论与研究逻辑框架相结合，并借助统计数据资料和对比分析方法，探究如何保持经济政策稳定，促进企业转型升级和品牌资产价值增值。通过规范研究方法，系统整理全书的理论框架，多角度、多层次进行系统全面研究。

三、实证研究法

本书通过实证研究法对企业研发创新、经济政策不确定性与品牌资产价值之间的关系进行检验。首先，对企业研发创新与品牌资产价值之间的关系进行检验，厘清研发创新对品牌资产价值之间的关系；其次，本书通过衡量货币政策和财政政策两类经济政策的不确定性，对经济政策不确定性的影响效应进行检验。在进行实证检验过程中，本书选择固定效应模型，并通过调整异方差，获得稳健的实证结果。通过稳健性检验、进一步研究等内容对实证研究结论进行拓展，通过工具变量法、Heckman 两阶段模型进行内生性问题修正。实证研究的主要回归方法为 LSDV 回归，并借助调节效应模型、分组检验、SUR 检验等方法进行拓展；研究涉及的数据来源主要有：世界品牌实验室《中国 500 最具价值品牌》、CSMAR 数据库、CNRDS 数据库、香港浸会大学中国经济政策不确定性指数等。所有数据资料通过 Stata 16.0 进行处理。

四、案例研究法

本书在文献回顾、归纳与演绎法规范研究、实证研究基础上，通过案例研究法进一步探索企业研发创新与品牌资产价值增值之间的关系。在案例选择上，本书选定研发创新投入和水平较高的科技创新类品牌企业——格力电器与历史文化底蕴深厚、传统工艺型"中华老字号"企业贵州茅台做双案例对比分析，探索研发创新在不同类型品牌资产价值的增值过程中的作用。

第四节 本书的创新之处

本书可能存在的创新点与特色有以下几个方面。

其一，研究内容上，创新性地探究企业研发创新驱动品牌资产价值增值的规律，完善关于品牌资产价值的学术资料。现有研究大多针对企业创新对企业财务绩效的影响进行理论分析和实证研究，而对交叉学科的品牌资产价值增值效应研究不足。本书在学者研究基础上，创造性地对品牌资产的概念及其无形资产属性进行界定，尝试性探索在中国情境下品牌资产的估值问题，以及与其他各类无形资产的区别，分析其价值的来源路径。进一步，按照"品牌资产是什么—为什么研发创新能够促进品牌资产价值提升—研发创新如何提升品牌资产价值"的思路，通过理论分析和实证研究检验研发创新对品牌资产价值增值的内在规律，通过案例分析讨论研发创新如何提升品牌资产价值，在研究设计和研究内容上进行创新。

其二，研究视角上，一方面，从无形资产视角讨论品牌资产管理问题，综合会计学科和市场营销学科，从多角度对研发创新与品牌资产价值管理问题进行探索。另一方面，将经济政策不确定性的动态视角融入企业研发创新与品牌资产价值的静态关系研究，增补经济政策不确定性的研究框架，以及宏观政策与微观企业绩效研究领域的资料，视角具有一定创新性。本书尝试讨论在"六稳"背景下，如何化解经济政策不确定性，通过不同政策的制度创新倒逼企业技术创新，并以技术创新手段实现中国品牌类无形资产的价值增值问题，创造性地将经济政策不确定性拓展为财政政策不确定性和货币政策不确定性，讨论宏观财政政策和金融服务政策对企业研发创新的品牌资产价值增值效益的影响，研究视角上有一定创新性。

其三，研究方法上，本书通过案例研究与实证研究相结合的方式展开研究，对品牌资产价值增值问题的研究资料进行补充和完善，在研究方法上有一定创新。（1）较创新性地基于会计学视角，通过实证方法检验研发创新与品牌资产价值之间的关系。现有研究大多通过理论分析和案例研究方法对该问题进行探索,而鲜有通过实证方法进行验证。本书通过手工整理方式将品牌资产价值与上市公司财务资料口径相匹配,增补品牌资产价值的数据研究资料,对上市公司研发创新和品牌资产价值增值之间关系有更为直观的研究。(2)案例研究和实证研究相结合。本书基于学界的焦点话题"是否所有企业都需要通过研发创新来提升品牌资产价值",将研究内容代入不同类型的企业实际资料中进行双案例对比分析,多方面对研究话题进行探讨,以期对企业研发创新与品牌资产价值之间关系有更为清晰和实际的研究。

第二章　理论基础与文献探索

第一节　概念界定

一、品牌资产的概念界定

（一）品牌资产的概念

1. 品牌资产理论研究动因

20 世纪 80 年代，诸多企业使用降价、促销等方法进行营销。这类方法短期而言有助于提高销量，但在长期却损害了品牌价值。为此，学者们提出"品牌资产"的概念，希望通过资产管理的视角进行品牌投资，发挥企业的品牌资产溢价作用，国际范围内出现品牌意识革命（孙晓强，2009）。20 世纪 80 年代末，美国营销科学研究院以"品牌资产"为主题召开会议，引发大量学者对于品牌资产概念界定、资产管理、价值增值等问题的讨论。在此之前，企业收购竞价约为标的公司总资产的 7 ~ 8 倍，而基于品牌资产视角下，并购竞价价格一度超过被并购企业总资产的 20 倍。[①] 一系列并购案例

---

① 例如：1988 年，NESTLE 公司以净资产 26 倍的价值收购 Rowntree Macintosh 公司；达能集团以纳比斯公司资产的 27 倍的价值进行收购。

不仅是对商标权的争夺，或是并购中偶然出现的高商誉问题，而且是品牌资产带来的溢价收入。例如，徐工集团品牌资产评估价值超过 60 亿元人民币，但却险些以 20 亿元人民币的价格被凯雷收购；高盛集团也曾出资 20 亿元人民币，欲申请实现对中国肉类加工第一品牌双汇的控股。诸多案例说明，企业并购时的市值与品牌资产的价值不匹配，中国企业对民族品牌资产的保护仍然不足。

我国企业品牌资产的估值和管理（尤其是财务上进行确认）仍存在一定问题：其一，并购重组中的品牌资产权益"零化"，入股时没有按照公允价值折价，掌握品牌"密码"和知识产权的关键人员流失。其二，跨国并购时我国品牌权益被"矮化"。如徐工集团的案例，民族品牌在国际并购中权益得不到保障。其三，上市公司掌握的品牌资产权益被"虚化"，高附加值的无形资产未得到正确披露。其四，品牌权益在绩效考核中被"弱化"。现有会计制度中缺少对品牌资产价值绩效的考核和披露，造成我国诸多民族品牌的价值流失（汪海粟、吴祺，2013）。据此，学界和实务界、有关部门（如原国家统计局李德水局长[1]）针对品牌资产问题展开激烈讨论，尤其是在经济新发展格局背景下，品牌资产的价值管理相关越发重要。

梳理对于品牌资产概念界定、价值评估的问题，通过资产管理视角对品牌资产进行界定和评估有重要意义。基于品牌资产概念内涵的不同理解，形成了不同企业的品牌战略和制度安排，因而出现形态各异的品牌资产成长路径和品牌资产价值表现。故而，在研究品牌资产时，最重要的就是厘清品牌资产的概念属性，将品牌资产划归为无形资产这一知识产权范畴进行理解（李玉香，2010），转换品牌资产的管理视角。传统的品牌资产管理是以生产商、分销商的视角（B2C 视角）看待产品的品牌，是在市场营销视角下的概念。而在品牌经济下，更应该考虑企业本身的品牌资产管理，即以 B2B 视角对品牌进行管理（卢宏亮，2016），以此提升品牌资产的经济意义和战略意义，提升企业的品牌资产价值，实现行业和国家品牌经济发展。

与商标类似，在经济发展过程中，品牌已脱离产品功能区分作用，更成

---

[1]　http://finance.sina.com.cn/g/20060315/13482419392.shtml.

为企业竞争的关键资产。苏勇、陈小平（2003）认为："高质量品牌资产，能够帮助企业简化决策、减少风险，建立较高的预期。品牌应作为公司最宝贵的资产。"在消费者市场上，品牌资产是竞争的关键性资产。进一步，学者认为，在B2B（即企业间）流动市场上，品牌更扮演重要的角色，对于价值创造意义重大（卢宏亮，2016）。中国品牌资产培育尚未成熟，国际品牌已经开始占领中国市场。部分企业对品牌的认知仍停留在商标注册与保护阶段，或通过高成本的广告投入换取品牌资产的价值增值（孙晓强，2009）。[1]中国企业亟须加强对品牌资产的界定及价值增值问题的关注。"经济发展，会计先行"。在国家相关指引下，中国品牌经济逐渐发展，对于品牌资产的会计界定更应清晰化、可量化。

2. 无形资产视角下品牌资产的会计概念

品牌资产是品牌管理的核心概念。于玉林（2016）针对品牌作为无形资产的问题进行了深入分析、界定："品牌是一项独立的无形资产。"品牌管理大师阿克（Aaker）认为："品牌资产是与品牌（名称和标志）相联系的，可为公司或顾客增加或削弱产品价值或服务价值的资产和负债。"在无形资产概念框架下，会计学界针对品牌资产的归类和概念界定进行了诸多讨论，其中包括对品牌的无形资产属性进行判断。如杨瑚（2012）认为，应将企业自创品牌合理估算并确认为无形资产，以此全面估计高科技企业的价值。夏扬（1996）提出，界定品牌资产，有助于促进品牌资产的买卖和有偿转让，增强对品牌资产的投资，实现对品牌内在价值的拓展。李玉香（2010）认为，品牌是公司的名称、产品或服务的商标，和其他可以有别于竞争对手的标志、广告等构成公司独特市场形象的无形资产。[2]

学者研究为品牌资产的定义提供理论基础。本书结合资产的概念和学者研究，尝试对品牌资产的概念总结如下：品牌资产是由企业依靠产品的品质和服务自主培育或并购方式拥有或控制[3]，能够自由交易、体现企业独特市

---

[1] 事实上，时至今日，仍有较多品牌采用降价促销、过度广告投入等方式提高销售收入。

[2] 在其概念中，有几点值得注意：其一，品牌是一种标识，既包含商标，又包含一系列独特的市场元素；其二，品牌是企业资产的重要组成部分。

[3] 基于作者理解，品牌的控制权一般体现为使用权，例如万向对kappa品牌中国永久使用权的购买。

场形象、为企业带来未来经济利益流入的资源。

3. 多视角下品牌资产的概念界定

由于品牌资产的概念运用比较复杂,学术界存在多种概念模型,如会计概念、基于市场的概念及基于消费者的概念等。诸多学者从自己的专业角度理解和定义品牌的概念,并结合不同研究路径进行挖掘,形成"人人谈品牌,但不知品牌是何物"的现象。① 故本书参考汤湘希(2010)多角度界定无形资产概念的思路框架,从其他视角进一步进行归纳拓展,以体现会计概念中品牌资产与其他视角下的品牌资产的异同。

(1)基于品牌溢价理论的品牌资产概念。法夸尔(Farquhar,1989)将品牌资产定义为品牌赋予产品的附加值。其他学者如(Aaker,1996;Yoo and Donthu,2000)也基于品牌溢价对品牌资产进行定义。该视角下,品牌溢价是品牌资产存在的根本原因,企业可以借助品牌资产索取高于市场同类产品的价格,获得超额垄断利润。

(2)基于信号理论的品牌资产概念。非对称信息市场理论指出:市场上关于产品质量的信息是非对称的。尤其在经济转型时期,非对称性表现在产品质量参差不齐、企业信誉不高等(许光建、秦永良,2002)。在商品交易过程中,制造商、经销商对品牌产品的成本、制造工艺、科技含量等有清晰的掌握,而客户对相关信息不了解,需要支付大量的时间、货币成本对产品进行选择。但在选择过程中,存在以下问题:其一,产品信息的来源渠道不可靠,如厂商以促销为目的的广告会忽略产品劣势;其二,消费者为进行产品选择支付的成本相对较高(孙晓强,2009)。在以上信息不对称的情况下,可能导致逆向选择问题,形成柠檬市场(Akerlof,1970)。

在信息不对称情况下,产品品牌可以作为重要的产品质量信息,而品牌资产,实际上就是企业向消费者传递的产品、服务及公司形象的全面反映(Jacoby et al.,1977)。据此,品牌资产可以定义为"品牌作为信号对消费者的价值"(Erdem and Swait,1998)。

---

① 甚至有学者基于类似情景,形象指出"品牌是蒙娜丽莎的微笑,每个人都能感受到她的魅力,却又无人能清晰地表达出来"(张蔚,2006)。

（3）基于消费者认知理论的品牌资产概念。对于品牌资产的划分，学界将品牌资产划分为基于消费者心理认知的品牌资产（认知范式）、基于消费者－品牌关系的品牌资产（关系范式），并提出品牌价值链模型，梳理品牌资产的增值路径（凯勒，2009）。早期的品牌理论多从消费者认知角度对品牌加以界定，如1950年罗瑟·李维斯（Rosser Reeves）基于产品独特卖点提出的USP理论（又称为创意理论）、奥格威（Ogilvy）的品牌形象论、里斯和特罗特（Ries and Trout）的品牌定位论和阿克的品牌识别论。以上理论均围绕如何占领消费者认知心智资源以塑造品牌。苏珊（Susan，1998）认为品牌的关系理论值得发展。之后，学者们针对品牌关系进行研究，并逐渐向品牌资产靠拢。例如，邓肯（Duncan，1998）提出，沟通形成品牌关系、获得品牌支持度，成为品牌资产；莱蒙等（Lemon et al.，2001）提出价值资产、品牌资产和关系资产共同驱动客户资产。结合凯勒（2009）的研究，可将以顾客为基础的品牌资产定义为："由于顾客对品牌的了解而引起的对该品牌营销的不同反应"。

（4）基于法学语境的品牌资产概念。在法律上，品牌归属于相应权利，需要对其法律性质、权属关系和权利平衡性等方面进行充分界定，与无形资产、知识产权紧密相关。学者定义："品牌是企业名称、商誉、资产质量、商标专用权、专利所有权和著作权等知识产权以及商业秘密、产业优势和合法竞争优势等元素凝结而成的综合型无形资产。"（李玉香，2010）此时，品牌资产权利化得到的权利形态即为品牌权，是品牌权利的权利标的，是知识产权的重要组成，可定义为"对以上品牌元素依法占有、使用、收益和处分的专有的、排他的、财产权利"。

（二）品牌资产价值的概念

在上述品牌资产概念界定基础上，本书对品牌资产价值的概念进行进一步界定。

1. 品牌价值的概念界定

品牌价值是品牌管理要素中最为核心的部分，也是建立品牌区隔、提升附加价值的重要手段。关于品牌价值的研究最早从20世纪80年代由美国开始，邦纳赫和纳尔逊（Bonnerhe and Nelson，1985）、肖克和维蒂（Shock and Weitz，1988）、布拉斯科（Brasco，1988）等分别就品牌价值开展了研究并提出了各自的观点。关于品牌价值研究的初始动力是企业国际兼并问题的出现，特别是在企业海外并购当中，品牌价值评估是评价国际企业并购成功与否的重要参考指标。从现有研究看：品牌联想、品牌忠诚、产品质量、品牌知名度、市场份额、品牌流通等都是品牌价值的重要来源。

品牌价值是继"品牌财产"和"品牌资产"后出现的概念，这一概念使品牌体现为企业的战略资产。法夸尔（1990）首先指出，所谓品牌价值，就是品牌给予产品的附加价值，它比自身价值还要高。品牌价值作为品牌管理中最基本的要素之一，也是更深层次地探讨和更加精确地度量的一个重要参考。目前，关于品牌价值的定义还没有形成共识。品牌价值是什么，如何与企业商号、商誉价值进行区分，一直是一个有争议的问题。

关于如何将品牌价值与企业商号、商誉价值进行区分的这一问题，许多学者认为，品牌就是被用来识别卖主产品的某一名次、词句、符号、设计以及它们的组合，而商标作为商品或服务的标记，与品牌的内涵并无区别，品牌价值就是商标的价值。而企业商号、商誉则重在反映企业整体的形象，其价值高低说明企业整体营利能力的大小、收益水平的高低，不是用来表征企业某一品牌产品怎样的（Quelch and Kenny，1994；刘尔奎，1997；Haigh，2000）。因此，尽管两者价值有交叉的地方，但它们有明显的区别。

关于品牌价值的概念界定，从不同的角度出发会引起人们对于品牌价值构成要素认知的差异，进而影响品牌机制评估的结果。对品牌价值概念界定有以下视角。

（1）早期的财务视角。西方学者早期多从财务角度来定义品牌价值，例如，邦纳和纳尔逊（Bonner and Nelson，1985）认为，依附于品牌名称的、可计量的商誉即品牌价值。肖克和维蒂（1988）指出，不同产品的企业经营活动中会产生不同的现金流量差额，其主要区别为是否拥有品牌，此时是否拥有品牌导致的效益差额就是品牌资产。布拉斯科（1988）指出，品牌价值的组成不应只由现今产品在企业经营活动中获得的盈余价值组成，还应该包括由未来可预期获得的盈余价值，两部分盈余价值之和的总价值即为品牌价值。史密斯（Smith，1991）认为企业在交易活动中所带来的可衡量的财务价值就是品牌价值。

（2）后期的市场和顾客视角。进入 20 世纪 90 年代后，西方学者大多从市场和顾客角度来定义品牌价值，例如，法夸尔（1990）指出，品牌价值是品牌给产品所带来的附加利益，这种附加利益是区别于功能价值之外的非功能价值。凯勒（Keller，1993）指出，品牌价值是企业通过市场营销上的努力给品牌带来的独特贡献，并在 1993 年率先提出从消费者角度来分析品牌价值这一概念。鲍丁哥（Baldinger，2006）认为，品牌价值最终是通过消费者承认实现的，其价值由功能利益和非功能利益构成。

国内学者对品牌价值的研究起步较晚，但却总结和融合了西方学者观点，并从多维角度探究品牌价值问题。例如，冷岩（2000）采用了忠诚因子法来测算品牌价值，从消费者视角出发，将品牌价值定义为品牌对人们内心态度变化的影响，主要表现方式是品牌忠诚度。贾华生（2008）从企业、顾客、市场、社会 4 个角度构建了我国房地产品牌价值体系。王晓灵（2010）基于品牌权力观、品牌多维收益观等视角，认为品牌价值是由企业、消费者、社会三方共同创造的超额价值。品牌价值在于为企业提供超额经济利润，为消费者提供产品和服务质量的总体认知、提升客户让渡价值等。

综合以上学者的研究观点和文献归纳，可从外部因素和内部因素两个方面来看待品牌价值。外部因素是指从消费者角度和市场角度来看，消费者拥有不同的品牌知识，这种品牌知识对企业营销活动的不同反应形成企业的品牌资产，在市场上表现为品牌认可度、知名度、美誉度、忠诚度这种无形的品牌资产反映出带给企业未来的预期收益，以及通过消费者购买行为转化为可以度量的收益时，就变为企业的品牌价值；内部因素是从企业投入角度来理解，是企业的成本投入，以及在诸如质量、文化等各方面的努力和绩效表现决定了企业的品牌价值。因此，品牌价值取决于企业对品牌长期投入和消费者对企业品牌心理认知两个方面要素的影响。

2. 品牌资产价值的概念研究

20 世纪，学者阿克（1992）便针对品牌资产的价值问题进行讨论和分析。我国学者如艾丰（1997）、韩光军（1997）等也曾深入研究品牌资产的价值问题，并对品牌资产价值的概念进行充分讨论和梳理。艾丰（1997）提出品牌资产价值需要综合考虑品牌的市场占有能力、超值创利能力和发展潜力；韩光军（1997）研究认为，品牌资产价值是无形资产中商标、顾客名称和部分商誉的价值之和；陆娟（2000）指出品牌资产价值是不可辨认的无形资产，其评估应该充分考虑内在价值和外在价值。凯勒（2006）构建了一个基于消费者的品牌金字塔，认为品牌资产始于消费者的认知，经由品牌联想以及消费者的品牌感知质量，最终产生品牌忠诚，提升品牌资产价值。另外，诸多学者从多视角对品牌资产价值进行界定。例如，曹洪军（2008）总结认为，品牌资产的价值是未来品牌所有权收益的现值。品牌资产价值不仅是品牌的市场价值，更反映出品牌经营的核心能力，即品牌资产价值的"持续性"。张峰（2011）提出，品牌资产价值来源于市场中顾客的品牌忠诚度。学者们对品牌资产价值的概念进行广泛讨论，借鉴布达克和阿尔塔多（Budac and Baltador，2013）的研究，品牌资产价值是重要、相对最有价值的企业资产，而品牌资产价值是品牌的名称、符号等特征所带来的价值。

参考学者研究资料，本书认为：品牌资产价值是指由企业依靠产品的品质和服务自主培育或通过并购方式拥有或控制，能够自由交易、体现企业独特市场形象、为企业带来未来经济利益流入的资产价值。

二、品牌资产与其他类无形资产概念的异同

（一）品牌资产与无形资产

首先，应该确认，品牌资产是独立的无形资产。参考相关准则：1998年国际会计准则委员会发布《国际会计准则38号——无形资产》中将无形资产定义为："为用于商品或劳务的生产或供应、出租给其他单位或管理目的而持有的没有实物形态的可辨认的非货币资产。"中国《企业会计准则》提出类似的概念：无形资产指企业为生产商品、提供劳务、出租给他人，或

为管理目的而持有的、没有实物形态的非货币性资产。[①] 诸多学者对无形资产的概念进行辨析（汤湘希，1997；杨汝梅，2009）。依据准则，品牌资产是能够为企业带来超额收益能力的经济资源，应该确认为无形资产。

其次，品牌作为知识产权的组成部分，是与商誉、商标权等存在一定差异的无形资产。品牌资产存在与其他知识产权有所差异的经营性特征，且该资产的价值需要通过生产经营来体现，更具有综合性和集约性（李玉香，2010）。

最后，中国《企业会计准则》明确提出：企业自创商誉、品牌不能计入无形资产。这说明将品牌资产作为无形资产的内容计入资产负债表仍存在。主要存在的问题有：其一，品牌资产如何与商誉、自创商誉进行区分；其二，品牌资产如何解决"可辨认"、"可通过货币计量"。据此，本书针对品牌资产与其他无形资产的概念界定和范畴进行梳理和辨析，并针对品牌资产的价值评估方法进行总结和对比。

（二）品牌资产与商标权

二者既存在共性，也存在一定差异。首先，从资产管理角度而言，商标权是品牌资产管理的重要组成部分。阿克认为，品牌资产包括两部分共三类资产：其一，知名度、感知质量、品牌联想三类归属于品牌感知的资产；其二，顾客忠诚度；其三，其他品牌专属资产（专利、商标和渠道关系等）。以上资产能够阻碍、制止竞争对手损害品牌忠诚度的行为，保护品牌资产。其次，从概念性质而言，二者存在明显差异。品牌是工商管理的概念，品牌资产是会计概念，商标权是法律概念。虽然三者存在重合，但并非相同范畴的不同表述，而是不同范畴下的不同概念（李玉香，2010）。就法理而言，商标权（商标专用权）作为知识产权，是商标注册人拥有在核定商品上依法垄断使用该注册商标的权利。既可以享有对商标的占有、使用和处分的权利，也享有禁止他人使用的权利。品牌资产的价值中既包括对于商标权的估

---

① 财政部会计司网站，http://kjs. mof. gov. cn/zhuantilanmu/kuaijizhunzeshishi/200806/t20080618_46201. html.

值，也包括其他要素如营销成本、消费者感知等元素的估计。正如汤湘希（2010）研究指出：应将商标权的确认范围扩展，并将资产名称界定为品牌资产。①

在无形资产账目核算中，自创商标权的商标注册费、代理费都属于无形资产开发成本费用，按照使用年限摊销后计入管理费用。相比之下，品牌资产的估值存在一定难度，且可能在摊销方法中存在争议。②

（三）品牌资产与商誉

商誉与品牌资产相近，均反映企业经营过程中的溢价水平，但存在一定差异。本书从概念界定入手，辨析二者在价值来源和可交易性上的差异。其一，商誉的概念是："企业整体价值的组成部分，是企业合并时购买企业投资成本超过被合并企业净资产公允价值的差额，是能够为企业经营带来超额利润的潜在经济价值，或企业预期获利能力超过可辨认资产获利能力的资本化价值。"在该概念下，商誉存在两个特点：一是无法与企业自身分离，是在并购中产生的成本与收益的差额，如果不发生并购则没有价值体现；二是不具有可辨性③，是各类不可辨认无形资产"打包组团"的价值体现。自然，诸多资深会计学者对该类笼统概念存有疑虑。例如，汤湘希（2000）认为，商誉是组合无形资产，应将其分割后纳入会计体系；朱国泓、周波（2000）认为，商誉可以解构为市场资产等多种企业资源要素。相比之下，品牌资产有更清晰的概念，简而言之就是消费者认可的产品或企业标识，无论该标识是商标、广告还是其他元素。如茅台酒、同仁堂等，可以作为品牌资产进行管理，称"茅台""同仁堂"为品牌资产，但不能称二者为商誉。其二，价值来源。商誉是在企业并购中产生的溢价，不能为企业经营、销售带来超额收益。而品牌资产是在企业经营或创立之初就确定的、区别本企业产品与市场其他产品的标识，并经由企业不断培育逐渐增值，或因企业产品质量等经营不善而减值。其三，可交易性。商誉不能作为资产进行交易，而

① 该文指出："在会计核算中，只确认商标权弱化了企业的价值和品牌的贡献。"
② 品牌资产可能存在"历久弥新"的问题。
③ 不能清楚说明哪部分资产是商誉。

品牌资产能够直接作为商品进行交易。例如，李宁收购意大利著名品牌乐图（LOTTO）在中国大陆 20 年的品牌代理权，即是对品牌资产的剥离与交易。① 相比商誉，品牌资产有更明显的无形资产特征。总而言之，可以简单地理解为：商誉反映的是企业本身的溢价或超额获利能力，是品牌资产经营结果的价值体现；而品牌资产反映的是企业某一部分资产（例如商标权）的溢价或超额获利能力。

商誉会计的发展趋势是既报告外购商誉也披露自创商誉的情况（张爱珠，2005）。而自创商誉与品牌资产存在紧密联系（或者说自创商誉在企业并购或清算之前，应以品牌资产的形式存在）。在合理评价企业品牌资产公允价值的条件下，并购时产生的商誉逐渐趋近于品牌资产价值与账面价值之差。

三、经济政策不确定性的概念界定

对经济政策不确定性进行概念界定有两部分内容。其一，对不确定性的概念进行解释；其二，结合宏观经济背景，对主要、常用的经济政策进行梳理。陈曦、刘尚希（2020）认为：不确定性是世界的本质；人类文明是在不确定性世界中不断构建"确定性"的进化史。1921 年，奈特对风险、不确定性与利润之间的关系进行论述，标志着经济学领域不确定性的研究开始发展（陈曦、刘尚希，2020）。不确定性（Uncertainty）即"人们无法预知事件发生的可能性"（Knight，2009）。学者认为，奈特不确定性即"由信息不充分引发的决策者观念的非唯一性或模糊性"。在该概念界定下，信息不充分是不确定性的关键因素（高金窑，2013）。在奈特不确定性思想的基础上，诸多学者对所在领域的问题进行延伸，如现金流不确定性（崔也光等，2019）、环境不确定性（申慧慧、吴联生，2012）、宏观经济不确定性（孟庆斌等，2019），以及针对货币政策、财政政策、税收政策、贸易政策等具体政策的经济政策不确定性（饶品贵、徐子慧，2017；Baker et al.，2016）。

---

① 在该案例中，李宁支付品牌资产的一部分即品牌的特许经营权，实现了较高的盈利。

由此展开了对经济政策不确定性领域的研究。

学者认为，经济政策不确定性指经济主体无法确切预知政府是否、何时以及如何改变现行经济政策（饶品贵等，2017）。相比于政策风险对经济的削弱作用而言，经济政策不确定性更倾向于反映人们对于未来经济政策的未知。另外，学者对于经济政策不确定性的性质进行充分讨论，且尚未取得一致的结论：一方面，经济政策不确定性可能提高企业经营压力，延缓企业投资决策，造成企业融资约束压力（杜小飞，2020），被视为企业成长的阻碍因素（袁建国等，2015）。另一方面，也应认识到，"不确定性"体现在诸多方面，经济效应的机制是复杂的、具有两面性。帕斯特和韦罗内西（Pastor and Veronesi，2012）通过一般均衡模型认为，政策的变化存在两面性，即提高经济实体潜在的现金流，进而提高折现率，增加盈利不确定性，投资项目的估值难度（Pastor and Veronesi，2013）。基于奈特的不确定性理论，不确定性是企业利润的核心来源（Knight，2009），经济政策不确定性对企业发展存在促进作用。根据不确定性的实物期权视角（Bloom et al.，2007；Bloom et al.，2016），企业决策存在一定调整成本，在经济政策不确定背景下，投资项目可能在未来有更高的期权价值，激励企业增加投资（Bloom，2014）。总之，经济政策不确定性即经济主体无法预知经济政策的发展变化趋势。该现象对于企业等经济主体的战略决策、财务成本等均存在重要的影响。

现有研究中对经济政策不确定性中经济政策的研究主要集中于财政政策、货币政策和贸易政策。对于贸易政策不确定性的研究，大多基于2003年中国加入WTO后获得美国授予的PNTR（对华永久性正常贸易关系）作为双重差分法的政策冲击衡量指标（毛其淋，2020；汪亚楠等，2020）。由于该指标与本书研究的微观企业数据来源相差较大，故不在书中重点讨论。结合2021年李克强总理作政府工作报告内容："积极的财政政策要提质增效、更可持续"、"稳健的货币政策要灵活精准、合理适度"，本书对经济政策不确定性的研究也主要从财政政策和货币政策角度进行探讨。

其一，财政政策不确定性。财政政策是通过"财政支出"的总量变化、结构变化等来影响经济，以及通过税收政策的变动影响总供给和总需求。在财政政策（包含税收政策）实施之前的论证、最终政策的调整、政策颁布的时间等均造成财政政策的不确定性。可以认为，"财政政策不确定性"是由于体制外或体制内因素导致财政政策实施过程中的承诺不一致、政策多变下的市场反应不确定，以及经济不确定性结果（朱军，2017）。学者对财政政策不确定性问题进行研究，如费尔南德斯－维拉沃德等（Fernández－Villaverd et al.，2011）对财政政策不确定性对通胀预期的影响进行研究；朱军等（2018）借鉴贝克等（Baker et al.，2016）的研究方法构建中国财政政策不确定性指数。

其二，货币政策不确定性。货币政策的频繁调整和"超调"现象（马草原、李成，2013），加剧了货币政策的不确定性，进而影响企业决策（Julio and Yook，2012）。货币政策不确定性，即货币政策在实施过程中，由于"超调"等原因的货币政策落实者对货币政策进行有效预期的不确定性，以及经济不确定性结果（钟凯等，2017）。2018 年以来，学者对于货币政策不确定性的关注逐渐增加，如丁剑平、刘璐（2020）研究发现，货币政策存在较高不确定性时，资本市场对未来政策判断存在较大分歧，宏观经济新闻报道对人民币汇率的影响减弱；杨鸣京等（2019）以货币政策动态调整视角研究货币政策不确定性对企业股权质押与创新之间关系的调节作用；王博等（2019）发现货币政策不确定性的增加会带来违约风险、降低宏观产出，而在违约风险较高时货币政策不确定性带来的负向冲击更大。

四、企业研发创新的概念界定

创新是企业家首次向经济中引入的新事物，这种事物以前没有从商业的意义上被引入经济之中。1912 年，约瑟夫·A. 熊彼特在《经济发展理论》一书中首次提出"创新理论"（lnnovation Theory）。创新者将资源以不同的方式进行组合，创造出新的价值。这种"新组合"往往是"不连续的"，也就是说，现行组织可能产生创新，然而，大部分创新产生在现行组织之外。因此，他提出了"创造性破坏"的概念。熊彼特界定了创新的五种形式：开发新产品；引进新技术；开辟新市场；发掘新的原材料来源；实现新的组织形式和管理模式。彼得·F.德鲁克提出，创新是组织的一项基本功能，是管理者的一项重要职责。在此之前，"管理"被人们普遍认为就是将现有的业务梳理得井井有条，不断改进质量、流程、降低成本、提高效率等。

熊彼特认为：决定技术上的生产和经济上的生产的，最终都是"合算性"（expediency）。罗默（Romer，1990）的内生经济增长模型认为：企业为了技术而进行创新，驱动了经济长期增长。实际上，熊彼特针对创新进行充分界定，即"建立新的生产函数，把一种从来没有的关于生产要素和生产条件的新组合引入生产体系"。在该概念下，创新存在以下几种情况：其一，生产新的产品或者增加新的产品特性；其二，选择新的生产方法；其三，进入新的产品领域等等（刘方，2004）。当然，随着经济的发展和技术复杂度的提高，创新的概念也在不断深入和拓展，有了更多的外延和内涵，如管理创新、模式创新、开放式创新（高良谋、马文甲，2014），等等。2003年，美国的切斯伯勒（Chesbrough）教授提出了开放式创新模式。开放式创新模式意味着，一个组织可以从其外部和内部同时获得有价值的创意和优秀的人力资源，运用外部和内部的研发优势在外部或内部实现研发成果商业化，并在使用自己与他人的知识产权过程中获利。简言之，开放式创新模式下，组织的所有创新活动的边界都是模糊的。因此，开放式创新给创新资源利用，给自主创新推进带来了新的启示。相对于开放式创新，协同创新是一项更为复杂的创新组织方式，其关键是形成以大学、企业、研究机构为核心要素，以政府、金融机构、中介组织、创新平台、非营利性组织等为辅助要素的多元主体协同互动的网络创新模式，通过知识创造主体和技术创新主体间的深入合作和资源整合，产生系统叠加的非线性效用。

在现在学者研究中，默认创新的概念即熊彼特提出的"生产体系中一种新的生产要素和生产条件的结合"（王少华，2019），进而展开如创新发展理念（黄群慧、李晓华，2016）、企业创新的投入产出（尹美群等，2018；宋建波、文雯，2016）、创新路径等多方面理论探索，从创新要素的投入、产出、路径和策略选择（黎文靖、郑曼妮，2016）等多方面研究（中国企业家调查系统等，2015）。诸多研究将研发创新、创新、研发、研发投入等词汇视为相同概念。在本书中，企业研发创新即考虑了企业研发投入、创新专利产出等各阶段的创新过程。具体而言，企业进行研发创新需要经历以下阶段。一是研发创新要素投入阶段，企业需要购买研发资料、支付研发成本、聘用关键研发人员等，为自主研发提供生产资料。该阶段的发展情况大多以研发投入水平来衡量（童锦治等，2018）。二是研究与开发阶段，主要通过企业的内部研究和对外合作进行。此时，相关研发成本可按照形成无形资产进行资本化处理、形成费用进行费用化处理进行划分（许罡、朱卫东，2010；张倩倩等，2017）。三是产出阶段，企业研发成功后将创新成果通过确权体现于无形资产，为企业带来价值增值。

第二节　理 论 基 础

一、信息不对称及信号理论

信息不对称理论最早由乔治·阿克洛夫（George Akerlof）1970 年在发表的《次品市场：质量、不确定性和市场机制》一文中首次提出。他指出市场信息总是处于不完整状态，这将导致逆向选择、道德风险等一系列问题。随后，许多经济学家对信息不对称现象进行研究分析，在社会中的各种经济活动中都存在着信息不对称现象，占有信息优势的一方可以通过向处于信息弱势的另一方传递可靠的不对称信息来取得营销收益。随着研究的不断深入，信息不对称理论逐步应用于各个领域。例如，赫尔穆特（Helmut B.）在不完全契约和信息不对称的环境下分析了双边契约；艾里斯（Iris C.）则分析了在一个具有国际资本市场准入条件的经济体中，借款人和贷款人之间信息不对称的影响等。信息不对称这一现象为市场经济提供了一个新的视角，指出了信息对市场经济的重要影响。随着新经济时代的到来，信息在市场经济中所发挥的作用比过去任何时候都更加突出，并将发挥更加不可估量的作用。这一理论揭示了市场体系中的缺陷，指出完全的市场经济并不是天然合理的，完全靠自由市场机制不一定会给市场经济带来最佳效果，特别是在投资、就业、环境保护、社会福利等方面。与此同时，这一理论强调了政府在经济运行中的重要性，呼吁政府加强对经济运行的监督力度，使信息尽量由不对称到对称，由此更正由市场机制所造成的一些不良影响。

信息来源、信息价值含量和信息使用过程影响企业管理决策。信号理论是品牌资产概念界定所使用到的重要理论，也是企业研发创新的经济效应的作用渠道，更是经济政策不确定性的重要理论基础。迈克尔·斯宾塞（Michael Spence）针对买卖双方信息不对称情景下的市场反应进行研究，确立了信号理论。信号理论以信息不对称为研究前提，涉及信号、信号发送者、信号接收者、信息反馈及信号发送环境等要素的决策作用（Greening et al.，2000），对于经济、管理学科均有一定启示。信号理论的开创者迈克尔·斯宾塞在2002年的研究中重申，信号理论本质上关注的问题是减少双方之间的信息不对称。例如，迈克尔·斯宾塞在1973年发表的关于劳动力市场的开创性工作中，展示了求职者会尝试减少妨碍潜在招聘者选择能力的信息不对称的行为。即高素质的准员工如何通过严格高等教育的昂贵信号将自己与低素质的准员工区分开来。随着经济发展和企业管理水平的不断提高，诸多学者对信号理论的研究范围进行深入拓展，信号理论在理论研究中的影响力也逐渐加大。如结合信号理论中的信号质量、信号意图讨论企业社会责任信息披露对企业财务绩效的影响，探究社会责任的治理信息、成果信息的作用机制（陈承等，2019）；结合信号传递理论，讨论众筹项目的不确定性程度、融资项目的描述、项目人力资本、起投金额和项目的社交互动等信号的质量与众筹融资绩效的关系（彭红枫、米雁翔，2017）。

信号理论的前提即信息不对称是指：市场上的信息是非对称的；在信息不对称的情况下，可能导致逆向选择问题，形成柠檬市场（Akerlof，1970）。小至个人、家庭，大至企业及政府等组织的决策都会受到信息的影响。具体来说，个人会依据免费的公开信息和仅对一部分人可用的不公开信息做出决策。斯蒂格利茨指出，当人们对不同的事件掌握不同的信息时，信息不对称的情况就会发生。鉴于一部分信息是私密的，信息不对称会发生在该信息的知情者与获取该信息后可能做出更好决策的人之间。斯蒂格利茨还强调了不对称性特别重要的两大类信息：一类是关于质量的信息；另一类则是关于意图的信息。在第一种情况下，当一方对另一方的特征不完全了解时，关于质量的信息对于减少信息不对称很重要。埃利祖尔（Elitzur）等认为，在第二种情况下，当一方关注另一方的行为或意图时，关于意图的信息对于减少信息不对称也很重要。信息不对称领域中许多关于行为和意图的研究都考察了使用激励机制来减少个体行为导致的潜在道德风险。

信号理论为本书研究内容和研究思路奠定基础。其一，品牌资产的概念界定。学者基于信号理论视角，认为品牌是重要的信息，而品牌资产就是企业向消费者传递的产品、服务及公司形象的全面反映（Jacoby et al., 1977），可以定义为"品牌作为信号对消费者的价值"（Erdem and Swait, 1998）。其二，研发创新的信号传递效应。学者研究认为：创新行为能够向消费者提供积极的创新信号，提升消费者对该品牌的信心和购买意向。另外，企业创新获得专利技术、促进环保生产能够获得财政补助，又成为另一种信号向市场传递。其三，经济政策不确定性本身就是对信息的利用。当公司对未来政策进行预测时，认为可能存在一定不确定性，企业的项目融资难度、营业收入可能存在变化时，企业均可能更加倾向于谨慎投资、规避风险，理性选择"短、平、快"的项目（陈德球等，2016）。

二、创新理论和内生经济增长理论

创新理论和内生经济增长理论共同关注了技术进步和研发创新的经济效应。新古典经济学家熊彼特认为：决定技术上的生产和经济上的生产的，最终都是"合算性"（expediency）。该理论下，经济增长是生产要素和生产条件的重新组合，即存在内生性（潘士远、史晋川，2002）。罗默（1986，1990）认为，技术进步是经济内生增长的动力。创新理论为本书研究企业研发创新的经济效应提供重要的理论基础，该部分内容已在研发创新的概念界定中进行论述。在本小节，重点结合创新理论与内生经济增长理论中对与生产技术的研发创新内容进行讨论。

熊彼特在《经济发展理论》一书中提出了创新思想，随后他在《经济发展理论》中进行了深入的探讨，并在《资本主义、社会主义和民主主义》

一书中进行了更加系统的总结，从而形成了一套具有重要意义的熊彼特创新理论体系。熊彼特认为，所谓创新就是要"建立一种新的生产函数"，即"生产要素的重新组合"，就是要把一种从来没有的关于生产要素和生产条件的"新组合"引进生产体系中去，以实现对生产要素或生产条件的"新组合"，而这种"新组合"的目的是获得潜在的利润，即最大限度地获取超额利润。熊彼特在其创新理论中通过独特的"创新"视角对经济周期进行研究，以"创新非均匀性"为核心思想，在阐释经济增长、经济波动、经济危机、产业政策、货币政策等诸多方面都贡献颇多。在熊彼特创新理论中，关于经济发展的研究是非常重要的一部分，"创新"导致经济发展的具体机制围绕的是"创造性的毁灭"这一概念。

在熊彼特创新理论提出之初，理论的关注度和研究应用均不高。直至20世纪中叶，随着经济社会的不断发展，对于科技的需求日益增加，同时伴随着创新活动的不断兴起，人们发现单纯依靠传统的要素资源来驱动和发展经济显然是不够的，研究学者们也逐渐将研究对象集中到科技创新上，对于创新的认知程度也不断提升。熊彼特创新理论逐渐开始被众多经济学家们研究与发展，为后续创新理论的发展研究提供了宝贵的理论支撑。邱新华（2020）认为，熊彼特创新理论是基于其动态研究方法论和新古典经济学理论而形成的，其中也汲取了德国历史学派、马克思主义经济理论和古典经济理论中的相关理论内容。冯婷（2019）认为，通过熊彼特的创新理论可以提升对于创新内涵的理解，进一步探索提升创新能力的道路，为国家制定供给侧改革等相关政策提供更充实的理论借鉴。

内生增长理论滥觞于罗默（1986）和卢卡斯（Lucas，1988）的研究。二人研究的共同结论是，资本（包括人力资本）的收益不会出现递减趋势，知识在生产者之间扩散以及从人力资本获得的外部性是上述过程的一个组成部分，因而长期人均增长得以持续下去。不同之处在于，罗默是通过将新知识投资引入生产函数来实现技术进步内生化，而卢卡斯则认为人力资本是技术进步的重要动能形式，因而将人力资本引入生产函数来实现技术进步内生化的。罗默（1987，1990），以及阿吉翁和豪伊特（Aghion and Howitt，1992）在研究中最先将不完全竞争和研究与试验发展引入增长理论。内生增长理论认为不依赖外力推动实现经济持续增长，通过促进内生的技术进步是经济稳定增长的主要因素。由此，将技术进步作为在长期发展中完成知识积累，形成创新活动的知识溢出，从而达到经济持续增长。随着理论的发展，内生增长理论仍存在如何实证的问题，而且内生增长中的国家特殊性仍然存在。20世纪90年代后，内生增长理论结合现代方法取得新的成就，如建立研发投入与经济增长关系的定量模型、对熊彼特技术创造性破坏的研究等。

古典经济学家如马歇尔、熊彼特的研究为内生经济增长理论提供了基础。在此基础上，诸多学者在内生经济增长理论上不断探索。例如，1962年，阿罗研究认为技术进步和生产效率提高是资本积累的副产品，技术进步是经济的内生变量，为内生经济增长理论提供思想源头。罗默（1990）对知识和技术进行内生化，认为知识、技术研发是经济增长的源泉和根本动力。在该理论模型指导下，各国为实现长期经济增长，必须增强对教育和科技的基础投资，激励全社会各经济主体进行研发、创新，提出阿罗－罗默模型。卢卡斯（1988）在宇泽（Uzawa，1965）研究的基础上，强调人力资本外部性对经济增长的作用，提出宇泽－卢卡斯模型。虽然内生经济增长理论存在一定局限（杨依山等，2013），但仍然为更深刻地了解经济增长的内生驱动因素提供新的视角，也为本书探索研发创新的经济效应提供理论基础。

创新理论和内生经济增长理论强调技术进步和研发创新的经济效应，这为本书研究企业研发创新对品牌资产价值增值的影响提供坚实的理论基础，也为后文实证研究的假设提出提供资料。一方面，创新理论证明：在品牌资产价值增值的过程中，企业进行合理高效的研发创新是必要条件。只有通过研发创新，掌握核心的、有竞争力的技术，才能够推动企业形成独特的品牌资产，实现品牌经济的发展。另一方面，内生经济增长理论下，企业研发创新是品牌资产价值增值的关键条件。实现品牌资产的价值增值，需要依靠合理的企业战略决策，更需要发挥创新这一内生驱动因素带动作用。

三、不确定性理论

关于不确定性的研究可以追溯到奈特（1921）的著作——《风险、不确定性与利润》。1921 年，奈特对风险、不确定性与利润之间的关系进行论述，标志着经济学领域不确定性的研究开始发展（陈曦、刘尚希，2020）。奈特（1921）认为不确定性是不可度量的，不确定性事件状态的概率分布结果是事先未知的，人们应对不确定性的判断能力是不均衡分布的，而成功的企业家通常需要具有一种明智的判断力才能在企业发展的方向以及管理层任用等问题上做出良好的决策，企业利润则是对这种天赋的回报。在另一篇经典文献中，阿尔钦（Alchian，1950）认为不确定性应当被纳入经济分析的公理，经济分析从完全的不确定性开始并在建立分析模型的过程中增加预期和动机等元素是不失一般性的，相反从确定性出发的分析方法会在认识到不确定性后放弃分析的基本前提。至此，不确定性确立了其在经济学研究中的重要地位。不确定性（Uncertainty）即"人们无法预知事件发生的可能性"（Knight，2009）。奈特不确定性即"由信息不充分引发的决策者观念的非唯一性或模糊性"，信息不充分是不确定性的关键因素（高金窑，2013）。

诸多学者在不确定性的概念上进行拓展，因此出现管理领域、经济领域、政策层面不确定性的广泛讨论和衡量方法的多样性。例如，杨武、李升（2019）研究提出税收不确定性与外商直接投资的关系时，采用随机波动率模型（SV 模型）和 MCMC 算法估计税收征管不确定性，当税负水平相对较低时，税收征管不确定性会促进外商直接投资，而当税负水平相对较高时则恰好相反；钱学锋、龚联梅（2017）综合宏观和微观视角，借助区域全面经济伙伴关系协定和跨太平洋伙伴关系协定讨论贸易政策不确定性对制造业出口的影响，发现相关贸易协定降低了贸易政策不确定性，有利于制造业企业的产品出口。

在针对不确定性的概念进行拓展之外，众多学者逐渐开始研究不确定性和跨期模型、心理学以及商业周期之间的关系。

首先，不确定性常以随机项等形式被引入跨期模型中。卢卡斯和普雷斯科特（Lucas and Prescott，1971）将"调整成本"类型的投资理论扩展到涉及需求不确定性的情况，从时间序列上研究了需求不确定性条件下竞争性行业中投资、产出和价格的变化。默顿（Merton，1969）以萨缪尔森（1969）为基础，在连续时间模型中运用布朗运动刻画跨期经济活动中资产收益率的不确定性，他发现在一定风险水平下，低风险厌恶的行为人愿意通过减少当期消费来获取更高的未来消费水平，而高风险厌恶的行为人总是倾向于增加当期消费。

其次，20世纪70年代起，随着行为经济学的兴起，不确定性与心理学的结合使理性人的假设被逐步放宽。特维尔斯基和卡内曼（Tversky and Kahneman，1974）的经典著作总结归纳了人们在不确定性条件下进行判断的三种启发式方法——基于归属代表性的判断、基于案例场景相似性的判断和基于数值进行锚定调整的判断，这些判断方法通常是经济并有效的，但也会导致系统性和可预见的错误，更好地理解这些启发式方法及其所导致的偏见可以改善不确定情况下的判断和决策。米勒（Miller，1977）认为在实践中由于不确定性的存在，投资者很难形成一致预期，在有限卖空的市场中，对特定证券的需求将来自对这一证券抱有最乐观期望的少数人，由于意见分歧可能随风险而增加，因此风险证券的预期收益很有可能会更低，而不是更高。而面对不确定性时，如果人们倾向于认为自己知识渊博，即使在面对等概率事件时，更喜欢根据自己的判断下注而不是从概率的角度出发，人们甚至愿意为自己的判断支付溢价（Heath and Tversky，1991）。

最后，伯南克（Bernanke，1983）基于不确定性下的不可逆选择理论来解释耐用品的周期性投资波动，将不确定性与商业周期联系了起来。伯南克认为由于不确定性的存在，当项目的投资不可逆转时，通过暂时的等待来获取更多的信息可以提高未来投资决策的期望收益，而这种行为可以解释耐用品行业中周期的不均衡现象。沿袭伯南克（1983）的研究，布鲁姆（Bloom，2009）进一步探讨了不确定性与企业行为的关系，他认为在各类重大冲击（一阶冲击）发生之后，不确定性（二阶冲击）会加剧，较高的不确定性导致企业暂时中止投资和雇用、生产率的增长也下降和部门间再分配的停滞，导致总产出和就业人数迅速下降和反弹。

随着不确定性度量方法和实证研究的不断发展，这一发展反过来促进了理论层面的研究，众多学者在近几年对不确定性的理论进行了更加细分的探讨，从原本笼统而模糊的范畴逐步按照地域、类型、影响对象等细分方向形成更具体的理论。布鲁姆（2014）认为宏观层面和微观层面的不确定性通常会在经济衰退的过程中出现上升。伴随着就业市场的萎缩，工资收入的波动率表现出逆周期的规律，在这种环境下不确定性的存在会通过实物期权效应导致刺激政策的失效，企业更加倾向于等待并观察经济状况或收紧财务预算（Bloom et al.，2018），从而延缓了经济复苏。

本书基于不确定性理论的背景假设，讨论品牌资产价值增值的机制和路径以及企业研发创新对品牌资产价值增值的影响效应，以寻求经济政策不确定性下中国品牌的发展规律。陈曦、刘尚希（2020）在梳理经济学中关于不确定性理论时提出：不确定性是世界的本质；人类文明是在不确定性世界中不断构建"确定性"的进化史。对不确定性的界定和深入研究，对于更好地认识、应对"世界百年未有之大变局"具有重要的意义。中国传统文化中的"易"，即由统一性向差异性的转变过程，即不确定（成中英，2006）。相比之下，西方哲学更强调"确定性"和"逻辑性"，随着自然科学的发展，才逐渐拓展出不确定性的视角。近代西方对于不确定性的研究，由 17 世纪的数学领域[①]到热力学中熵增定律、玻尔兹曼熵公式再到 19 世纪末凯特勒针对社会中不确定性进行论述[②]，由自然科学领域向社会科学逐渐延伸。

总之，不确定性理论为本书研究提供了广泛的研究视角，增强了本书讨论研发创新对品牌资产价值增值问题的研究价值。一方面，在不确定性理论支撑下，本书的研究视角由微观企业拓展至各类宏观经济政策背景，从货币政策不确定性、财政政策不确定性等视角进一步讨论企业研发创新对品牌资产价值增值的关系问题；另一方面，在不确定性的理论框架下，本书的研究由静态的企业研发决策的品牌效应问题转换为动态政策背景下的问题讨论。

---

① 如概率论、统计学。
② 即《社会物理学》。

第三节 品牌资产价值的相关研究综述

品牌经济时代需要借助会计视角、以会计方法对品牌资产进行确认，对品牌资产的价值进行评估、计量和管理。据此，本节针对品牌资产价值的影响因素、核算与评估方法、资产的价值管理等相关研究进行梳理和回顾。

一、品牌资产价值构成与评估方法的相关研究

品牌是一项独立的无形资产，可归属为非货币形态的资产，体现产品或企业的核心价值和核心竞争力，驱动着企业的创新发展（于玉林，2016；刘红霞，2009）。品牌的发展促使品牌会计的诞生和发展，而品牌会计的对象即为品牌价值（杨雄胜，2000）。对于外购品牌的资产价值纳入会计核算，企业的品牌使用费计入无形资产并在资产负债表中披露已是通行做法，但自创品牌却由于有违谨慎性原则、技术和制度不成熟而被搁置。基于此，本章对品牌资产的价值核算、评估方法的相关研究进行梳理，为后文品牌资产价值的研究提供资料。

诸多国际组织针对品牌资产的价值评估方法进行说明。例如，国际标准ISO 10668《品牌评价——品牌货币价值评价要求》提供品牌货币价值的评价方法，奥地利ONR 16800《无形资产品牌的估价方法》确定了品牌价值的评估步骤，将自创品牌开发与管理成本纳入会计核算领域；法国无形资产投资委员会提出评估企业品牌资产的方法，为开展品牌会计核算提供技术支持。总之，对品牌资产价值计量问题的回顾从价值构成、评价体系（评估框架）、评估方法等方面展开。

（一）品牌资产价值构成

品牌资产的价值主要源于财务价值和市场价值（王成荣，2005），其构成是生产者的异质性生产劳动投入和市场认可程度相互作用的结果，其中的

传统品牌资产价值更是市场价值、社会价值与文化价值的综合价值。① 品牌资产的价值转化存在叠加效应（社会价值和文化价值直接形成市场价值）、乘数效应（叠加效应的基础上按照"乘数"发挥作用）、综合作用的区分（王成荣、王玉军，2014）。诸多学者结合品牌资产价值的驱动因素问题，对品牌资产价值构成进行研究（郭洪等，2012）。例如，阿克（2012）认为品牌资产价值是由品牌忠诚度、品牌知名度、认知度、联想和其他品牌资产构成；凯勒和莱曼（Keller and Lehmann，2003）认为消费者品牌意识，譬如见解、情感、经历、联想、感知、观念和态度是决定某一品牌资产价值的因素；扬·罗必凯品牌价值模型（Young & Rubicam Brand Asset Valuator Model）提出，品牌资产价值由 5 个部分（five pillars）构成，即差异度（differentiation）、相关度（relevance）、尊重度（esteem）、认知度（knowl-edge）和创造力（innovative and dynamic）。

在会计视角下，学者指出：品牌资产价值构成元素包括成本价值和附加价值（刘红霞，2009）。成本价值由对品牌的各种投入所形成，它是一种能够对象化和量化的价值，包括品牌初始投入成本和追加成本。附加价值能给拥有品牌的企业带来丰厚的超额利润，其构成可从消费者维度和市场力维度进行分析。从消费者维度上看，品牌附加价值主要是体现在该品牌所标志的商品为消费者所信赖的程度上，品牌给消费者带来的利益，同时也就是品牌价值的一部分。品牌带给消费者的利益越多，品牌价值增值就越快。从市场力维度上看，品牌直接依附于市场，从市场层面看，品牌作为产品的牌子，代表了该产品的性能、质量、文化内涵、市场定位、满足效用的程度等，从而决定了给企业所带来的市场竞争力价值。

在经济学视角下，同其他资产一样，品牌资产具有使用价值和价值。同时，作为一种特殊的无形资产，品牌资产的价值和使用价值又不同于企业的其他资产。品牌资产的使用价值表现为它具有识别功能、竞争功能和增值功能。识别功能主要是对顾客和经销商而言的，竞争功能和增值功能主要是针对企业而言的。其中，识别功能是竞争功能和增值功能的前提和基础，识别

---

① 例如老字号品牌、国家非物质文化遗产品牌等传统品牌。

功能越强，在同类产品中的竞争力越强，从而为企业创造出更多的超额利润。品牌资产的使用价值会因为企业信誉受损、产品质量下降、品牌宣传低效等因素的影响而产生无形磨损。品牌资产的价值包括成本价值和增值价值。成本价值指企业创建和维护品牌资产时投入的各种费用，如设计费、注册费、广告费等。增值价值是凝结在品牌中的能够为企业带来超额收益的能力，增值价值的大小由使用价值决定。增值价值常常远远超过成本价值，成为品牌资产价值的主体。不同于有形资产，品牌资产价值的形成不是一次性完成的，无论是成本价值，还是增值价值都伴随着企业的经营活动经历了一个从无到有，由少到多的渐进过程。同时，在形成过程中也会随使用价值的磨损发生贬值。

目前，我国在国家层面上也致力于解决如何有效评价品牌这一核心问题，进而对品牌资产的价值进行结构化分析。例如，国标（GB/T 29186—2012）将品牌价值构成要素分为五个创建要素、五个传递要素、七个实现与维护要素三大类 17 个小类，分别是质量能力、财务状况、创建能力、社会责任、法律保护，市场竞争力、市场稳定性、品牌营销渠道、品牌文化、品牌供应链、顾客满意度、品牌形象、顾客期望、感知质量、感知价值、品牌忠诚度、顾客投诉。[1] 在国标（GB/T 29186—2012）从财务途径对品牌资产价值的构成要素进行划分的基础上，国标（GB/T 39654—2020）从非财务途径对品牌资产价值进行结构化分析，进而提出品牌评价框架。在该框架中，对品牌资产的价值衡量利用法律维度、顾客和（或）其他利益相关方维度、市场维度、经济和政策环境维度和财务维度五个维度，有形、质量、服务、创新和无形五个要素进行衡量。[2] 紧随其后，国标（GB/T 29186—2021）出台，表明品牌资产价值形成的基础是五要素，包括有形要素、质量要素、创新要素、服务要素和无形要素。五要素是品牌成功的关键，也是品牌强度的决定因素。品牌资产价值具体体现在法律、顾客及其他利益相关方、市场、经济/政策、财务等维度，因此品牌评价需要同时考虑要素和维

---

[1] 《中华人民共和国国家标准——品牌价值 术语》GB/T 29185—2012。
[2] 《中华人民共和国国家标准——品牌评价 原则与基础》GB/T 39654—2020。

度两个方面。①

一些机构也在致力于对品牌资产的价值进行结构化分析。亚洲品牌 500 强评价体系从市场表现、发展潜力、质量水平和效益水平四个方面对亚洲的强势企业进行全面性评测打分，并设立了 10 个细分指标，即品牌年龄、国际化程度、营销组合、品牌知名度、资产总额增长率、创新能力、售后服务、质量水平、营业收入、净利润。世界知名的品牌价值及战略咨询公司 Brand Finance 在年度"Brand Finance 全球 500 强"报告中列出最具价值的品牌，其从公众熟悉程度、忠诚度、推广活动、营销投资、员工满意度以及企业声誉等角度对企业的品牌资产价值进行评价。全球权威的品牌估值平台凯度 BrandZ 每年推出最具价值全球 & 中国品牌 100 强榜单，被誉为全球品牌界的"奥斯卡"。其对品牌价值进行结构化分析，综合考虑财务和非财务两个维度对品牌价值进行测度。在财务维度上，凯度 BrandZ 检查相关企业的财务数据，剔除一切与品牌业务无关的数据，进而利用财务模型（相关品牌在母公司总价值中所占的比例 × 品牌增加购买量和溢价能力所产生的经济价值比例 = 品牌价值）来计算品牌价值。这里的品牌价值是品牌对母公司整体商业价值的贡献，剔除所有其他因素将消费者心目中仅由品牌实力产生的价值隔离开来。在非财务维度上，凯度 BrandZ 每年在全球范围内对超过 170 000 名消费者进行持续、深入的定量消费者调查，以评估消费者对数千个品牌的态度以及与这些品牌的关系。最终，由分析师团队将这些投入与业务的财务模型相结合，以确定品牌产生价值的能力。通过对两个维度的综合测度，凯度 BrandZ 所衡量的品牌价值包含了市场如何评价公司的品牌资产以及众多消费者如何评价品牌。

（二）品牌资产评估框架

1991 年，阿克出版的《管理品牌资产》提出品牌资产的五维度模型，认为品牌资产包括品牌忠诚度、品牌知名度、品牌认知度、品牌联想（品牌认知度）、其他品牌所有权资产（专利权、商标、渠道关系等）。1996 年，

---

① 《中华人民共和国国家标准——品牌价值　要素评价》GB/T 29186—2021。

阿克出版的《创建强势品牌》中，对品牌资产五维度进行指标补充。除此之外，权威品牌价值第三方评估机构如 InterBrand、World Brand Lab 则均选择独具特色的评估框架。例如，InterBrand 公司以品牌领导力、市场特征、地域影响力、品牌趋势等 7 个指标作为评估框架；World Brand Lab 选择对企业销售收入、利润等财务数据的整理，以及品牌附加值工具箱计算品牌对企业利润的贡献值。

当然，除第三方评估公司外，诸多学者针对品牌资产价值评估的框架设计进行广泛深入研究。陆娟（2001）对品牌资产价值评估方法进行研究；范秀成、冷岩（2000）提出品牌资产价值评估的忠诚因子法；苑泽明、马玉（2008）系统回顾国内外品牌资产价值评估模型如 Interbrand、Financial Word 金融杂志、世界品牌实验室、MSD 评估方法、忠诚因子法等评估框架的方法特征，并进行充分比较分析；乔均、彭纪生（2013）构建品牌核心竞争力的评估模型；袁胜军等（2018）针对品牌力评价指标体系进行深入讨论。

（三）品牌资产价值评估方法

学者研究为确定品牌资产的计量方法提供丰富的资料和理论基础。从品牌资产价值的评价方式视角，可将品牌资产评估方法区分为以下三种（王成荣，2011）。

第一，基于财务视角的资产化评价方法。如成本法、市场价格法、收益法等。在该方法下，将企业所拥有的品牌进行资本化，通过有资质的外部机构或第三方评估机构（例如资产评估事务所）对品牌的金融价值进行合理评估。该评估方法是在企业进行兼并重组、资产处置、特许权许可或者需要准确衡量股东权益及企业资产时，由企业提供并经会计师事务所定价，所用方法以定量为主，结果准确、客观。本节对基于财务视角的品牌资产价值评价方法异同点进行比较，如表 2.1 所示。可见，基于财务视角的资产化评价方法在品牌资产评估中有较高的实用性，但存在一定难度，如难以将品牌本身的超额收益分离、计算，且需要详细的企业品牌数据资料，在本书基于上市公司全样本的实证研究中有较大难度。

表 2.1　　　　　　基于财务视角的品牌资产价值评价方法异同比较

方法	成本法	市场价格法	收益现值法
原理	计算创建和发展品牌的会计原始成本，又可区分为历史成本法和重置成本法。通过被评价品牌的将来服务能力所需支付的货币金额来计量未来经济收益	又称为市场法、交易案例比较法。该方法将品牌资产的市价或市场向相同或类似品牌资产价格进行对比调整，得到目标品牌资产的价格	基于资产的"未来经济利益观"定义品牌资产价值，通过预测品牌产品所带来的利润的折现值衡量品牌资产价值
特点	《国有资产评估管理办法》中标准方法之一，有一定权威性	方法直接、最能够体现品牌资产的现值，能够直接得到品牌公允价值的下限值。可用于评估品牌资产清算价格和变现价值	符合品牌资产资本化的特征
局限性	历史成本法无法反映品牌资产增值或减值问题；重置成本法实施过程中的影响因素过多，判断价值较难	需要的品牌资产交易市场需要具备有效性（活跃）、公开性、可比性，且能够根据非同期品牌资产转让信息进行评价	折现率的变化对品牌资产评估结果的影响极大；难以将品牌本身的超额收益分离、计算
公式	品牌资产价值 = 品牌重置成本 × 品牌成新率	品牌资产价值 = 参照品牌上市交易价格 + 参照品牌与被评估品牌价值之差	品牌资产价值 = 与品牌有关的现金流/折现率

　　第二，基于市场因素和消费者因素的评价方法。例如 Interbrand 评估法、《金融世界》杂志评估法、世界品牌实验室评估法等。除此之外，《福布斯》杂志、北京名牌资产评估有限公司等研究机构也定期对企业所拥有的品牌资产价值进行评估。该方法是基于社会和消费者角度出发的品牌资产价值评价，能够用于对品牌价值的横向比较，通过有社会公信力的权威评价机构按照年度进行比较评级。本节对几个影响力较大、受关注度较高的品牌资产价值评价方法进行比较，如表 2.2 所示。可见，学术界和实务界所选用的各类品牌资产价值评估方法各有利弊。在本书的实证研究各章节中，参考前人学者的研究经验，考虑到数据的权威性和可比性，本书选择世界品牌实验室披露的中国企业品牌价值数据进行分析。该指标能够相对全面翔实的综合企业品牌资产的价值和企业经营情况，且能够基本满足实证分析所需样本数量。

表 2.2　　　　基于市场和消费者视角的品牌资产价值评价方法异同比较

方法	Interbrand 法	金融世界法	世界品牌实验室法
原理	以未来收益为基础评估品牌资产，结合财务分析、市场分析和品牌强度分析	通过计算销售额、品牌利润、纯利润等 13 个项目逐步计算品牌价值	对销售收入、利润等指标进行综合分析，并运用经济附加值法确定盈利水平，用品牌附加值工具箱计算品牌资产的利润贡献
特点	该评价方法是创立最早的品牌资产价值评估方法	计算容易，评价思路沿袭传统无形资产收益评价法，即通过预测品牌资产的超额收益的折现值计算	充分考虑到了企业品牌自身的经营状况（包括营业收入、增长率等）和品牌为企业带来的收益；对中国企业进行全面评估，数据相对翔实且可获取，在国内影响力较广
局限性	对未来销售及利润的判断有较高的不确定性；品牌资产价值与其他无形资产联系紧密，不能完全剥离	数据的部分假定主观性较强，评价体系集中于消费品	评价模型的独创性不高；所计算企业品牌资产价值波动性较大
公式	品牌资产价值＝品牌年平均利润×品牌强度	品牌资产价值＝品牌纯利润×品牌强度	品牌资产价值＝平均业务收益×品牌附加值指数（计算得到）×品牌强度系数（设定得到）

第三，基于其他视角的品牌资产评价方法。例如各企业品牌管理时所使用的内部评价体系。

二、品牌资产管理的相关研究

（一）品牌企业主要特征

优秀品牌企业特征可从内在特征和表象特征两个方面进行概括。

1. 品牌的内在特征

（1）产品质量优异。

质量优异是品牌产品的基础。品牌成名并久经市场考验，关键在于有优良、稳定、可靠的产品质量。从广义来讲，产品质量既包括原材料的质量、生产技术与工艺的质量、外观及包装的质量，也包括功能质量和服务质量。

还要看到，质量的本质在于适用性。质量好坏的最终评判者是消费者，只有消费者认可的质量才是最好的质量。因此，质量优异是一个系统的概念。

（2）产品文化附加值高。

品牌产品中蕴含的文化附加值从广义来讲包含四个方面。

一是品牌所反映的生产者的文化理念和精神追求。如"同仁堂"反映的是"同修仁德，济世养生"的企业精神；"张一元"秉承的是"金般品质，百年承诺"的经营信条；"六必居"则代表了"酱领五味，滋养民生"的核心价值。

二是品牌所蕴含的技术工艺。品牌是人类聪明才智和科学技术的结晶，一个品牌凝结着设计者的独具匠心、生产者的独特工艺和辛勤汗水，也凝结着人类所创造的大量科学技术成果。有些现代品牌产品，如飞机、汽车、计算机、手机等，完全是高科技的产物。

三是品牌所反映的民族精神、情感、风俗习惯和宗教信仰。如海尔以"敬业报国，追求卓越"为公司使命，就有民族精神与民族情感的流露。也有不少品牌在外观、包装和商标上明显地带有民族风格和宗教信仰的烙印。

四是品牌所体现的审美观、审美情趣。如每次巴黎、米兰、伦敦时装周所展示的著名品牌服装，其款式及色彩往往预示着一种审美的趋势，代表着一种流行和时尚。品牌成为美学的载体。这种审美产生的文化附加值，不是一种具体的使用价值，它只是满足人们审美体验的一种价值，是品牌所期望达到的一种境界。如果说一些传统品牌的文化附加值是生产者不自觉地赋予其中的话，那么现代品牌的文化附加值则反映了生产者高超的经营谋略。品牌文化附加值作为品牌内在品质的一个要素，决定着品牌的交换价值。

2. 品牌的表象特征

品牌的表象特征，主要表现为知名度、美誉度、顾客忠诚度、市场占有率、品牌收益、无形资产价值和社会效应均比较高，同时均有较长的市场生命周期。

（1）较高的知名度、美誉度与顾客忠诚度。这是品牌最明显的表象特征。品牌，尤其是著名品牌，首先在于知名，进而美名。品牌的知名度和美誉度最根本的源于品牌自身的质量、服务和文化附加值。顾客忠诚度，又可称为客户黏度，是指顾客对某一特定产品或服务产生了好感，形成了"依附性"偏好，进而重复购买的一种趋向。它是品牌知名度、美誉度最终带来的结果，也是提高品牌知名度、美誉度的目的。品牌的顾客忠诚度高，说明在品牌与客户之间建立起来的情感连接和相互信任、相互依赖的"质量价值链"越牢固。

（2）较高的市场占有率和品牌收益。这是以高知名度、高美誉度和高顾客忠诚度为前提的。一种品牌一旦有了较高的知名度、美誉度和顾客忠诚度，其市场半径就会迅速扩大，市场占有率就会迅速攀升，高额利润也会滚滚而来。根据联合国工业计划署的统计，世界上 8 万多种品牌产品，覆盖着 98% 的国际市场，著名品牌的市场占有率高达 30% 以上，其品牌收益可以数亿美元、数十亿美元加以计算。就国内来讲，有些行业的著名品牌也具有这种明显特征。品牌收益，既是规模效益，以量取胜；更是级差效益，即品牌的文化附加值所带来的级差效益。

（3）较高的无形资产价值和社会效应。品牌的无形资产价值是企业不断创新、长期积累、精心管理的结果。实践证明，品牌的等级越高，其无形资产的价值也就越高，在企业总资产中的比例就越大。品牌的无形资产价值越高，相应的正面社会效应就越大。

（4）较长的市场生命周期。一种品牌之所以能够经受市场竞争的长期考验，是因为它可以秉持核心价值，通过创新，不断完善老产品、开发新产品，打破产品生命周期。品牌产品可以推陈出新，但品牌自身却永葆青春，长期保持市场的领先地位。品牌作为一种知识产权，既与有形的产品联系在一起，也可以独立存在。任何一种产品或长或短都有市场生命周期，但著名品牌没有可预见的市场生命周期，支撑品牌的一种产品被淘汰，只要开发出更新更好的产品，品牌仍然会发展。也不可否认，某些品牌只依附于一种产品，没有产品创新，这种产品被市场淘汰了，品牌也就退出了市场。世界上众多品牌和中国的老字号，有长达百年甚至数百年历史，经久不衰，体现出无穷的生命力，这反映了品牌具有长市场生命周期的特点。

（二）品牌资产在企业战略中的管理应用

近年来，顺应新时代中国特色社会主义主要矛盾与根本任务的转变，中国品牌战略正迎来引领高质量发展和满足美好生活需要发展的新使命和新挑战。习近平总书记 2014 年 5 月 10 日提出"推动中国制造向中国创造转变、中国速度向中国质量转变、中国产品向中国品牌转变"的重要论述，明确了品牌强国的宏大目标和具体要求，深刻揭示了新的历史条件下打造品牌经济的重要性和紧迫性，为"新常态"下中国品牌建设指明了方向。2016 年，党中央、国务院密集下发文件，从创新、质量、消费、供给侧改革等多个层面推动中国全面进入品牌创新时代。2017 年 5 月，国务院将每年 5 月 10 日设立为"中国品牌日"。2018 年 5 月 10 日第二个中国品牌日上，李克强总理就中国品牌建设作出重要批示，指出"加强品牌建设，增加优质供给，是实现高质量发展、更好满足人民群众对美好生活需要的重要内容"。如何针对人民群众的新需要和不断升级的市场需求增品种、提品质、创品牌，弘扬企业家精神和工匠精神，是中国品牌走向世界和享誉世界的关键。

品牌作为无形资源，是企业质量和信誉的保证，是企业核心价值的体现，是具有溢价能力的重要资源，优秀品牌形象的树立可以为企业带来长期的经济效益。伴随着政府针对加强品牌发展的一系列部署，中国品牌发展的环境日益优化，企业的品牌意识也不断增强。尤其是在经济全球化的背景下，国际著名品牌的影响力已经超越国境。跨国公司在中国市场上推出的产品几乎覆盖了各行各业，超级市场上琳琅满目的商品中，国际名牌已经牢牢地占领了货架；一些中国知名企业不仅在国内实施名牌战略，而且积极地创建国际品牌。2000 年 4 月 23 日，美国《华盛顿邮报》在题为《中国企业竞相创立国际品牌》一文中指出："中国能否在全球经济中获得成功，某种程度上取决于中国公司能否创建出人们认可并喜爱的品牌。"从国家层面来看，拥有世界级企业和世界级名牌的数量，已成为国家经济实力的重要表现。从企业层面来看，著名品牌是企业的宝贵资源，是企业赢得消费者、克敌制胜的重要武器。毫无疑问，创建名牌是中国企业的不懈追求和战略任务。

自从 20 世纪 80 年代以来，中国经济一直保持着快速增长的良好态势，一大批企业迅速成长，为中国经济发展做出了巨大的贡献。由于企业界认识到创立名牌的深远意义，不少企业提出并实施了名牌战略，政府和学术界对此都给予了高度关注。1995 年，北京名牌资产评估有限公司对中国本土分布在 17 个行业的 80 个品牌的价值进行了评估，其中红塔山名列榜首，其品牌价值为 320 亿元。根据当时国内品牌林立、竞争日趋激烈的情况，北京名牌资产评估有限公司提出：中国已经进入品牌竞争时代。2003 年 12 月 5 日，北京名牌资产评估有限公司发布了 2003 年中国品牌价值报告，发布了 12 个行业的 32 个品牌的价值。其中海尔以 530 亿元的品牌价值位居榜首；红塔山以 460 亿元位居次席；TCL 以 267.12 亿元名列第六；美的以 121.50 亿元名列第八。一批中国本土品牌在市场竞争的洗礼中成长起来，海尔是其中成长最快的品牌。1994 年，海尔集团的销售额为 31.7 亿元，品牌价值为 42.61 亿元；到 2002 年，海尔的销售额已达 710.53 亿元，品牌价值达到 530 亿元，分别增长了 21.4 倍和 11.6 倍。

在经过多年的努力之后，许多中国企业已经成功地将自身品牌建成世界强势品牌。"中国制造"的产品冲击着全球市场的每一个角落，在全球 500 种主要工业品中，中国有 200 多种产品产量排名世界第一，仅从 C 端消费品看，汽车、玩具、服装、鞋、自行车、手机、电脑、电视、空调、冰箱、洗衣机、微波炉等等，均在国际市场具有重要地位，是名副其实的制造大国。与此同时，中国品牌也在竞争中快速成长起来，华为、美的、伊利、小米、格力、海尔、Lenovo、海康威视、京东方、歌尔、中车、比亚迪、吉利、哈弗、蒙牛、海天等品牌的产品，在国际市场均有较高影响力。全球消费者对中国品牌的信任度——值得信赖或基本值得信赖的比例达到空前的 48.5%。一大批国货潮牌、老字号品牌也越来越受到国内消费者，特别是年轻消费者的推崇。

对企业而言，形成强大的品牌是抵御不利经济条件和其他市场条件的最佳防御措施之一。将企业和产品与竞争对手区分开来，被世界各地的各种文化接受和需要，可以更容易地进入新的市场和行业，吸引最优秀的人才，通过源源不断的利润流提供相当于企业净资产价值数倍的投资回报。最重要的是，品牌如果得到良好的维护和管理，就能突破传统的生命周期。强大的品牌如果培育和管理得当，会让企业永续存在。可口可乐已有 130 多年的历史，汰渍洗衣粉已有 70 多年的历史。尽管竞争激烈，但这两家企业仍然是各自市场中的领导者。

（三）品牌资产在无形资产中的管理应用

基于财务视角的品牌资产是一项独立的无形资产，需要由公司财务部门进行独立核算、价值评估和资产管理。据此，学者针对品牌的资产管理问题进行研究和讨论。国际会计准则认为：如果购入品牌能够给企业带来巨大的经济效益、品牌成本和价值能够可靠计量，则以购入价格作为购入品牌资产的价值；英国会计准则委员会认为（第 22 号标准会计管理公告）：由企业获得或自己创造的专利权、品牌及品牌权、特许权等无形资产可以资本化，无形资产可以其历史成本或现行价值反映（除商誉外的无形资产都可以重新估价）；在中国会计实践中，品牌只能列入资产负债表中"无形资产"项目内，按 5 年有效期摊销，而且列入"无形资产"的品牌只是"外购品牌"，不包括自创品牌（杨雄胜，2000）。实际上，企业自创品牌是企业的重要资源，针对自有品牌的资产创建、成本支出、资产价值及减值评估、资产分拆等问题均应在管理过程中有所体现，以充分满足管理者和其他利益相关者的需要。

由于品牌资产具有无形资产的特点如公允价值波动较大，又存在价值评估难度大等局限性，所以学界对自创品牌资产的会计核算方法问题始终处于讨论状态，而尚未统一。包括：其一，历史成本法计量。李楠（2011）认为，品牌资产应该采用历史成本计量法，并在商标权的基础上搭建核算体系。具体而言，自有品牌可以看作对商标权的继续投资，通过"在建品牌"科目进行成本核算，并通过形成无形资产—品牌确认资产。其二，公允价值计量和历史成本计量并存。刘红霞（2009）认为，品牌资产价值信息应列入财务报告，包括历史价值和公允价值两方面。历史价值是针对品牌的初始投入和后续成本、费用支出的计算记录。但由于品牌资产与企业的市场竞争能力、企业绩效相关，且具有不确定性和未来收益性，随着品牌的扩张，其资产实际价值不断升值，故在历史成本的基础上，也应该通过公允价值计量品牌资产的实际价值，并在报表附注中体现。具体而言，应包括：其一，以历史成本计量的初始投入，如品牌设计、品牌申请注册及创造品牌的直接费用；其二，以历史成本计量的后续投入，如品牌维护费用等；其三，以公允价值计量的自创品牌价值；其四，与品牌资产相关的非财务信息应在报表附注中披露，如品牌产品的技术创新能力、品牌定位、对品牌资产保护的相关投入等。

第四节　企业研发创新的相关研究综述

一、企业研发创新的微观经济效应

自熊彼特创新经济学理论创立开始，学者便对企业研发创新的宏观、微观经济效应进行广泛研究。研发创新作为经济发展的根本驱动因素，能够提升企业绩效和可持续发展能力，提升企业的核心竞争力，进一步促进行业转型升级，地区环境治理，促进新时代我国经济高质量发展动力转换。在微观经济效应视角下，企业研发创新能够提升企业绩效和竞争力。其一，较高的创新效率说明企业有较强的创新实力，扩大关系网络范围（孙俊华、陈传明，2009），促进创新活动实现"研发—成果产出—新产品进入市场"的良性循环，进一步扩大市场占有率，提升企业绩效（胡元木、纪端，2017；Jefferson et al.，2006）。其二，较多的研发投入，有利于提高企业生产效率（Wakelin，2001），提升公司利润和未来年份的股价变动（罗婷等，2009），改良原有产品的品质、降低生产成本或扩张新的生产线（沈弋等，2016）。其三，学者研究认为，虽然我国国有企业拥有大量优质创新资源，但企业绩效较低，民营企业创新资源匮乏、倾向于技术模仿，缺少自主创新研发（刘和旺等，2015），需要深入讨论研发创新产出对企业绩效的影响（李忆等，2014）。

二、企业研发创新与品牌资产价值关系相关研究

研发创新与品牌资产价值的关系是本书研究的重点。一方面，研发创新形成了企业所拥有品牌资产的核心竞争力，成为企业品牌资产价值实现的关键因素；另一方面，研发创新是价值实现的根本驱动力，是品牌资产增值的内生动力。据此，本节对研发创新与品牌资产价值间关系的文献资料进行梳理及回顾。

（一）企业研发创新与品牌资产价值关系研究的发展概况

品牌资产价值来源于商品的特殊价值和"消费者剩余"，受生产者高质量、创造性的劳动投入与消费者市场认可共同作用，是企业异质性资源带来的收入溢价（王成荣、王玉军，2014）。而通过研发创新，能够为企业提供技术资源，实现品牌资产价值成长。前人对于研发创新与品牌资产价值成长的关系问题进行了充分研究，大致涉及以下几个方面内容：（1）研发创新与品牌价值评估框架问题。如乔均、彭纪生（2013）在构建企业品牌核心竞争力评价指标体系中强调企业研发能力因素；袁胜军等（2018）构建品牌力指标时设定品牌创新因子、品牌核心技术因子等。当然，技术创新在品牌资产评价体系中的作用，不仅体现在创新因子本身，更可能通过形成外观设计专利、管理经营模式创新、生产技术改良等方式重塑品牌形象、打造品牌个性，实现品牌成长。（2）研发创新与品牌资产价值关系问题。该类问题大多选择通过实证模型进行检验，如王分棉等（2015）选择门槛面板模型研究知识产权保护、研发投入与品牌资产价值成长关系问题。（3）研发创新与品牌重塑、品牌活化问题。如许晖等（2018）提到技术创新在"老字号"品牌活化中具有重要作用；王泗通和孙良顺（2017）分析借助技术创新等方法实现企业品牌重塑和活化。学者研究提供了丰富的理论资料，但关于研发创新与品牌资产价值的关系问题讨论较少，在经济政策不确定性调节作用下研发专利产出是否能够有效促进品牌资产价值增值尚无定论。

自 2000 年开始，研发创新与品牌资产的讨论呈现快速增长态势。根据

知网期刊数据库篇名精确检索统计，相关主题的国内南大核心期刊发表数量约300篇，但以理论分析居多，研究主题围绕创新与品牌，但侧重点各异。对于本话题的相关研究总体情况如表2.3所示。由创新与品牌问题的研究概况可见，诸多学者对创新与品牌的关系进行研究，但多集中于以下视角：（1）规范方法下的理论探讨，分析创新对品牌竞争力促进作用；（2）在品牌发展模型或品牌估值模型中纳入创新或研发指标，即以企业的研发创新水平作为企业品牌估值框架中的因子之一；（3）借案例或数据，讨论特殊品牌创新的经济效应。随着经济转型升级和内循环格局的推进，开始有学者重新以实证方法讨论技术创新与品牌价值的问题，如齐永智等（2020）、刘建华等（2019）。但结合宏观视角，讨论如何通过政策引导发挥创新对品牌的促进作用，借以实现民族品牌的发展的研究仍然较少。

表2.3 企业研发创新与品牌资产价值关系研究概况

抽象理论/规范研究	案例分析	问卷报告/数据分析
"通过模型推导分析技术创新对品牌的影响"（袁胜军等，2018；李建宏，2017；刘希宋等，2007）；"创新活动的品牌效应实现机制"（蒋廉雄等，2017）；"创新与品牌竞争力"（徐希燕等，2007）；"创新与品牌提升理论分析"（张思雪、林汉川，2016；孙曰瑶，2006；程桢，2004）；"老字号品牌创新"（王成荣，2011）	"知识进化视角下的创新与品牌发展机制"（杨保军、黄志斌，2014）；"品牌创新模式与路径"（徐伟等，2020；王泗通、孙良顺，2017）；"不同城市下老字号品牌的创新决策与市场细分策略"（何佳讯等，2007）；"即墨老酒品牌创新情况研究"（范小倩，2017）；"杭州天堂伞的品牌创新与案例研究"（虞镇国、何敏，2005）；"云南白药集团的品牌发展路径"（许晖等，2017）	"技术创新与自主品牌对出口贸易的影响"（安志等，2018）；"技术创新与品牌价值直接关系"（王分棉等，2015；齐昕，2015）；"异质性品牌化情境下的新产品采用问题"（蒋廉雄等，2015）；"政府补助作用下的技术创新与品牌价值关系研究"（齐永智等，2020）；"董事会特征影响下的创新投入与品牌价值关系研究"（刘建华等，2019）；"创新与品牌的市场感知"（陈姝等，2015）

（二）企业研发创新对品牌资产价值影响的作用机制

企业解决形象老化、生产技术滞后、包装老旧等问题，提高品牌资产价值、弥补品牌成长动力不足的短板，需要通过产品和技术创新实现。学者研究认为，研发活动风险高，可能增加本期现金流不确定性（尹美群等，

2018）、影响企业决策（崔也光等，2019），实现经济价值的作用是缓释的。但研发创新持续投入会通过专利产出的形式实现研发活动的经济价值、实现企业可持续发展（Zhong，2018），反映企业研发创新的效果和质量。具体而言，企业创新专利产出，能够通过以下途径实现品牌资产价值增值：（1）提高产品对市场环境的适应、延长品牌生命周期。企业可以通过创新改良产品外观、提高产品实用性，进而提升产品的市场认可度和品牌资产价值；（2）提高产品竞争力和市场占比。研发创新能够为企业带来先进的生产技术等异质性资源，成为品牌塑造和品牌资产价值成长的源泉（王分棉等，2015），进而扩张产品线、提高品牌价值（王泗通、孙良顺，2017）；（3）完善品牌定位。通过技术创新，完善消费者的品牌定位和品牌经营个性；（4）提高企业生产效率。学者基于柯布—道格拉斯生产函数发现，企业研发投入会提高生产效率、实现销售收入（吴延兵，2008），进而提高品牌价值；（5）传递积极的消费信号。企业的创新行为能够向消费者提供积极的创新信号，提升消费者对该品牌的信心和购买意向（李颖灏、张苗，2013）。

另外，研发创新的专利产出类型存在差异，对品牌资产价值增值的促进作用也有所不同。研发创新形成的专利产出包括发明专利、实用新型专利和外观设计专利。以上三类专利授权的总量能够衡量企业研发创新成果（黎文靖、郑曼妮，2016）。其中，发明专利指在技术开发、新产品研制过程中取得的成果，相对技术要求高、研发周期长，对企业生产能力的提升程度大（庄子银、李宏武，2018），能够形成企业产品的核心竞争力，也能够用以衡量企业研发创新质量（刘督等，2016）。实用新型专利指产品形状、构造或适于实用的技术方案，比发明专利技术含量低，受相关政策的专利客体保护、专利门槛及审查上较为宽松，保护费用低、授权快（毛昊等，2018）；外观设计专利能够有针对性吸引消费者，引导消费倾向，但作用时效短。学者研究发现：实用新型和外观设计专利从申请到授权历时短、不存在实质审查过程、申请费用较低，部分地区的专利资助政策更倾向于发明专利（张杰、郑文平，2018）。根据以上分析，本书区分各类研发创新产出类型进行实证设计。

第五节　经济政策不确定性的相关研究综述

一、经济政策不确定性的分类

目前，国内外关于经济政策不确定性的分类涵盖以下几种：货币政策不确定性、财政政策不确定性（或财税政策不确定性）、贸易政策不确定性。但对于贸易政策不确定性的衡量，大多采用中国加入 WTO 这一外生事件（毛其淋，2020）或依据 2000～2016 年 CEPII 出口数据和中国海关数据计算指标作为衡量标准（张平南等，2018），与本书研究内容存在一定偏离（本书的微观数据范围为 2007～2019 年），故不再进行详细讨论。结合 2021 年李克强总理作政府工作报告内容："积极的财政政策要提质增效、更可持续"、"稳健的货币政策要灵活精准、合理适度"，诸多学者在讨论政策波动对宏微观经济的影响时，也重点考虑财政与货币（信贷）渠道（杨海生等，2014；朱军，2018），认为在政策变动对宏微观经济的影响中，以上两项政策最为重要。故参考学者研究，本节对货币政策不确定性和财政政策不确定性相关文献整理回顾如下。

（一）货币政策不确定性

货币政策不确定性是由于货币政策本身的易变性或宏观经济形势的不确定性等因素导致的货币政策取向或传导的不可预期性（王立勇、王申令，2020）。货币政策是影响实体经济融资成本问题的关键，该政策能够通过货币渠道影响利率水平，通过信贷渠道影响银行信贷，或通过风险承担渠道影响宏微观经济（潘彬、金雯雯，2017；靳庆鲁等，2012），进而作用于资本市场和微观企业。研究显示，我国货币供给量与利率水平均趋向于宽松的货币政策，但实体经济的融资成本仍然较高（钟凯等，2017），严重阻碍了企业创新、品牌战略的推广。

学者对货币政策的经济效应、作用机制以及宏观政策效应进行充分研究。按照中国知网以货币政策作为主题词进行检索的 CSSCI 期刊文章发现，讨论货币政策的传导机制、政策有效性、政策冲击以及对资本市场影响等话题的研究相对较多，而较少关注货币政策不确定性的经济影响（王立勇、王申令，2020）。现有文献关于货币政策不确定性的研究主要从与其相关性较高的货币政策波动方面展开（Fernandez – Villaverde et al.，2011），主要涉及以下几个方面：其一，货币政策变动对于宏观经济预期的影响（王博等，2019）。其二，货币政策变动对银行业经营水平的影响（温信祥、苏乃芳，2018）。其三，货币政策变动对资本市场影响（郭豫媚等，2018；潘彬，金雯雯，2017）。其四，货币政策变动对企业等实体经济的影响（李连军、戴经纬，2016；刘海明、李明明，2020）。

直接讨论货币政策不确定性的研究尚处于理论探讨阶段。例如，胡里奥和尤克（Julio and Yook，2012）讨论货币政策不确定性对企业投资决策的影响；孙健等（2017）研究货币政策不确定性对会计信息质量的影响，以宏观政策的微观经济效应视角进行数据检验，发现较高的企业会计信息质量能够缓解货币政策不确定性对企业投融资行为的削弱作用；钟凯等（2017）基于资本结构视角讨论货币政策不确定性对企业资金配置效率的关系，发现货币政策不确定性较高时，信贷供给被显著削弱、企业财务杠杆水平下降，资本结构调整速度减缓；邓创、曹子雯（2020）借助 SVAR – H – SV 模型构建相关指数，区分数量型、价格型货币政策不确定性进行实证检验，发现数量型货币政策不确定性在经济高速增长时期，显著影响经济增长水平和通货膨胀水平，价格型货币政策不确定性对宏观经济的影响存在短期促进、长期抑制的特点。

（二）财政政策不确定性

作为国家治理的基础和主要手段，财政政策是缓解经济政策不确定性的重要手段。诸多学者对财政政策的内涵、经济效应、政策的顶层设计和影响因素进行讨论。例如，李成等（2020）针对财政政策与货币政策的动态搭配组合模式进行研究，讨论财政、货币政策搭配组合的理论逻辑，及其经济效应在实现过程中潜在的障碍因素。

但由于财政政策存在稳定型与相机抉择之分，加之财政改革的挑战，我国财政政策存在较大的不确定性（刘尚希，2015）。事实上，相关政府部门在借助财政政策进行宏观调控过程中，存在政策立场频繁变动、政策目标反复切换、政策力度组合调整的情况（胡久凯、王艺明，2020），由于体制外或体制内因素造成政策实施过程中的承诺不一致、政策多变下的市场反应的不确定性特征，引致经济不确定性结果（朱军，2017）。故而，在制定和实施财政政策时，需要充分考虑到不确定性因素的可能影响。例如，胡久凯、王艺明（2020）结合符号约束 SVAR 模型研究讨论政策不确定性条件下财政政策的调控效果，认为不同政策不确定性背景下财政政策冲击对宏观经济发展有显著影响，呈现非对称性效果。

二、经济政策不确定性的测度方法

对指标合理界定和测度是从实证角度进行数据验证的前提条件。由于不确定性问题本身存在难以界定、风险较大的特点，诸多学者对经济政策不确定性的测度、分类方法问题进行广泛讨论。只有合理准确的衡量经济政策的不确定性水平，才能够更好地理清不确定性对宏观经济发展的影响，进而将不确定性因素转化为确定性的企业创新研发和品牌资产增值的条件。参考学者研究资料，经济政策不确定性的衡量标准主要有以下几种方法（杜小飞，2020）。

其一，波动水平替代法。该指标衡量思路下，主要通过宏观经济指标的波动程度对不确定性进行测度。例如：吉尔克里斯特和扎克拉伊舍克（Gilchrist and Zakrajsek，2012）以不同信用利差隐含的信息为基础，构建引用利差指标，用以预测未来经济发展；李香菊、祝丹枫（2018）利用 HP 滤波法计算财税政策波动对中国制造业转型升级的影响；孙健等（2017）在计算货币政策不确定性衡量时利用 Shibor 7 日平均利率的年度标准差。

其二，主观判断法。该指标衡量思路下，学者常通过问卷调查专业人士对经济政策不确定性主观判断的分歧度等方法进行判断，通过专业人士主观判断将经济主体如消费者、企业的不确定性预期进行量化。例如，布鲁姆（2009）通过计算专家预测的 GDP 增长率的标准差作为不确定性的衡量标准；勒迪克和刘（Leduc and Liu，2016）基于企业和消费者感知视角，对美国消费者的调查数据和英国企业的工业趋势调查数据进行整理，测度经济政策不确定性。

其三，基于新闻报道的文本分析法。奈斯比特（Naisbitt，2018）的理念认为："各地报纸披露发生事件的总和就是国家的现状"。在该指标衡量思路下，学者常通过对主流媒体的新闻报道进行检索，并通过对"相关政策""不确定性"等关键词的分析构建各国经济政策不确定性指标。代表学者有美国斯坦福大学贝克等（2016）、中国香港浸会大学陆尚勤等（2020）、财政政策不确定性（朱军、蔡恬恬，2018）等。该衡量思路下，指标的深度和范围较易延伸，如贝克等学者拓展出经济政策不确定性、贸易政策不确定性，陆尚勤等学者针对中国主流新闻媒体拓展出财政政策、货币政策不确定性及贸易政策不确定性指标。

其四，外生事件冲击法。虽然基于新闻报道的文本分析法能够比较清晰地刻画出经济政策不确定性的波动水平，但诸多学者在研究贸易政策不确定性时仍采用中国加入 WTO 时最优关税转变为最坏关税的可能性（汪亚楠等，2020）、双重差分法下永久正常贸易关系政策实施等（毛其淋，2020）进行检验。相比现行贸易政策的调整、不确定性程度而言，中国加入 WTO 给国际贸易政策带来更大的不确定性。通过该指标配合中国工业企业数据库，同样能够很好地理清贸易政策不确定性的经济影响。

三、经济政策不确定性的经济后果

经济政策不确定性指经济主体无法确切预知政府是否、何时以及如何改变现行经济政策（饶品贵等，2017）。部分学者研究表明，外部环境变化会影响企业投资决策（Hyun and Young，1999）。经济政策不确定性较高时，管理层精确预测企业未来发展的能力受到制约，管理层盈余预测、监督的难度增加，企业无效率投资的可能性增加，最终影响研发创新经济效益的实现

（Baum et al.，2006；申慧慧等，2012）。经济政策不确定性可能提高企业经营压力，被视为企业成长的阻碍因素（袁建国等，2015）。但也应认识到，其作用是复杂的、具有两面性。学者研究发现，经济政策不确定性对企业发展存在促进作用。根据动态能力理论，企业会在复杂的环境中整合内外部资源，以保持竞争优势。经济政策不确定性较高时，企业能够获得新的知识技术和发展机会，有效提升组织学习能力（刘婧等，2019）。另外，经济刺激政策以及相关规定会为企业提供诸多"政策红利"（贾玉成、张诚，2018），促进企业更加关注技术创新。学者研究证实：不确定性是企业利润的核心来源（Knight，2009）。在外界环境变化情境下，风险型决策者会倾向于采取技术创新手段保持竞争优势，积极进行研发创新（肖婷、李垣，2010），并将研发专利产出转化为新产品，促进技术创新和成果转化，为企业自身提供成长机会（刘婧等，2019）。

网易财经 2013 年调查数据显示，40.91% 的受访企业认为宏观经济最大的不确定性来自政策不确定。在经济下行压力较大的条件下，经济政策不确定性水平会提高，影响企业经营成本和投资活动（李凤羽、杨墨竹，2015）。具体而言，经济政策不确定性对研发创新与品牌资产价值增值的影响包括以下几个方面：（1）提高研发专利的成果转化效率，增加关键技术研发的比重、提高品牌资产价值。经济政策不确定性较高时，市场经营风险和企业扩大市场份额的可能均会增加（Knight，2009；Aghion et al.，2005）。在对政府政策导向不确定时，企业产品未来需求的不确定性增强（Bloom et al.，2007），企业研发决策和品牌战略可能产生的融资成本加大。管理层也会对影响未来现金流的研发决策更为谨慎，对经济因素更为敏感（饶品贵等，2017）。此时，企业可能会提高研发创新效率和专利成果转化效率，更快地实现专利的品牌效应。（2）提高企业决策的灵活性。经济政策明显变动时，政府对经济的干预力度降低，企业可借助新政策对新产品计划和品牌战略进行灵活调整。例如财税政策变化，可能为研发专利成果（尤其是发明专利）转化提供补贴或优惠政策，为品牌保护提供支持，降低品牌战略的实施成本；贸易政策变化引导企业调整国际化品牌战略，加快新产品投入国际市场力度、提高研发专利的品牌效益；知识产权政策完善，有利于促使企业进行自主研发，提升企业绩效（吴超鹏、唐莙，2016）。综上所述，在经济政策不确定性的影响下，企业研发创新对品牌资产价值增值的作用会有所不同。

第六节　文　献　述　评

学者们对于企业研发创新、品牌资产价值和经济政策不确定性等领域的研究做出重要贡献，在不断深入拓展的过程中形成基本的研究框架和理论体系，也为本书研究思路的设计提供经验，为研究视角和研究论题的深入提供资料，为实证分析和案例研究提供坚实的理论基础。但在对相关文献进行梳理与回顾的过程中，本书发现仍有继续深入研究的话题与研究空间，能够进一步拓展相关领域的内容。具体而言，包括以下几点。

其一，关于品牌资产价值管理问题的讨论相对较少。诸多学者从市场营销角度、战略角度对品牌资产价值问题进行讨论，如品牌资产的增值路径、品牌资产价值的估值模型等，但较少有学者从品牌资产价值管理视角进行研究，即通过会计中资产管理方法对品牌资产的投入成本、维护成本、未来收益等问题进行综合考虑，缺少对品牌资产价值管理和保护等问题的研究。

其二，较少对于研发创新与品牌资产价值增值机制的实证分析。在推动要素市场流动、促进高质量发展的背景下，诸多学者基于案例分析或单一行业视角讨论研发创新对品牌资产价值的提升作用（例如，通过案例分析"中华老字号"品牌转型升级、品牌资产价值提升过程中的研发创新的作用，或分析某类行业品牌资产的创新质量等问题），但基于上市公司整体视角，通过实证方法检验企业研发创新对品牌资产价值增值影响的内在逻辑和实现路径的资料较少。

其三，对于研发创新与品牌资产价值增值的研究缺少宏观经济政策不确定性背景的动态视角。学者们对研发创新与品牌资产价值增值的讨论，多基于静态的时点数据资料进行数据分析或基于企业的案例研究，较少有研究结合经济政策背景，从宏观视角讨论如何更好地推动企业依靠创新实现高质量发展、形成品牌资产的问题。

其四，对各类经济政策不确定性进行梳理的研究相对不足。在经济政策不确定性的研究中，诸多学者以综合的经济政策不确定性环境作为研究背景，而较少对各类经济政策不确定性进行梳理，对各类经济政策不确定性对企业影响效应的综合分析相对较少。

第七节　本章小结

本章介绍了本书的理论基础和文献综述。本章的研究分为以下两个部分：其一，基础理论部分，包括概念界定、本书的理论基础；其二，文献回顾，包括品牌资产价值的相关研究综述、企业研发创新的相关研究综述和经济政策不确定性的研究综述。第一，本章对主要研究概念进行界定，包括：其一，品牌资产的概念界定、与其他各类无形资产的异同点辨析；其二，经济政策不确定性的概念界定以及财政政策不确定性、货币政策不确定性的概念；其三，企业研发创新的概念界定。第二，本章梳理研究所涉及的理论基础，包括信息不对称理论及信号理论，创新理论和内生经济增长理论，不确定性理论等。第三，梳理回顾品牌资产价值的相关研究，包括对品牌资产价值与评估方法研究的回顾、品牌资产管理研究内容的回顾等。第四，本章对企业研发创新相关研究进行回顾，整理研发创新的微观经济效应，梳理研发创新对品牌资产价值影响的相关研究成果。第五，从经济政策不确定性的分类、测量方法和经济后果等方面进行文献回顾，并总结述评。本章的研究对三个主题词即"品牌资产价值""企业研发创新""经济政策不确定性"的相关文献进行回顾，从概念界定、理论基础和文献回顾三个方面进行整理，重点讨论企业研发创新对品牌资产价值的影响机理，以及经济政策不确定性的影响效应，为下文第四章至第六章的实证研究提供理论支持。

第三章　国际品牌资产相关制度的演进

　　品牌资产是 20 世纪 80 年代出现的最流行和最具实践价值的营销概念之一。随着信息时代的到来，品牌已然成为企业发展的重要战略资源和提升国际影响力的核心要素，建设一个强大的品牌有助于为企业带来更高的附加值和市场份额，提高企业竞争力。同时，随着商业的国际化、信息的数字化及网络化，品牌资产的价值也正在不断凸显。然而品牌资产作为一种特殊的无形资产，在过去的几十年被严重低估，传统会计忽视了此类新型无形资产的贡献。目前，根据会计准则规定，品牌资产只有在非同一控制下的企业合并活动中才能满足确认条件，并且就目前企业实际会计处理过程中，很少会有企业确认品牌资产，而这也就造成并购活动形成大额商誉、财务信息相关性减弱等现象。

　　长期以来，人们习惯于用存货、固定资产、货币资金等有形资产来衡量企业价值，评估企业经营状况。直到 20 世纪 80 年代品牌资产概念的出现，才开始让各企业经理们意识到企业价值的获取实际上来自消费者，和消费者的思想和行为息息相关，消费者们通常是通过对品牌的认知和美誉度来评价企业的价值，同时也能通过品牌获得超越其本身功能的附加价值，二者相互作用形成其他资产难以复制的市场效益。强大的品牌影响顾客的决策权。品牌代表着质量的保证，就奢侈品牌而言，消费者也从品牌中获得社会地位，虽然不易量化，但真正的财务效益来自无形资产。在新经济形式下，品牌已然成为企业获得成功的关键。品牌资产是一种无形资产，它是一种凌驾于传统生产活动产出之上的价值。不同于其他资产的是，品牌资产包含了知名度、认知度、联想度以及忠诚度等各种要素，它更偏向于通过改变品牌在消费者大脑中的认知和联想，进而改变消费者的消费行为以及对品牌的忠诚度，让消费者更愿意用更高的代价获得有品牌依附的产品及服务。学界对品牌资产的确认研究主要有以下两种。

第一种是合并确认。即在企业并购过程中，品牌的确认依附于商誉，将智力资产，数据资产和其他无法辨认的资产一同计入商誉中。这样一揽子的集合处理方式也无法将这些无形资产实际对企业发展具有指导意义体现出来，而实际上，为了管理者能够更合理的分配资源，需要依据这些资产的特有性质进行区别处理。英国最早关于商誉的规则来自会计准则委员会于1989 年发布的第 22 号《标准会计实务公告》，规定商誉可以在一定时期内予以摊销或者直接注销。此规定一经发出便受到人们的诟病，其原因归根结底是因为商誉中未被分离出来的某些无形资产。品牌资产的性质与商誉有本质上的不同，如果其随着商誉进行摊销就意味着这种方法不承认品牌资产可以通过管理延续其生命的能力，而直接注销的方法更为粗暴，即直接否定了商誉以及一些无形资产的价值，因此，将品牌资产包含到商誉中进行合并确认的方式是不合理的。

第二种是单独确认。在社会各界对合并确认方式激烈讨论时，一些公司尝试将品牌作为无形资产入表。例如 1988 年英国麦克多格公司率先决定在资产负债表的资产项目中记载其开发所有品牌的价值，从而引发了品牌在资产负债表上应否资产化问题的争论。这种做法也被多数英国企业效仿。虽然还有诸多人怀疑这种做法的合理性，但对于许多品牌管理者和投资者来说，这样的处理方式所产生的信息对他们来说是极具价值的。此后，陆续有国家开始放宽对品牌资产的会计处理要求，为品牌资产入表提供了参考依据。1978 年欧盟第 4 号指令说明外购的品牌只要在各国法律允许的情况下，便能从商誉的确认中分离出来。不仅是并购过程中产生的品牌资产，企业自创的品牌资产也存在被确认的可能性。1997 年英国会计准则委员会（ASB）发布的第 10 号财务报告准则《商誉和无形资产》（FRS10），就可以单独确认的无形资产进行了规定。阐述了将一项无形资产从商誉中独立出来需要满足三个条件：（1）该项无形资产必须能够为企业带来经济利益；（2）相关经济利益必须能够由企业控制；（3）该无形资产必须能够被可靠地计量。

这也是我们沿用至今的确认条件。而后 El – Tawy 和 Tollington（2008）也同意将品牌资产纳入到会计报表中，因其本质是具有可加价值的资产。瑞士信贷在其报告中写道："专注于品牌建设的公司会持续产生超大规模、长期增长、盈利能力和回报。"证实了品牌具有价值的观点，并暗示品牌增长带来的长寿是信任和投资一家公司的理由。这让投资者有理由开始关注品牌资产和价值，从而做出投资决策。随着经济的这种转变，会计师们必须考虑改变自己的品牌会计政策。

即便如此，品牌单独确认的过程也没有做出规定，想要将品牌从商誉中分离出来还是具有一定的难度，所以许多企业做出了保守的判断，选择将品牌资产重新计入商誉中，即对于这些品牌资产的单独确认采取回避态度。比如，联合饼干有限公司在其 1998 年使用的会计政策报告中提到："为保证以往取得商誉会计处理的一致性，所有 1998 年之前取得的品牌重新归类于商誉并冲销作为以前年度损益调整。"《国际会计准则第 38 号——无形资产》（IAS38）的规定："外购无形资产按照初始取得成本进行计量。"通过交换所取得的品牌资产按照换出资产的公允价值或账面价值进行计量。通过企业合并取得的品牌资产，按照合并日的公允价值进行计量。《国际财务报告准则第 3 号——企业合并》（IFRS3）规定，企业合并采用购买法，按照公允价值确认和计量无形资产的价值。根据我国现行《企业会计准则》对无形资产的定义，通过企业非同一控制下企业合并中取得的品牌资产才能作为无形资产计量，根据《企业会计准则第 20 号——企业合并》，合并中取得的无形资产，其公允价值能够可靠计量的，应当单独确认为无形资产并按照公允价值计量。品牌资产的后续计量应根据《企业会计准则第 8 号——资产减值》要求，因企业合并所形成的商誉和其他使用寿命不确定的无形资产，应当在每年都对其进行减值测试，无论它是否存在减值迹象。

刘红霞（2009）就品牌资产的计量属性提出了建议，她认为不论是自创品牌还是外购品牌，仅用历史成本对其计量是不够的，结合品牌资产未来的价值创造能力，应该使用公允价值评估模型对其进行价值评估，以此来体现它的现时价值，甚至还可以加入一些非财务信息对品牌资产价值进行记录。品牌会计的对象实际上就是品牌价值（杨雄胜，2000）。因此，对于品牌资产的计量实质上也就是品牌价值的测度和计量。西方学者对品牌价值计量的研究大致也分为三类：基于财务的观点认为可采用成本法、收益法、市场法来计算品牌价值；基于企业市场力的观点以目前国际上较为流行的英国Interbrand 模型（1990）和美国的 Financial World 模型（1992）为代表；基于消费者的观点以忠诚因子法、品牌资产评估十要素模型以及日本电通品牌价值评估模型（2006）等为代表。然而由于缺乏理论的指引，这些方法仍然存在许多不足，财务视角下使用的成本法包含历史成本和重置成本，前者忽略了市场的变动性，后者则需要估算贬值，二者均没有考虑到品牌资产的未来价值。收益法考虑到了这点，采用未来现金流量的折现来评估品牌资产，但由于其评估角度单一且主观要素过多，仍然存在不足之处。市场视角下的评估方法虽然较财务方法具有一定的权威性，且通常用于国际品牌价值测算，这些国际品牌的影响力巨大，相比弱势品牌来说更具说服力，但其缺点在于市场要素的加入，因市场的环境变化频繁且复杂，因此在对未来收益的预测过程中不可避免地会与实际产生偏差，且该类方法未将消费者这一重要因素考虑在内，因此不能完全地体现品牌资产的内涵。最后，在使用基于消费者视角的评价方法时，由于消费者充当主导角色，因此在评价过程中存在感情色彩浓重的缺点，并且，这一视角下的评估方法忽略了财务和市场要素，因此该类方法也是偏颇的。

由于大部分自创无形资产的支出难以确定其资本化率，故常将与之相关的支出费用化，如此一来，这些无形资产就未能列示于资产负债表上。除了研发支出外，其他自创无形资产均未被披露于财务报告上，也就表明这些无形资产对于企业的贡献被会计所忽视。在尝试对外报告品牌资产的会计信息过程中，主要的披露形式为定量化的信息披露，对外购的品牌采用历史信息记录，而自创品牌根本不被纳入记录范围内。总的来说，对品牌会计信息披露总结如下：（1）由于品牌会计信息披露有限，故难以对其进行有效的审计；（2）品牌资产如何与其他有形或无形资产分离缺乏明确的假定；（3）品牌价值评估的有效性和后续计量的相关条款未出台（Farquhar，1992）。借鉴国内外相关准则、制度的规定，品牌会计信息的表外披露主要应包含以下几个方面信息：企业拥有品牌的构成情况；品牌重估价值的变动情况及其对财务状况的影响；品牌的评估机构、评估时间及评估方法；品牌的评估机构及评估方法如有变更，应披露变更的情况、变更原因及其对财务状况的影响；品牌的转让、出售情况；以品牌为基础进行的融资活动；其他需要披露的信息。

综上描述了品牌资产从提出到研究其确认计量记录披露的发展历程。品牌资产基于财务视角的发展从 1989 年法夸尔提出品牌资产是产品的品牌名字所赋予的增加价值开始，1991 年沃克斯·史密斯（Walker Smith）认为品牌资产是凭借成功的计划和活动所带来的可以度量的财务价值。1993 年西蒙和沙利文（Simon and Sullivan）认为品牌资产就是相对于没有品牌名称的产品而言，拥有品牌名称给产品带来的增加现金流。2000 年科特勒（Kotler）在前人的基础上，将品牌资产和品牌偏好结合在一起，品牌偏好也是品牌资产的一部分，同时将品牌资产分成了四个层次，品牌认知度，品牌接受度，品牌偏好和品牌忠诚。目前，我国对于无形资产的关注还仅限于对专利权、著作权、土地使用权等传统无形资产。但是，随着企业技术和商业模式转型进程，人们开始关注到更多元的无形资产，如品牌资产、数据资产、客户关系等新型无形资产。在互联网盛行，改变人们消费方式的背景下，这些无形资产可能代表企业经济实力和竞争能力，甚至可以作为其综合实力的重要标志。

品牌资产不是法律概念，且我国暂时没有"品牌法"，对品牌资产在法律层面的保护主要是通过对商标权的保护来实现。其中，驰名商标更是与品牌资产息息相关、存在重合，但也存在差异。其一，从品牌资产与商标的内涵上看。商标是一种外在的、附着在产品上用于识别的标志。商标一经注册即可获得商标专有权，其他任何未经许可的企业和个人都不得仿冒侵权，这一点体现了商标的法律性。品牌资产作为企业或产品的标志，更多地包含了市场的含义，它所表示的是卖者对交付给买者的产品特征、利益和服务的一贯性承诺；借助品牌，消费者能够记住产品和企业。可以说，商标是品牌资产的一部分，是品牌受法律保护的标识。其二，从品牌资产和商标的外延上看。品牌资产不仅是经营者对消费者的承诺，而且它有个性风格，能体现一种文化，代表了产品及其生产者的市场形象；相比之下，商标则是一个较为明确的概念，商标所有者主要侧重于从商标设计、使用、法律保护等方面对其进行管理。其三，从品牌资产与商标的评估方式上看。品牌资产和商标均为企业的无形资产。品牌资产评估是一种社会化评估，按同一适用标准、同一基准时间、同一评价方法，评估不同品牌的比较价值。品牌资产评估主要着眼于品牌的未来收益。商标评估是一种资产化评估，采用成本重置、收益现值和现行市价等方法，单独对一个商标进行评估，它强调交易性，评估结果要满足交易的需要。其四，从概念性质来看，品牌资产是会计概念，商标权是法律概念。品牌资产的价值中既包括对于商标权的估值，也包括其他要素如营销成本、消费者感知等元素的估计。但正如汤湘希（2010）研究指出：商标权和品牌资产存在共同点，应将商标权的确认范围扩展，并将资产名称界定为品牌资产。法律条例对于商标和驰名品牌的规定，在一定程度上促进了企业对品牌资产的重视，为品牌资产管理水平的提高和价值增值提供保障。据此，本章主要针对知识产权和商标法的发展情况进行梳理，通过讨论知识产权等相关品牌资产的发展和实际应用，梳理相关政策对品牌资产的保护。

第一节　知识产权相关政策的产生与发展

一、知识产权法律的产生

在法律制度的历史上，知识产权是罗马法以来财产产权制度变革与创新的结果，也是西方国家300多年来不断发展成长的"制度文明典范"。在近代社会，知识产权制度是欧美国家促进经济发展、推动科技进步、繁荣文化和教育的政策工具；在当代社会，知识产权制度则成为创新型国家维系技术优势、保护贸易利益、提升国际竞争力的战略政策。

近代英国是推行知识产权政策的成功典范。它是传统知识产权制度（主要是专利法和著作权法）的发祥地，也是欧洲工业革命的策源地。这些并非历史的偶然，英国知识产权制度的形成经历了一个由封建特许权向资本主义财产权转变的历史过程。封建特许权包括产品专营权和印刷专有权。产品专营权由皇室所授予，成为各种行会垄断生产和流通的特权；印刷专有权仅是一种行政庇护，其受益者主要是出版商。1623 年《垄断法法规》宣布废除特许权制度，同时对新技术、新领域的发明与引进作出了类似专利制度的新规定。1709 年《安娜法令》则是一部"旨在授予作者、出版商专有复制权利，以鼓励创作的法规"，其目的在于保护和激励人们对创造作品和兴办出版业进行投资。在十七八世纪的英国，重商主义政策为知识产权立法提供了重要的思想基础。《垄断法规》鼓励新技术发明及其应用，专利的目的不是形成贸易垄断断，而是通过暂时的"垄断权"实现技术进步和产业发展；《安娜法令》将印刷专有权改造成资本主义的"产权"，它奉行 copyright 单一财产性的理念，以及包含版权期限、版权效力和价格的控制条款，多是出于商业贸易的考虑。近代英国知识产权法作为一种产业、商业政策和科技、文化政策的有机组成部分，为 18 世纪 70 年代开始的工业革命奠定了重要的制度基础。对此，美国经济学家、诺贝尔经济学奖获得者诺思做出了如下评述：18 世纪的英国之所以获得持久的经济增长，均是起因于一种适于所有权演进的环境，这种环境促进了从继承权、完全无限制的土地所有制、自由劳动力、保护私有财产、专利法和其他对知识财产所有制的鼓励措施，直到一系列旨在减少产品和资本市场缺陷的制度安排。诺思在对 14 世纪中国与十七八世纪英国作出比较分析后，指出工业革命的动向，即那时英国拥有作为产权制度的一种特殊范畴即知识产权制度，保护了发明创造者的利益，刺激了发明创造者的热情，从而使发明得到大量涌现并带来浪潮般的技术革新，从而启动了工业革命并创造了现代经济增长的奇迹。[①]

近代知识产权制度率先在英国形成并产生政策效益，在于当时英国具备了实施这一制度的一般社会条件：（1）新工艺学的出现。从 15 世纪起，随着资本主义生产关系的形成和工场手工业的发展，英国以及西欧一些国家出现了采用先进技术，制造和使用先进的生产工具和各种机器的市场需求，促

[①] 道格拉斯·诺思，等. 西方世界的兴起 [M]. 厉以平，蔡磊译. 北京：华夏出版社，1999：23.

使工艺学有长足的进步①。新工艺学为工业文明的出现以及以保护工业文明为使命的知识产权制度的产生提供了坚实的技术基础。（2）新文化价值观的确立。从14世纪至16世纪，英国以及西欧国家的资产阶级所发动的文艺复兴运动，以复兴古典学术和艺术为口号，反对蒙昧主义和宗教神学，继承、利用古希腊的科学文化，倡导以人文主义为中心的新思想，激励人们改造现世，研究自然，重视实际有用的知识。② 新文化价值观为资产阶级一手将科学技术作为物质武器、一手将私权制度作为法律武器提供了必要的文化思想准备。（3）新政治文明的萌生。17世纪中叶，在英国资产阶级革命的过程中，从霍布斯、弥尔顿到洛克等思想家、政治家都主张主权在民，倡导平等自由，强调私有财产的不可侵犯性。特别是洛克的著作，阐明了资产阶级关于财产与政权的原则，概括了英国资产阶级与新兴贵族在17世纪关于财产与政权的争议。以洛克为代表的英国资产阶级政治思想体系的逐步形成，为英国制定自己的法律（包括知识财产私有的法律）提供了重要的政治思想准备。近代英国发展的事例告诉我们：在不出现外来压力干扰的情形下，一国根据自身现实状况和发展需要来保护知识产权是最为适宜的，这是一国走向现代文明的明智的政策选择。

现代美国是知识产权政策的有效运作者。美国建国虽然只有200多年的历史，但却是世界上最早建立知识产权制度的国家之一。美国独立后即在1787年宪法中规定了版权和专利权条款："国家有权指定法律，对作者或发明人就其个人作品或发明的专有权利，赋予一定期限的保护，以促进科学和艺术的发展。"上述宪法条款被美国学者称为知识产权制度的"3P"政策：（1）促进知识传播的政策；（2）公共领域保留政策；（3）保护创造者的政策。根据宪法规定，美国政府于1790年颁布了专利法和版权法。但是，美国早期的知识产权政策，深刻地贯彻了实用主义的商业激励机制：对内，保护私人知识财产，以暂时的垄断授权换取科技与文化的发展；对外，以知识产权为政策工具维护国家利益，采取了明显的本国保护主义的做法。例如，

---

① 黎德扬，等，主编. 科学技术的进化［M］. 武汉：湖北教育出版社，1990：83－86.
② 王哲. 西方政治法律学说中［M］. 北京：北京大学出版社，1998：85－86.

不保护他国人作品，放任涉外盗版行为；对他国人申请专利收取高额费用，以保护本国技术；长期拒不参加由欧洲国家发起制定的《伯尔尼公约》，积极推动自己主导的美洲版权联盟。

两次世界大战以后，随着美国世界强国地位的形成，美国完成了从低水平保护向高水平保护的转变，并力图将知识产权保护的美国标准推行为各国通行的国际标准。特别是 20 世纪 80 年代以来，美国的知识产权政策作了如下重大调整。

一是在国内建立了促进知识经济发展、科学技术创新的政策体系。美国在其政策体系中，重视知识产权的规制与导向作用，例如，多次修订完善其专利法，加强对技术产权的保护。除此之外，为激励技术创新，还颁布了《发明人保护法》《技术创新法》；为鼓励成果应用，则制定了《政府资助研发成果商品化法》《技术转让商品化法》等。由此构成了一个涵盖知识产权创造、应用和保护的完整法律制度。同时，美国强调知识产权制度与产业政策、科技政策、文化政策的有机整合。例如，通过政策联动，推动产业结构调整和传统产业改造，扶持半导体芯片、计算机、通信、生物制药等"朝阳产业"，发展"软件、唱片、电影"等文化产业。正是由于政府政策的有效实施，美国得以形成专利大国与品牌大国的知识产权优势，从而巩固了美国作为经济、科技强国的世界领先地位。

二是在国际上实施知识产权保护与对外贸易直接挂钩的政策举措。出于在全球贸易中维护本国利益的需要，美国积极将自己的智力资源优势形成知识产权优势，并将知识产权优势转化为国际市场竞争优势，其使用的政策手段就是将知识产权保护与国际贸易体制紧密地结合起来。在 20 世纪 90 年代中期以前，美国主要是凭借国内的《综合贸易法》中的"特别 301 条款"和《关税法》中的"337 条款"，把给予贸易对手的最惠国待遇与要求对方保护美国的知识产权直接挂钩，对所有不保护、不完全保护、不充分保护知识产权的国家进行经济威胁和贸易制裁；在 1994 年《知识产权协定》生效以后，美国更多是依赖缔约方的国家强制力和世界贸易组织的国际强制力，将缔约方所承诺的高水平的知识产权国际保护与享有无差别的最惠国待遇紧密联系起来。在这一进程中，美国推动许多国家以版权形式保护计算机软件，要求发展中国家对药品发明授予专利，并在国际上倡导半导体芯片的专门保护等，美国的这些主张后来都反映在国际贸易体制的规则之中。

值得指出的是，进入后《知识产权协定》时代以来，美国还先后与欧盟、日本、澳大利亚等国家进行谈判，以双边自由贸易协议的形式，谋求比《知识产权协定》更高水平的保护。2004 年美国政府报告明确地阐明了该国的基本政策立场："从美国立国基础来看，保护知识产权始终是一项创新的支柱。一个健康正确的强制性的国内和国际知识产权结构必须被维持。"

总的来说，在知识产权领域，美国坚定奉行其国内既定政策并不断将其推行为国际规则。美国是对现代知识产权保护制度影响最大的国家。进入 21 世纪以来，发达国家在其知识产权政策中竞相确定了符合本国实际和服务国家利益的战略目标。如前所述，美国作为世界上的"科技领先型国家"，建立了体系完善的知识产权制度，且不断提高知识产权保护水平，扩大知识产权保护范围，并在知识产权国际事务中强制推行其美国价值标准。在"技术赶超型国家"中，日本制定了"知识产权战略大纲"，出台了《知识产权基本法》，推进实施创造、保护、利用知识产权的政策措施，振兴科学技术，强化国际竞争力①。澳大利亚推出了旨在推进本国知识产权战略的"创新行动计划"，并在《澳美自由贸易协议》的基础上，于 2005 年进行了新一轮知识产权法的修订。在"引进创新型国家"中，韩国确立了 2015 年成为亚洲地区科研中心、2025 年成为科技领先国家的发展目标，通过修纲变法，保护本国的优势产业和高技术产业，逐渐重视本国知识产权的涉外保护。其立法接近美、欧、日的基本政策立场。可以说，知识产权制度已经成为发达国家维护其技术优势、提高国际竞争力的战略政策。

相形之下，发展中国家则处于相对被动的地位。发展中国家如何在世界贸易组织的框架内选择适合自己需要的知识产权保护体制，是一件十分困难

---

① 日本政府第三期科学技术基本计划（2006—2010 年）（第三章）。转引自《世界高等教育：改革与发展趋势》，第 3 辑，北京：国家教育行政学院，2006。

的事情。2005 年联合国报告认为："保护知识产权是技术创新的一个重要方面，但过于保护性的体制也会对创新起到负面作用。"① 为此，联合国千年项目的专家，基于不同国家的发展水平，提出了一个知识产权调整的三级体制：A 级——这些国家要遵守《知识产权协定》的所有规定，包括法律框架和"有效的执行"条款，人均 GDP 超过 5 000 美元的发达国家应属于此类；B 级——适用于人均 GDP 在 1 000 ~ 5 000 美元的国家，这些国家要在《知识产权协定》下，采取所要求的整个法律框架，可能需要少量的强制执行；C 级——人均 GDP 在 1 000 美元以下的国家，应该在《知识产权协定》下建立需要的法律框架。专家意见表明，在遵守国际公约最低保护标准的基础上，发展中国家可以根据自己的不同发展阶段，选择不同保护水平的知识产权制度。来自世界银行学院的报告，有着类似的建议："在大多数低收入国家里，其科技管理组织机构都很疲软，根据《知识产权协定》的规定条件，知识产权保护并不是引起增长的一个重要的决定因素。相反，快速增长与软弱的知识产权保护有着更大的联系。在科技水平先进的发展中国家里，有些证据表明，知识产权在特定的发展阶段上显得很重要，但是，那个阶段要一直持续到某一国家完全加入上层中等收入发展中国家的行列。"高水平的知识产权保护并不利于那些发展水平较低的国家，因为在这种制度框架下，它们难以获得发展所需要的科学技术。反之，进入工业化阶段的发展中国家加强知识产权保护，对于激励科技创新，促进文化繁荣，实现经济健康发展的最终目标是至关重要的。

二、知识产权的发展

2008 年，我国正式实施国家知识产权战略。历经 10 余年，我国知识产权制度建设不断完善，知识产权发展环境持续优化，知识产权创造、保护、运用和服务能力不断提升，知识产权对经济社会贡献作用不断增强。其主要

---

① See UN：Innovation：Applying Knowledge in Development. 转引自《世界高等教育：改革与发展趋势》，第 3 辑，北京：国家教育行政学院，2006。

表现为以下几个方面。

第一，在制度建设方面。自 2008 年《国家知识产权战略纲要》实施以来，我国出台了《中华人民共和国民法总则》，修订完善了《中华人民共和国专利法》《中华人民共和国商标法》《中华人民共和国著作权法》《中华人民共和国反不正当竞争法》《中华人民共和国种子法》《中华人民共和国促进科技成果转化法》等知识产权相关法律，以及《专利法实施细则》《商标法实施条例》《著作权法实施条例》《计算机软件保护条例》《著作权集体管理条例》《信息网络传播权保护条例》《植物新品种保护条例》《知识产权海关保护条例》等知识产权行政法规，逐步建立了适合我国国情并与国际接轨的知识产权法律制度。

第二，在知识产权创造方面。我国知识产权数量的增长情况，从科睿唯安发布的《2017 全球创新报告：进无止境》有关我国发明专利数量的数据中可见一斑。该报告指出：过去十年，中国发明专利数量保持了 22.6% 的高水平年均增长率（基于 DWPI[①] 的基本专利统计）。中国新发明专利的数量从 2007 年的 25.2 万项增长至 2016 年的 182 万项，占全球总量的比重从 2007 年的 23.3% 上升为 2016 年的 68.1%。而同期，在世界上其他国家和地区，2007～2016 年专利数量的年均增幅仅为 0.3%。2008～2018 年，我国的专利申请及授权数量快速增长，专利申请数量与授权数量的年均增长率分别为 19.56% 和 21.29%。2007 年，我国每万人发明专利拥有量仅为 0.6 件；到 2017 年，该指标增长至 9.8 件。PCT[②] 国际专利申请量由 2007 年的 0.5 万项增长到 2017 年的 5.1 万项。首先，在商标方面，我国有效注册商标量大幅增长。截至 2017 年年底，我国商标累计申请量为 2 784.2 万项，累计注册量为 1 730.1 万项，有效注册商标量由 2007 年的 235.3 万项增长至 1 492 万项，连续 17 年位居世界第一。2008～2017 年，我国共核准注册地

---

① 德温特世界专利索引（Derwent World Patents Index，DWPI）是世界上最全面的深加工增强专利信息数据库。来自德温特编辑团队的主题专家对每个专利记录进行分析、重新撰写重点摘要和编译手工代码，让用户更容易找到所需信息，以做出明智的决策。

② PCT 是专利合作条约（PATENT COOPERATION TREATY）的简称，是在专利领域进行合作的国际性条约。其目的是为解决就同一发明创造向多个国家申请专利时，减少申请人和各个专利局的重复劳动。在此背景下，《专利合作条约》（PCT）于 1970 年 6 月在华盛顿签订，1978 年 1 月生效，同年 6 月实施。

理标志商标 3 906 项，认定地理标志产品 2 359 个，登记公告集成电路布图设计 1.5 万余项。其次，在软件著作权方面，2007 年，我国著作权登记量为 13.8 万项，2017 年上升到了 274.8 万项。计算机软件著作权登记量超过 70 万项。最后，在其他类型知识产权方面，农业和林业植物新品种授权总量由 2007 年的 1 616 项增长到 2017 年的 11 039 项。

第三，在知识产权保护方面。"严、大、快、同"的知识产权保护新格局正在形成，行政保护力度不断加大，保护范围不断扩大，保护速度不断加快，对各类市场主体的保护也越来越公平与透明。知识产权多元保护机制不断发展，快速审查、快速确权、快速维权协调联动得到统筹推进。2008 ～ 2018 年，我国法院新收知识产权一审案件量从 2.5 万件上升到 20 多万件，年均增长 20% 以上。全国相继设立了 3 家知识产权法院；南京等 15 地相继设立了知识产权法庭。全国法院系统全面推行知识产权"三合一"审判机制，审判标准逐步趋于统一，对侵权违法的判赔额度显著提升。2008 ～ 2017 年，我国公安机关共破获 22.3 余万起侵犯知识产权和制售假冒伪劣犯罪案件，涉案总价值为 1 549.5 亿元；我国海关累计查获超过 23.6 万批次的进出口侵权货物，涉及近 15.8 亿件侵权货物，涉案总价值近 40.8 亿元；在知识产权海关保护备案方面，海关总署累计核准 5 万余件。2018 年 6 月，已在全国批复建立 19 家知识产权保护中心，快速维权中心达到 17 家，基本实现了知识产权举报投诉与维权援助服务网络的全国覆盖，进一步完善了知识产权维权、调解机制。知识产权仲裁调解工作深入开展，全国设立 10 余个知识产权专门仲裁机构，开通了中国知识产权公证服务平台。伴随国家知识产权战略的不断推进，我国知识产权保护实现了从"外在压力"向"内生动力"的升级。2012 年，我国知识产权保护社会满意度仅为 63.69 分；2017 年，该指标已经达到 76.69 分。

第四，在知识产权运用方面。我国积极推动构建"平台、机构、资本、产业"四位一体的知识产权运营服务体系。北京全国知识产权运营公共服务总平台、西安军民融合特色试点平台和珠海金融创新特色试点平台均已投入运行，知识产权运营平台体系基本形成。知识产权交易日趋活跃，专利、商标转让和许可数量稳步上升。新的知识产权运用模式不断涌现，知识产权收储、运营、质押、保险、托管、联盟、股权投资、拍卖等新业态方兴未艾。专利、商标、版权质押贷款发展迅速，规模突破千亿元，有效解决了一批轻资产中小企业的融资难问题。

第五，在知识产权服务方面。随着创新主体能力的不断提升，知识产权服务已从传统的代理、咨询和诉讼发展到分析预警、运营服务、金融服务等新兴服务领域。各集聚发展区知识产权服务业物理集聚和功能集聚同步推动，构建智力成果权利化、商用化和产业化"生态圈"，在全国形成了多个专业化服务高地。2008 年，我国共有知识产权服务法人单位 3 506 家，从业人员数量约 3.4 万人。到 2017 年年底，我国主营业务为知识产权服务的机构数量超过 2.6 万家，年均增长 25%。全国专利代理机构数量由 2008 年的 704 家增长到 2017 年年底的 1 824 家，办事机构超过 1 000 家，2017 年全行业年营业收入超过 260 亿元。备案从事商标代理业务的机构由 2007 年的 3 352 家增长到 2017 年年底的 30 571 家，其中律师事务所 9 408 家。截至 2017 年年底，全国取得专利代理人资格的人数超过 3.7 万人，执业专利代理人近 1.7 万人，分别较 2008 年增长 291% 和 185%。服务业物理集聚态势明显，自 2012 年国家启动集聚区建设工作以来，2017 年年底，国家知识产权局共批复建设了北京中关村等 14 个国家知识产权服务业集聚发展试验区，遴选了 145 家全国知识产权服务品牌培育机构。10 余年来，我国知识产权制度不断完善，知识产权创造、保护、运用和服务水平也大幅提升。同时，在国家积极通过知识产权普及型教育以及多种形式的知识产权文化推广的影响下，社会公众的知识产权意识日益增强，尊重和保护知识产权的社会风尚逐步形成，知识产权文化基础越来越坚实。公众调查显示，超过六成的公众认为知识产权与自己的生活紧密相关，九成以上的公众表示了解知识产权相关知识，对国家知识产权战略的认知率由 2008 年的 3.70% 提升至 2018 年的 85.28%。10 余年来，随着知识产权战略的深入推进，我国知识产权事业取得了举世瞩目的成就，知识产权大国地位牢固确立，主要表现为：各类知识产权创造始终保持良好的增长势头；知识产权保护不断加强，整体步入良性发展阶段；知识产权运用效益日益显现，有力地支撑了经济社会发展；知识产权文化理念日益深入人心，知识产权事业发展呈现良好势头和光明前景。

国家知识产权战略实施 10 余年来，我国已经探索出具有中国特色的知识产权发展道路，知识产权对经济社会发展的贡献力日趋加大，我国的创新实力也在不断提升。世界知识产权组织发布的《2017 年全球创新指数报告》显示，我国创新指数跃居全球第 22 位，是唯一进入 25 强的中等收入经济体。2018 年，我国创新指数的全球排名进一步提升至第 17 位。

三、知识产权的应用

2021 年 12 月 28 日，"中技所—中关村担保—长江—1 期知识产权资产支持专项计划"正式设立，发行规模 3.37 亿元。这是 2021 年 4 月 30 日作为北京首单专利许可知识产权证券化项目，"中技所—中关村担保—长江—1—10 期知识产权资产支持专项计划"在深圳证券交易所获批储架规模 10 亿元的无异议函后设立的首期专项计划。作为探索科技成果资本化的新举措，首期专项计划为中关村科学城 15 家高新技术企业知识产权融资，提供了创新解决方案，搭建融资新渠道。

在国家政策引导及地方奖补政策红利加持下，中国技术交易所（北京知识产权交易中心）发布的《中国知识产权证券化市场统计报告（2018—2021）》（以下简称《统计报告》）显示，截至 2021 年 12 月 31 日，在深交所和上交所已设立发行 59 单知识产权资产证券化产品，累计发行规模 149.18 亿元，为超过 800 户企业提供了融资服务，平均融资额度约 1 800 万元/户。发挥专业平台服务优势推动知识产权证券化项目落地知识产权资产证券化是知识产权和金融服务的有机结合，是资本要素和技术要素的有机融合。在国家知识产权局、科技部等国家部委，北京市金融监管局、市知识产权局、市科委、中关村管委会、海淀区知识产权局等部门指导和支持下，中国技术交易所（以下简称"中技所"）从 2020 年 6 月启动知识产权证券化研究工作，在对中技所知识产权证券化项目定位进行深入研究的基础上，围绕项目落地，中技所就交易模式、入池企业筛选、贴息政策等，始终保持与相关政府部门的深入对接，获得大力支持；同时与券商、律师事务所、担保机构、评估机构、评级机构等，围绕交易结构、增信措施、风险控制措施等细节深入探讨，形成知识产权证券化项目方案。该项目方案中，中技所作为原始权益人，采用专利二次许可模式，以服务北京市科技型企业为重点，采用储架发行方式，即"一次核准、多次发行"，推动北京市首单专利许可知识产权证券化产品落地发行。

《统计报告》的数据显示，"知识产权 ABS 的原始权益人包括小额贷款公司、融资租赁公司、商业保理公司和知识产权运营公司四类。2021 年首次出现由知识产权运营公司作为原始权益人的知识产权 ABS 产品，全年共发行 3 单，累计发行规模 4.58 亿元。"中技所首期发行的 3.37 亿元知识产权资产支持专项计划，发行规模占比 74%。中技所作为知识产权交易和运营机构，在知识产权证券化产品的设计和实施中，始终秉持三点"坚持"。一是坚持筛选优质专利资产，彰显企业专利价值，进一步发挥企业高质量、高价值专利对企业创新发展的保驾护航和促进作用。二是坚持助力科技企业成长，促进金融与技术要素融合，充分发挥知识产权金融在拓宽企业融资渠道，降低企业融资成本方面的积极作用。三是坚持探索创新与风控规范并重，结合知识产权运营和交易特点，做好交易模式创新的同时，严格落实各项风险控制措施，确保金融安全。中技所遵循上述"坚持"，通过一对一实地走访科技企业、走进园区开展产品推介会等形式，向企业介绍中技所知识产权 ABS 的产品架构、产品特色、服务流程、价值专利筛选等内容，以帮助企业更好地把控政策、引导科技企业盘活知识产权资产、用足用好惠企政策，满足企业个性化融资需求。

此外，相关政策指引为扩大消费市场和相关行业经营提供支持，为品牌产品的销售推广提供稳定的市场环境。例如，2023 年 7 月 28 日，国家发展改革委《关于恢复和扩大消费的措施》提出："推动合理增加消费信贷"；2023 年 7 月 12 日，商务部等部门《关于促进家居消费若干措施的通知》明确提出："为经营商户和供应链上下游企业提供融资支持"。商业银行在诸多信贷政策指引下纷纷通过知识产权金融、针对品牌企业的融资项目开展等方式助力品牌资产价值提升。例如：中国工商银行推广知识产权金融服务，支持品牌企业商标权质押，助力拥有品牌优势的企业缓解融资压力；温州银行围绕企业所掌握的技术、形成的品牌等知识产权、商标权制定专属评价模型，通过"知识产权＋"的服务模式满足企业融资需求；临沭农商银行、东阿农商银行等为地方品牌提供融资支持，日照银行针对"好品山东""山东手造"等品牌名单中相关经营主体及供应链上企业推行"好品贷"项目和利率优惠，助力特色品牌发展和价值提升。

第二节　商标法相关政策的产生与发展

一、商标及商标法律的产生

伴随着工业革命的发展，垄断资本主义的出现，知识产权制度在世界范围内扩张。商标是市场经济的产物，用于指示商品或者服务的来源。无论是英美法系还是欧洲大陆法系，在商标保护上都经历了从侵权责任法，到商标注册法和反不正当竞争法并举的历史进程。关于商标注册的保护，英美法系认为注册不过是一个公示，表明相关的商标已经使用或者将要使用。而大陆法系则认为，商标注册是商标权利获得的途径。在商标注册和注册商标的保护方面，中国接受了大陆法系的理念，并制定了自己的商标注册法。近代以前，商品经济不发达的农业社会没能诞生知识产权法，在西方列强入侵背景下，知识产权制度随着商约谈判引入我国。在清末修律的背景下，清政府开始知识产权立法，而后北京政府和南京国民政府基于自身的需要，在前期立法的基础上，开始知识产权立法进程。知识产权立法主要包含商标法、专利法、著作权法三个方面。1917 年年初，谷钟秀就任农商部总长一职，其意识到商标注册管理法规对于我国经济管理的重要意义，于是将商标立法重新搁到议程上，后由国务院将《商标法》重新交由国会公决。但事与愿违，国务院因事务繁忙，未将《商标法》转交公决，反而还将其退回。1923 年，李根源接任总长一职，指导下属依据《商标法草案》重新修订《商标法》，由国务院转交国会公决，国会两院审议通过，最终由政府在 5 月 3 日公布施行。《商标法》于 1923 年颁布后，还需要完善其他法规与其配套。为了对

商标的续展、费用、可注册商标的商品类型等进行详细的规定，北京政府在
5 月 8 日对外颁布《商标法施行细则》。为了对商标局进行管理工作，北京
政府于 5 月 12 日对外颁布《商标局暂行章程》。为规范商标呈请事宜，颁
布《商标呈请各项书状程式》。自此，商标管理法规规范完善。随后，中华
商标协会成立于 1994 年 9 月 9 日，是商标领域的专业性社会组织，是我国
商标代理行业的全国性组织。它的成立也是贯彻落实《中华人民共和国商
标法》的重要事件。中华商标协会以"服务商标品牌建设工程，培育中国
知名商标品牌"为宗旨，为中国特色社会主义商标事业呼吁，为中国产品
向中国品牌转变贡献力量。

二、商标法的发展

在全球范围内，英国的市场经济最早发育成熟。与此相应，英国也是最
早对商标提供保护的国家。大体说来，英国近代对于商标的保护，经历了从
"侵权责任法"到"仿冒法"，再到"仿冒法"与"注册商标法"共同保护
的历史发展。先来看从"侵权责任法"到"仿冒法"的历史进程。根据相
关的历史资料，发生于 1618 年的"Southernv. How"案是一个早期的商标保
护案例。在这个案件中，原告就其制造和销售的布匹使用了一件商标，在市
场上具有一定的影响力。随后，被告冒用原告的商标，销售了质量低劣的布
匹。英国法官在判决中指出，被告冒用原告的商标出售自己的布匹，以劣质
布匹抢夺原告的客户，属于欺诈行为，应当予以制止。显然，将冒用他人商
标定性为"欺诈行为"，体现的正是传统的"侵权责任法"的理念。这表
明，英国早期是在"侵权责任法"的范畴中，通过制止欺诈对商标提供保
护。然而在商标保护方面，"侵权责任法"的规则具有一定的缺陷。因为，
按照"侵权责任法"，法官在认定被告的行为是否构成欺诈的时候，应当考
虑行为者的主观状态。例如，是否故意使用他人的商标，是否造成了消费者
混淆的结果。

随着商标保护理念的发展，英国法院将案件审理的侧重点，逐步放在了
被告行为的结果上，即被告对原告商标的仿冒，是否造成了购买者在商品来

源上的混淆。例如，在 1824 年的 "Sykesv. Sykes" 案中，原告就其制造和提供的枪械拥有 "Sykes" 商标，在同行业中广为知晓。被告则冒用了原告的商标，提供质量低下的枪械产品。尽管相关的零售商知道，被告冒用了原告的商标，相关的枪械产品来自于被告而非原告，但是零售商们却将被告的产品当作原告的产品，卖给了相关的消费者。英国法院在判决中认为，被告是以欺诈的方式，将自己的产品卖给了零售商，而零售商又将被告的产品当作真品卖给了消费者。在这里，被告和零售商是否具有仿冒的故意都是不重要的。重要的是被告仿冒了原告的商标，造成了消费者在商品来源上的混淆，进而抢夺了原告的市场份额。

显然，当英国法院通过判决，将"商标仿冒"的侧重点放在消费者混淆的结果上，而非仿冒者的主观状态上的时候，对于商标的保护，也就脱离了传统的"侵权责任法"的规则，逐步走向了"仿冒法"，或者"反不正当竞争法"。按照"仿冒法"，在市场上具有一定影响力的商标，或者承载了相应商誉的商标，是商标所有人的财产。对于这样一种财产，应当通过制止仿冒的方式予以保护。仿冒的构成是一个客观事实，与仿冒者的主观状态没有直接的联系。即使被告无过错地仿冒了原告的商标，只要造成了消费者误认的结果，就应当承担停止侵权的责任。这样，至少是在 19 世纪中叶，英国就形成了制止商标仿冒的法律规则，也即英国的"反不正当竞争法"。

再来看"仿冒法"与"注册商标法"共同保护商标的历史进程。毫无疑问，在英国市场经济发展的初期阶段，"仿冒法"在商标保护方面发挥了巨大的作用。然而，随着英国市场的一体化以及与欧洲大陆贸易的日益频繁，"仿冒法"在商标保护方面的不足也日渐显露。例如，在相关的商标仿冒案件中，原告必须证明自己的商标具有一定的市场影响力，获得了应当予以保护的商誉。这在很多情况下是一件耗费精力和时间的事情。但如果相关的商标获得了主管机关的注册，则可以推定其已经具有了应当予以保护的商誉。与此相应，有关商标仿冒的诉讼也会简单许多，法官只要把审理的重点放在侵权与否的问题上。具体说来，审理的重点在于被告对原告商标的仿冒，是否具有欺骗购买者的可能性，是否具有消费者混淆的可能性。为了适应国内市场一体化和国际贸易不断发展的需要，在相关市场主体的推动下，英国国会于 1875 年制定了《英国商标注册法》。按照该法律，市场主体对于已经使用的商标，可以向主管部门申请注册，然后在注册簿上予以公示。根据相关研究，1875 年的《英国商标注册法》在很大程度上受到了 1857 年《法国商标注册法》（《关于以使用原则和不审查原则为内容的制造标记和商标的法律》）的影响。按照《英国商标注册法》，在发生商标仿冒的情况下，英国法院通常不会审理涉案的注册商标是否具有一定的市场影响力，而是将纠纷审理的重点放在被告是否侵权、被告仿冒原告商标的行为是否造成了消费者混淆的问题上。一般说来，只要被告有意模仿了原告的商标，就表明原告的商标已经获得了相应的市场影响力，可以作为财产获得保护。

在商标保护方面，英美法系的另一个代表性国家是美国。美国于建国之初继承了英国的"仿冒法"，并在此基础上提供了对商标的保护。不过，当时的美国尚不存在联邦一级的仿冒法，因而对商标的保护是由各州的法院依据判例法而提供的。以"仿冒法"保护商标，与美国当时的市场分散性和国际贸易不发达密切相关。到了 19 世纪末期，随着美国国内市场的一体化，以"仿冒法"保护商标的缺陷逐渐显露了出来。例如在"汉诺威"案中，自 1872 年以来，有三家企业就其生产和销售的面粉，在不同的地域先后使用了"Tea Rose"的商标。美国最高法院判决，三家公司可以在各自经营的地域范围内使用其商标，但是不得进入他人的经营地域。显然，这与国内市场一体化的要求是相悖的。按照国内市场一体化的发展，包括国际贸易一体化的发展，应当制定注册商标法，通过注册和公示的方式，防止市场主体在商标使用上的冲突。然而，美国制定联邦一级商标注册法律的努力，却并不顺利。早在 1870 年，美国国会根据商业发展的要求，制定了一部联邦商标法，规定商标可以申请和获得注册，并规定了一些实体性权利。但到了1879 年的"商标案"，美国最高法院却宣告 1870 年的联邦商标法违宪。一方面，商标既不属于作品，也不属于发明，因而不能依据美国宪法的"版权与专利条款"制定。另一方面，商标权作为一项财产权，系依据商标的实际使用和市场影响力而产生，与美国宪法的"贸易条款"也没有关系。美国最高法院认为，即使依据美国宪法的"贸易条款"制定联邦商标注册法，也应当限于州际贸易和与印第安人的贸易，以及相关的国际贸易。

进入20世纪以后，美国经济迅速发展，州际贸易日益频繁，由此形成了一体化程度很高的国内市场。在此背景之下，制定一部联邦商标法，规范州际贸易中使用的，甚至是国际贸易中使用的商标，已经条件成熟。到了1946年，美国国会经过多年努力，终于制定了联邦一级的"商标注册法"。根据规定，市场主体对于商业活动中使用的商标，可以向联邦的专利商标局申请注册，并在获准注册之后记载于联邦的商标注册簿上。获准注册的商标具有公示的作用。由于这部法律是由众议员兰哈姆提出，故而称为《美国兰哈姆法》。后来，《美国兰哈姆法》几经修订，一直沿用到现在。

与英国的情形相同，即使是在《美国兰哈姆法》实施以后，美国在商标保护方面仍然呈现着"注册商标法"与"仿冒法"并立的局面。一方面，获准联邦注册的商标具有公示作用，商标所有人可以依据《美国兰哈姆法》享有相应的程序性权利和实体性权利。例如，推定注册商标的效力及于全国范围，成为侵权诉讼中商标权利有效的初步证据。另一方面，"仿冒法"仍然提供了对于大量的未注册商标，包括企业名称的保护。而且在相关的司法实践中，无论是关于注册商标还是未注册商标的保护，美国法院认定侵权的标准，一直是"仿冒法"所确立的消费者混淆可能性的标准。表3.1是与商标法相关的部分国际协定细则。

表3.1　　　　　　　　　与商标法相关的部分国际协定

协定名称	时间	签订地点	主要规定	协定影响力	其他
保护工业产权巴黎公约	1883年3月20日	法国巴黎	工业产权保护的对象有专利、实用新型、工业品外观设计、商标等	对复制或仿冒驰名商标行为进行规定	
商标国际注册马德里协定	1891年4月14日	西班牙马德里	解决国际商标注册问题	目前该协定成员国超过100个	由于国际注册基于国内注册、指定国拒绝保护的时间太短，以及要求使用法文等原因，使一些国内商标注册多的国家（如日本，美国和英国）均没有加入该协定

协定名称	时间	签订地点	主要规定	协定影响力	其他
商标国际注册马德里协定议定书	1989年6月27日	西班牙马德里	弥补马德里协定的不足，使马德里协定在更多的国家地区发挥作用		（1）国际注册不仅可以基于原属国注册，也可以基于原属国申请；指定国拒绝保护的审查时间由12个月，延长至18个月；（2）改变马德里协定规范为指定国主管机关独立收费；（3）马德里协定中关于国际注册的中心攻击原则，改为如果原属国的注册或申请被撤销，可以在该国际注册被注销之日起三个月内转换为各指定国的商标申请，以原国际注册为相应的指定国的商标申请，以原国际注册为相应的申请日，可以享受优先权
商标注册条约	1973年6月12日	维也纳	日内瓦国际局为了改进马德里协定的不进	刚果、加蓬、多哥、上沃尔特及前苏联参加了该条约成为成员国	该条约参加的国家很少
商标注册用商品和服务国际分类尼斯协定	1957年6月15日	法国尼斯	建立一个商标注册用商品和服务的国际分类，保证这个分类的实施	为商标检索、商标管理提供较大帮助	将商品分为34大类、服务项目分为11大类
建立商标图形要素国际分类维也纳协定	1973年6月12日	维也纳	为商标图形要素的查询和管理提供了方便	将商标图形要素分为29个大类、144个小类和约1 887个类目	
欧盟商标注册条例	1993年12月20日	欧洲理事会	保证商标注册获得欧盟所有成员国保护	该条例是一个对欧盟所有成员国具有直接法律约束力的独立协议	（1）对商标的显著性要求高。成员国有人提出异议、异议成立则商标注册被驳回（2）商标注册时间较长
非洲知识产权组织	1962年9月	加蓬首都利伯维尔	提供对专利商标和外观设计的法律保护	成立非洲籍马达加斯加工业产权局	成员国均是原法国殖民地

协定名称	时间	签订地点	主要规定	协定影响力	其他
比荷卢经济联盟商标公约	1962 年 3 月 19 日	比利时布鲁塞尔	保护三个国家的商标权	设置一个称为"比荷卢商标局"的各国的共同行政机	

注：马德里商标在国际注册日起 5 年之内，不论基础申请或基础注册被全部或部分驳回、过期、放弃、注销或无效，原属局向国际局申请撤销该国际注册所列的全部或部分商品和服务，使国际注册在所有受保护的所有国家失去效力的过程，称为"中心打击"原则。

我国《商标法》自颁布以来，经历了 1993 年、2001 年、2013 年、2019 年四次修改。随着我国社会经济的发展，商标法也出现了一些问题，主要包括：一是商标制度设计"重注册、轻使用"，注册前对使用意图强调不足，注册后对于使用义务关注不够；二是打击商标恶意注册的范围和力度仍然偏弱，全流程管控和严厉打击的措施还不够有效；三是商标授权确权程序较为复杂，相互之间缺少协调，遏制程序滥用和保障当事人程序利益的规范仍需完善；四是加强商标权保护的规定有待充实，对互联网商标侵权行为规制不足，驰名商标保护规则不够健全；五是商标法律制度滞后于"高质量发展"的时代要求，促进商标运用和完善公共服务的法治支撑不足，需要完善法律法规以更好落实国务院"放管服"改革精神。针对以上问题，2023 年 1 月 13 日，国家知识产权局发布《关于〈中华人民共和国商标法修订草案（征求意见稿）〉公开征求意见的通知》，对现行商标法的修改草案进行了公开征求意见，进一步理顺体系，将《商标法》扩充为 10 章 101 条。其中，新增 23 条，从现有条文中拆分形成新条文 6 条，实质修改条文 45 条，基本维持现有法条内容 27 条。此次修改涉及了五个主要制度。

（1）规制商标恶意注册的具体举措。草案继续关注了商标恶意注册的问题。2019 年商标法修改已经对商标恶意囤积现象予以打击。此次修改重点加大对恶意抢注公共资源、他人在先权利、损害社会主义核心价值观等行为的打击力度，实现申请人权利与他人权益、社会公共利益的平衡。通过提高罚款数额、建立强制移转制度、明确民事赔偿责任、构建知识产权公益诉讼制度等强有力的制度措施、严格商标注册申请的行为规范要求，引导市场主体"注册有德"，有效维护权利人合法权益，提高商标争议化解效率，也让抢注者付出更高代价。

（2）确立禁止重复注册的基本原则。本次《商标法》修改，参考物权法的"一物一权"原则，借鉴《专利法》重复授权的规定，强调注册商标"一标一权"的价值导向，确立禁止重复申请原则，对在原商品服务上恶意重复申请注册原商标以及在商标失效后立即重新申请注册等不正当行为予以规制。但需要明确的是企业商标品牌升级优化以及出于其他正当目的商标注册申请，不纳入规制范围，同时加强对相关审查标准和操作规则的研究论证。

（3）优化商标审理审查程序的制度安排。在机构改革前，商标异议案件由商标局负责审查，异议后的不予注册复审由原商标评审委员会负责审理。但机构改革后，商标实质审查、异议、不予注册复审的决定均以国家知识产权局名义作出，出现了同一争议在同一行政机关经过三道行政程序的情况，不仅不符合行政两审的通常做法，增加了程序的复杂性，也使当事人对复议程序的实际作用和审查标准的一致性产生了质疑。为减轻当事人获权、维权成本，提高争议化解的效率，此次《商标法》修改，拟取消商标异议后的不予注册复审程序。

（4）继续强化商标使用义务的制度设计。截至 2022 年 11 月，我国有效商标注册量达到 4 233.7 万件，其中有大量的商标"注而不用"，既占用过多的资源，也使创新创业主体取得商标注册的难度越来越大。为引导商标注册回归"注册为了使用"的制度本源，及时清理"僵尸"商标，释放闲置商标资源，让真正需要建立自有品牌取得商标注册的市场主体能够得到商标保护，拟新设商标申请时的使用承诺配合商标存续期间主动提交使用情况说明的制度，并配套增加对使用情况说明的抽查制度以及经抽查不实后撤销注册商标的规定。

（5）设置商标代理执业准入要求的主要考虑。2003 年国务院下发文件取消了商标代理机构和商标代理人资格两项行政审批，取消了商标代理行业的准入门槛，只要工商登记就可开展商标代理业务。随着经济社会的快速发展和商标注册申请量持续增长，商标代理市场规模迅速扩大，行业发展无序、监管缺乏依据的问题日益突出，滋生了大量破坏市场秩序的不诚信行为。本次商标法修改拟对商标代理机构的准入要求作出规定，并进一步规范商标代理行为。①

随着企业、组织、个体法律保护意识的觉醒和增强，很多市场主体想通过注册商标获得商标权，进而拥有无形资产。这也是为什么企业即使面对未来"大量生意人会消失"的窘境，仍然钟爱于对商标等无形资产的追求！"鞋王"富贵鸟破产拍卖，商标专利价值 8 214 万元的案例，对于处在经营不善、产业落后转型难及受电商冲击等一系列影响之中的中小企业户无疑是一个好消息，让更多的公司知道还可以通过商标买卖来获得融资。未来，为了进一步完善我国的商标法，进一步提高商标的价值，我们可以从以下几点入手：一是提高商标审批效率，加强对商标侵权的打击力度，保障商标权益；二是完善商标管理体系，建立良好的商标守护机制，规范商标注册和使用行为，推动商标品牌建设和商业竞争的提升；三是进一步开放商标市场，加强与国际标准的接轨，推进我国商标国际化发展，提高我国企业在国际市场上的竞争力。商标法的进一步完善，可以吸引更多的企业重视商标，积极申请驰名商标，以此树立自有的核心竞争力，能在商业竞争中占据有利的地位。表 3.2 是部分国家（地区）对于驰名商标的相关规定。

表 3. 2 部分国家（地区）关于驰名商标的规定

国家（地区）	规定分类	规定内容	实施效果
日本	驰名商标和著名商标	（1）防止他人未经真正的商标权利人许可，而擅自将权利人的驰名商标或著名商标进行注册； （2）防御商标注册制度（如果一个防御商标取得注册，则他人在与所注册的该防御商标核定使用范围内，不得使用与之相同商标）。防御商标注册制度是日本特色	日本国特许厅认定国内外著名商标及驰名商标 1 219 件②
中国	商标权	接受商品商标、服务商标、集体商标和证明商标的注册	

① 以上内容来源于国知局关于《中华人民共和国商标法修正草案（征求意见稿）》的说明。
② 参考日本特许厅网站，https://www.jpo.go.jp/。

续表

国家（地区）	规定分类	规定内容	实施效果
中国 （香港特区）	驰名商标	使用与驰名商标相同或相似的标志，不须货品或服务类似，但商标必须已经注册；且其使用对该驰名商标的显著性或声誉构成不公平的利用或造成其损害，则属于侵权行为	保护驰名商标
中国 （澳门特区）	商标权	商标包括产品商标、服务商标、联合商标、证明商标、立体商标、音响商标	缺少对驰名商标的规定
中国 （台湾地区）	驰名商标	（1）商标法第 37 条第 7 款，命定不得使用相同或近似他人之著名商标或标章； （2）对有减弱或毁损著名商标商誉之情形没有规范	缺少对驰名商标的实质性保护
德国	驰名商标	与国内在先注册的驰名商标在不同类别商品或服务上申请注册相同或类似商标，没有合法理由的不公平使用将会给驰名商标的显著性和知名度带来损害的，不予注册	在注册阶段保护驰名商标
俄罗斯	驰名商标	（1）已在俄罗斯注册而受到保护的商标、未在俄罗斯注册而根据国际条约给予保护的商标以及作为商标使用而未在俄罗斯注册的商标，如果在申请当已已广泛使用并在俄罗斯消费者中广为知晓，可申请驰名商标认定； （2）如已注册商标被认定为驰名商标，他人在非类似商品上使用相同商标是消费者产生混淆并可能侵犯该商标的合法权益，这对该驰名商标的法律保护应延伸到非类似商品上	
瑞士	驰名商标	任何第三人未经所有人同意，在任何商品或服务上使用一个与驰名商标相同的商标，如果这种使用减损了驰名商标的显著特征或利用了驰名商标所有人的信誉或损害，则商标所有人有权禁止该侵权行为	
美国	商标权	采用使用在先的商标保护原则	法院判例在处理商标纠纷中作用较大

注：相关资料摘自《中国商标法律与实务（修订版）》。

三、商标法的应用情况

在有关品牌保护的一系列概念中，商标保护、品牌保护和品牌价值保护是三个不同的概念。商标保护是在法律范畴内一个有确定含义、具体途径的概念。品牌保护包含了商标保护，但又不局限于此，它既包括对受到《商标法》保护的商标名称、图形及其组合的保护，也包括对没有在商标管理部门登记注册的品牌名称保护。品牌价值保护则是站在价值保值增和品牌标志，以及构成这些品牌名称和品牌标志的各种要素的保值的角度，通过强化价值构成要素来实现的。

在商标保护方面，商标所有人向法定的商标主管机关表示要求取得商标专用权意愿的法律手段，即为商标注册申请。我国于 1982 年 8 月颁布的《商标法》，实行自愿注册与强制注册相结合的原则。商标注册申请应遵循以下原则：一件商标一般申请的原则、一件商标一类商品的原则和扩大商品适用范围另行申请的原则。商标注册申请人必须履行以下申请手段：（1）领取、填写和提交注册申请书；（2）提交商标图样是指商标的黑白图样，其数量各不相同；（3）提交证明文件，在必要时，商标注册申请人应向商标主管部门提交营业执照副本，商标设计说明书，有关部分核准生产和经营的文件；（4）缴纳申请费用。申请商标注册后，作为法律认同的知识产权，品牌就受到了法律的保护，这是实施品牌战略的很重要武器和工具。

一些民族品牌把市场数据作为唯一的考核标准，对品牌和商标重视不足。仅从商标注册数据看，截至 2019 年，中国大陆实有市场主体 1.2 亿户，注册企业近 4 000 万家，有效注册商标 2 521.9 万件。平均 1 家企业不到 1 个注册商标，而且外资品牌占有 10% 以上的比例，仅 2019 年，全球 186 个国家和地区的市场主体在华申请注册 25.5 万件。而国内企业在马德里商标国际注册的时候有效量仅为 3.8 万件。很多民族品牌在国外遭人注册的案例屡见不鲜。市场销售额只是企业生存状况的一个表现指数，品牌资产价值才是企业的生命力所在。

世界知名品牌不仅重视研发投入，更重视知识产权的创立、保护和风险规避。他们一般设有独立的知识产权管理部门，依托自身或联盟资源优势进行大规模技术创新，在专利数量和质量上获取优势；以知识产权国际化为背景，保护、控制和转让相结合进行专利经营；专利战略与经营战略互相配合，为企业国际市场战略目标服务。中国品牌的知识产权意识不断增强。像华为、OPPO 和京东方成功上榜全球 PCT 专利申请量 10 强。但仍众多中国品牌在知识产权管理方面，重借鉴轻原创、重使用轻保护；在专利申请方面重数量轻质量、重申请轻经营；知识产权管理系统化不够、产出效率不高。多数品牌由于研发投入低，专利少，严重制约了品牌的发展；有些品牌商标被抢注、专利被侵权，造成品牌资产的损失。在国际化中，品牌企业仍然需要重视技术标准中的知识产权问题，提升品牌形象与竞争力。

第三节 品牌资产的产生与发展

一、品牌资产的产生

20 世纪 80 年代以前，人们对品牌的价值并未发掘，品牌更多的是作为区分其他产品的标记，便于对产品的质量进行跟踪管理。商品标记是商标的前身，最开始源自西班牙的游牧部落，当时的人们为了区分自己的动物，就会在动物身上打上特殊的标记，以此当作自身的标记。许多陶器和石头制品上也印有标识，使其他地方的购买者能将它们作为质量的标志。大约公元 1300 年前，在中国陶瓷、古希腊和罗马的陶器以及印度的物品上均刻有标识。在欧洲，威士忌的制造者把识别标志印在威士忌的木桶上。13 世纪 60 年代后期，英国政府要求面包师在自己所制作的面包上标记上自己的名字。从此以后，英国要求更多的制造业业主在产品上刻上字号以作为质量标志，并且要求这些制造者标记的名字必须是真实的，否则标记假名字将会受到严厉的惩罚。

早期的这种商品标记最主要的作用就是为了让同类产品更好地区分开来，这样就便于对产品的质量进行跟踪管理，一旦发现质量问题就能找到原始的制造者，标识本身所包含的商业价值并未被人们发掘出来。

19 世纪 60 年代后期，西方国家轰轰烈烈的第二次工业革命启动了真正意义上的社会化大生产，而伴随着火车等运输工具的发明与发展，电信的逐渐普及以及零售企业等新兴企业大量出现，全国性的品牌也越来越多，品牌对产品销售的促进作用逐渐体现出来也逐渐被人们所注意和重视。

20 世纪 30 年代，美国的一些大型的零售企业开始意识到品牌本身所具有的巨大的商业价值，并开始研究和投入品牌建设，建立和完善品牌管理体系。作为其中代表性的企业——宝洁公司就是通过建立品牌管理机制，使宝洁的品牌取得了巨大成功。20 世纪 60 年代以后，很多西方学者对不同的品牌进行了比较研究，以期能够发掘出品牌更多的价值。例如，营销学者麦金斯把相同的火鸡肉贴上不同的标签，人们往往感觉贴上名牌标签的要火鸡比其他的火鸡更好吃。通过这些研究得出一个结论，即消费者在选择所要购买的潜在商品的时候，不仅仅对商品的质量和外观有要求，同时商品的品牌也是影他们购买的很重要的因素，消费者购买商品时都趋向于较知名的品牌。20 世纪 80 年代后期，以美国为代表的西方国家掀起了企业并购潮，在这轮并购潮中，可以得出企业并购价格与纯资产评估价值之间存在很大差距，并购的最终目标就是为了得到对方的商品品牌。随着人们对品牌的重视，中外专家从商标的本质、社会特性、价值取向等方面对品牌的定义进行了界定。品牌资产成为 20 世纪 80 年代在营销研究和实践领域新出现的一个重要概念。20 世纪 90 年代以后，阿克（1991），卡普费雷尔（Kapferer，1992），凯勒（1993）等逐步提出并完善了基于消费者的品牌权益（Customer – Based – Brand – Equity）概念。在中文语境中，通常用"品牌资产"（而不是品牌权益）指代 BrandEquity。

二、品牌资产的发展

品牌资产的概念从无到有，此后在时代的驱动下，相关理论模型几经学者考证不断趋于科学完善。几十年间，研究视角经历了从"品牌赋值"，到"品牌市场力"，再到"品牌与消费者动态关系"的转换。目前，戴维·阿克的"品牌三部曲"作为较权威的论作，为品牌资产理论建立品牌资产通常是通过建立和维护一个强大、正面的品牌形象。这包括消费者对品牌的认知、信任和情感联系。关键因素包括优质的产品或服务、有效的营销策略、良好的客户体验和品牌的社会责任。通过在市场中塑造积极的品牌形象，企业能够吸引更多的客户，提高市场份额，并建立长期的品牌忠诚度，从而形成品牌资产。品牌资产（Brand Equity）是与品牌、品牌名称和标志相联系，能够增加或减少企业所销售产品或服务的价值的一系列资产与负债。它主要包括 5 个方面，即品牌忠诚度、品牌认知度、品牌知名度、品牌联想、其他专有资产（如商标、专利、渠道关系等），这些资产通过多种方式向消费者和企业提供价值。20 世纪 90 年代初，品牌资产理论在西方兴起后传入我国，并为国内的企业经营管理及市场运行提供了全新发展舞台。具体而言，1995 年起北京名牌资产评估事务所每年发布《中国品牌价值研究报告》，为企业估值及品牌竞争提供了参考。卢泰宏等（2000）提出"品牌资产是说明品牌具有经济价值能在财务上得以显示、说明品牌通过科学管理能获得增值、体现了品牌管理对企业的重要性"，这一定义为我国品牌资产的研究带来了极大参考。品牌资产除了包括上述几个方面内容以外，还应包括品牌溢价能力、品牌盈利能力。在品牌资产金字塔中，最终能够为品牌主带来丰厚的利润，获取更多市场份额的便是品牌忠诚度和品牌溢价能力这两大资产。品牌忠诚度和品牌的溢价能力属于结果性的品牌资产，是伴随品牌知名度、认可度、品牌联想这三大品牌资产创建后的产物。

随着西方经济发展与世界收购狂潮的兴起，产品本身已不再是人们选择购买的唯一考虑因素，在日益焦灼的市场竞争中，强势品牌带来的附加价值日益凸显，人们逐渐认识到良好的品牌本身就能为企业带来额外价值。此后，有公司提出在对企业收购时不仅要对设备等有形资产进行评估，还要对以品牌为代表的无形资产进行价值评估，品牌资产的概念便由此而来。这一概念的兴起逐步引发了学界和业界的思考，掀起了关于品牌资产定义、内涵、评估等方面的讨论热潮与全面系统的相关研究，成为当时营销界最热门的概念之一。国际上品牌资产的发展在全球商业竞争中发挥着关键作用，经历了多个阶段的演变。品牌作为一项重要的无形资产，其价值具有很大的不确定性。分析品牌价值的来源，不仅有利于进一步揭示品牌价值的本质，也有利于企业正确认识增值品牌的途径。

对于"品牌资产"的概念，至今学术界还未形成统一的、被大众所广泛接受的定义，我国著名学者卢泰宏教授在总结国内外品牌资产研究之后，将品牌资产的概念模型分为了基于财务视角、基于市场视角、基于品牌与消费者关系视角三个类别。最早出现的财务会计视角，于《产品属性与认知品质：食品》中将品牌资产定义为"依附于品牌名称可计算的商誉"；其后出现的基于市场的品牌力视角，提出要重视品牌的"商品、文化、传播、延伸"要素在消费者心智中的协同；最后出现的基于品牌与消费者关系视角，将品牌资产与认知、情感、形象等感性维度相关联，发展了"基于顾客的品牌资产"等概念。具体而言包括以下几个方面。

一是基于财务视角的品牌资产概念模型。此视角聚焦于提供一个可以测量品牌价值的财务工具，以更好地服务于品牌交易及公司估值，即着重运用财务工具精确估计品牌价值，使品牌资产成为可被衡量的价值指标；或是冠以会计逻辑，把品牌视为资产或商誉，在财务报表上体现其价值，助力公司估值。目前以 Interbrand 为代表的世界几大品牌评估机构，及我国头部品牌资产评估公司所使用的评估方法都是从这一视角出发。然而这一思路虽直观具体，但追求短期利益最大化、片面指标合格的局限性不利于品牌长期全面的可持续发展，且于管理者而言不易操作，因此部分学者开始了从市场角度挖掘品牌资产的探索。

二是基于市场视角的品牌资产概念模型。财务视角注重短期利益的局限性为市场角度带来了启发，即关注到品牌伴随着市场竞争而来，具有很强的成长性与相应的生命周期。因此该视角聚焦于在品牌资产增加企业利润的作用基础上，将品牌视为一种市场竞争手段，更关注品牌未来成长与长远发展。相关研究重点落在如何增加并管理好品牌资产，才能使企业足以应对更大的竞争压力，并争取到更多的市场份额。然而，尽管该视角强调了企业在品牌建设上的创造性与主动性，更为关注品牌长期稳健的发展潜力，拓宽了品牌决策者的管理思路，但却无法描述出企业品牌资产的内部联系，于重任递给了基于品牌—消费者关系的视角。

三是基于品牌—消费者关系视角的品牌资产概念模型。随着商品交易由卖方市场向买方市场过渡，顾客掌握了更多的主动权，企业将间的市场竞争逐步转变为对用户的争夺，谁能更好地把握消费者心智，谁就能够获得更多的市场份额。目前，绝大多数学者自此出发，他们意识到若品牌对消费者没有价值，那么它对投资者、生产商或零售商的价值便无从谈起，因此，如何为消费者建立品牌内涵成为品牌资产的核心。基于此，凯文、莱恩、凯勒作为该领域的代表提出了基于消费者的品牌资产模型，即 CBBE 模型，该视角从消费者的角度立场对品牌资产进行研究，聚焦于公司品牌资产的产生机制及内部关联，强调关系、情感、形象等重要性，指导着企业品牌构建及后期的品牌管理。

三、品牌资产的应用

如何保护与利用品牌资产是品牌策划与推广的重点。通过科学的品牌管理，厘清品牌资产的构成，梳理品牌资产各项指标如知名度、品质认可度、品牌联想、溢价能力、品牌忠诚度的内涵及相互之间的关系，在此基础上，结合企业实际制定品牌建设所要达到的品牌资产目标，可以使企业的品牌创建有的放矢。同时，在品牌战略指导下，围绕品牌资产目标，可以创造性地策划低成本提升品牌资产的营销推广策略。

我们在理解品牌核心价值时常常偏重于品牌所提供的物质层面的功能性利益，实际上品牌的核心价值更在于精神层面的情感性价值与社会价值。品牌的核心价值是品牌的精髓，是品牌资产的基础。它让人们明确、清晰地识别并记住品牌的利益点与个性，是驱动消费者认同、喜欢乃至热爱某品牌的主要力量。品牌的核心价值也是品牌营销传播活动的原点，即企业的一切营销活动都要围绕品牌的核心价值而展开，或体现与演绎核心价值，或丰富与强化核心价值。品牌的核心价值一旦建立，若始终坚持，久而久之，就会在消费者大脑中烙下深深的印迹，成为品牌资产的基础，成为品牌对消费者最有感染力的内涵。尽管品牌产品不断创新，广告不断推新，但其核心价值的承诺总是一脉相承。如沃尔沃是"安全"；雀巢咖啡是"味道好极了"；金利来是"充满魅力的男人世界"；海信是"有爱，科技也动情"；海尔是"真诚到永远"；同仁堂是"同修仁德，济世养生"等。这些著名品牌的具体产品在变，包装在变，价格在变，广告在变，质量也在变，但不管怎么变化，在同一个品牌之下的产品牌的核心价值能够产生永恒魅力。

第四章　中国品牌资产发展
整体现状分析

　　根据《国家知识产权战略纲要》（2008）的精神，中国品牌资产的管理应立足对品牌的创造、运用、保护和管理，通过对企业品牌运营的评价，揭示企业品牌资产价值增值的规律，引导企业有效实施品牌战略。为清晰了解我国企业品牌资产发展情况，本书回顾相关品牌资产保护的法律制度和会计规定，并对我国品牌资产发展的整体情况进行统计分析，对国内、国际品牌资产发展现状进行横向比较和纵向比较，以期全面了解我国品牌资产发展情况。

第一节　我国品牌资产会计核算

　　在企业的并购重组过程中，品牌资产越发重要，成为交易双方争夺的重要无形资产。[①] 品牌作为一项独立的无形资产，可归属为非货币形态的资产，体现产品或企业的核心价值和核心竞争力，驱动着企业的创新发展（于玉林，2016；刘红霞，2009）。品牌的发展促使品牌会计的诞生和发展，而品牌会计的对象即为品牌价值（杨雄胜，2000）。在会计实践中，品牌只能列入资产负债表中"无形资产"项目内，按 5 年有效期摊销。值得注意

---

　　① 国际会计准则倾向于将品牌资产作为无形资产在公司总资产中列示。观点来源于 2019 年世界品牌大会资料：http：//brand. icxo. com/brandmeeting/2019china500/#。

的是，截至 2020 年，《企业会计准则》中明确列入"无形资产"的品牌只是"外购品牌"，不包括自有品牌。此类会计计量方法，不利于企业开展品牌经营、品牌培育。但由于品牌价值本身存在波动，故如何恰当计量品牌价值，在经济发展过程中十分重要。主要原因有三。其一，品牌资产的交易需要。品牌资产能够买卖，决定了需要对其价值合理评估和核算，为交易提供公允价值。其二，品牌资产的投资需要。培育品牌资产存在成本与收益问题：以品牌视角进行营销和广告存在成本，而品牌资产能够为企业带来的超额收益即投资利润。只有合理评估品牌资产价值，才能够对企业的投资价值进行可靠、合理的评价。其三，价值评估为转换企业发展经营目标、发挥品牌经济优势提供充足的资料，将品牌"口号"进行合理量化。

根据以上分析，在会计视角下，品牌资产是一项独立的无形资产，需要由公司财务部门进行独立核算、价值评估和资产管理。除"外购品牌"形成的商誉计入"无形资产"科目外，针对自有品牌的资产创建、成本支出、资产价值及减值评估、资产分拆等问题均应在管理过程中有所体现。

其一，对创建自有品牌资产的管理。品牌经济时代，要充分发挥品牌资产对企业的增值和盈利作用，就应该充分关注品牌资产的培育和管理，挖掘品牌资产中的核心元素。在创建品牌资产时，应充分考虑到品牌资产的文化内涵和创新内涵，即品牌资产所拥有的文化背景（创意、营销等）和品牌产品的代表性核心技术。在创建自有品牌资产时，应做好品牌定位和核心技术的研发。

其二，对品牌资产支出成本、资产价值及减值评估的管理。自创品牌是能够创造超额盈利的无形资产，对其成本支出、资产价值及减值水平进行评估与会计报表使用者密切相关。参考学者研究（张爱珠，2005），作为重要知识产权的品牌资产的合理确认和计量符合会计原则，应该在日常管理而非并购发生、破产清算时进行。但品牌资产的管理存在以下问题需要考虑。

（1）与外购商誉不同，品牌资产的管理不能仅通过并购时的溢价确认。由于品牌资产的价值评估方法多样、评估需要参考消费者等因素，其超额价值难以仅通过第三方资产评估公司进行衡量。

（2）通过历史成本法对品牌资产的支出成本进行衡量存在一定难度。

企业培育品牌资产，涉及品牌资产的文化属性（即"中华老字号""非遗""百年老店"等）、创新属性（企业研发创新投入、专利的公允价值）、品牌资产的供应链价值（即品牌经营过程中的渠道关系等）、品牌资产的营销成本（广告费用、外观设计等）等方面。简单的科目余额相加减不能全面反映品牌资产的价值。

（3）品牌资产价值的不确定性和波动性较大，按照历史成本法进行计量难以保证其可靠性，且是否需要摊销、如何摊销等问题存在较大争议，无法做到如其他类资产一样在会计报表中及时、准确披露。[1]

根据以上分析，参考其他类无形资产管理的相关资料，本书认为，在对品牌资产的会计处理时，可参考以下方法。

一是品牌资产信息披露途径——报表附注。由于在资产负债表中直接披露品牌资产的价值存在一定难度，故可以在报表附注中对品牌资产的发展情况进行说明。参照部分企业年报信息披露情况，企业大多以品牌作为公司的战略决策而非通过无形资产管理视角对品牌资产进行管理和培育，也有部分公司已经从资产的价值视角对品牌进行管理（如格力电器的年报中明确披露品牌资产的核心竞争力、品牌资产价值等信息）。

二是品牌资产信息的披露内容。品牌资产信息披露是为会计信息使用者服务。故按照会计信息使用者如投资者、债务人、有关政府部门等，应披露品牌资产的价值、资产价值弱化情况及原因、品牌名称、品牌战略（是否存在品牌延伸、品牌资产拆解）等。

第二节　我国企业品牌资产发展现状

本章中对品牌资产评估价值数据源自世界品牌实验室《中国 500 最具价值品牌》。该实验室由罗伯特蒙代尔教授主持。[2] 世界品牌实验室对品牌

---

[1] 当然，对于其他无形资产也存在同样的确认和计量问题。
[2] 1999 年诺贝尔经济学奖得主。他提出的蒙代尔－弗莱明模型（开放条件下宏观稳定政策理论）对本书的研究有重要启示作用。

资产价值的测评方法为"收益现值法",综合消费者、竞争分析及对企业未来收入的预测。另外,综合考虑企业经营状况(营业收入、收入增长率等),以及品牌资产为企业带来的收益。[①]

一、国际品牌资产发展整体情况

表4.1统计了在国际上企业所拥有的价值较高品牌资产的名称。其中,美国在前10名中拥有8个席位、德国和日本各1个。表4.2统计了各国的品牌上榜数量,其中,品牌数量最多的国家为美国,拥有208个较高价值的品牌;其次为英国和法国,分别为43/42个品牌;中国上榜品牌数量为40个。表4.2列示2019年世界品牌500强中各行业分布情况,可见:汽车与零件、食品与饮料、传媒等行业的品牌较多。

表4.1 **2019年"世界品牌500强"前10名**

排名	品牌名称	品牌年龄	所属国家	行业分布
1	谷歌	21	美国	互联网
2	亚马逊	24	美国	互联网
3	微软	44	美国	软件
4	苹果	43	美国	计算机与通信
5	美国电话电报	142	美国	电信
6	耐克	47	美国	服装服饰
7	梅赛德斯奔驰	119	德国	汽车与零件
8	麦当劳	64	美国	餐饮
9	丰田	86	日本	汽车与零件
10	沃尔玛	57	美国	零售

---

① 该价值评估方法详见本书第二章第三节。

表 4.2　　　　　2019 年"世界品牌 500 强"入选数最多国家排行

排名	国家	品牌数量	代表品牌
1	美国	208	谷歌、亚马逊、微软、苹果
2	英国	44	联合利华、英国石油、汇丰
3	法国	43	路易威登、香奈儿、迪奥
4	日本	42	丰田、本田、索尼、佳能
5	中国	40	国家电网、腾讯、海尔、中国工商银行、华为、五粮液
6	德国	27	梅赛德斯－奔驰、思艾普
7	瑞士	21	雀巢、劳力士
8	意大利	14	古驰、葆蝶家、菲亚特
9	荷兰	9	壳牌、飞利浦、喜力
10	瑞典	7	宜家、诺贝尔奖、伊莱克斯

相比之下，中国企业品牌资产的价值和行业分布仍有较大提升空间。品牌资产价值最高的品牌企业为国家电网，世界排名第 28 位，腾讯排名第 36 位、海尔排名第 41 位、中国工商银行排第 44 位、华为排第 51 位；而茅台以品牌年龄 315 年上榜品牌年龄最古老的 10 个品牌（排名第 7）。在行业分布上[①]，上榜的 40 个品牌包括能源行业 5 个，保险金融及银行业 7 个，电信业 3 个，航空航天、互联网、物联网、电子电器、计算机与通信、航空、防务与飞机制造等行业 10 个。可见，中国企业拥有较高资产价值的品牌仍以垄断行业为主，而高端制造业、高新技术产业的品牌数量仍然较少。

二、中国品牌资产发展情况

在近 17 年间，我国企业品牌资产发展迅猛，年度增长幅度较快。2004 年，入选中国 500 最具价值品牌的门槛为 5 亿元人民币[②]、品牌资产平均价值 49.43 亿元；2020 年入选门槛为 27.16 亿元，品牌资产平均价值高达

---

① 详细排名可参见世界品牌实验室网站。
② 当年度排名第 500 名品牌企业为"丹芭碧"。

493.84 亿元,增长幅度为 899.07%。以 2020 年为基准,中国企业品牌资产前 500 名的总价值达到 246 920.58 亿元人民币,相比 2019 年增加 12.90%。虽然我国品牌资产价值增速较快,但仍然存在一些需要突破的问题:其一,品牌资产价值与企业发展水平不同步,品牌资产整体价值有待提高。结合表 4.1～表 4.3,中国企业品牌资产的增值,主要依靠规模增长而非技术进步或特色的营销,品牌资产价值增值速度相对较慢;其二,高质量品牌资产数量较少,且集中于金融业等垄断行业、食品饮料制造业;其三,对科技创新能力和品牌资产文化属性的经营、管理不足。拥有品牌资产企业的行业分布集中于食品饮料、纺织制造等轻工业、机械制造等行业,而高端制造业、高新技术企业数量较少。

表 4.3　　　　　　**2019 年"世界品牌 500 强"入选数最多行业排行**

排名	行业	品牌数量	代表品牌
1	汽车与零件	35	梅赛德斯奔驰、丰田、宝马、大众
2	食品与饮料	33	可口可乐、雀巢、百事、茅台、五粮液
3	传媒	30	迪士尼、21 世纪福克斯、CCTV
4	零售	24	沃尔玛、宜家、乐购
5	能源	23	壳牌、国家电网、埃克森美孚、英国石油
6	互联网	22	谷歌、亚马逊、脸书、YouTube、腾讯
7	银行	22	中国工商银行、美国银行、汇丰银行
8	计算机与通信	21	苹果、思科、英特尔
9	电信	19	美国电话电报、沃达丰、中国移动
10	保险	17	荷兰国际集团、安盛、中国人寿、中国平安

三、各年度上市公司品牌资产价值整体情况

在本章中,对 2007～2019 年品牌价值排行榜中的所有上市公司共 2 041 个样本进行统计,整体观察我国企业品牌资产的发展水平。[①] 如表 4.4 所

---

① 为整体观测中国上市公司品牌资产价值发展情况,未剔除 ST、金融行业、关键变量缺失等样本企业,且观测年度为 2007～2019 年,故与实证章节中的样本量存在差异。

示：中国企业的品牌资产价值由 2007 年的均值 125.266 亿元增长至 2019 年均值 610.046 亿元，有较大幅度的提升；每年度品牌资产价值增值幅度均在 10% 以上①，在 2008 年和 2017 年品牌增幅相对较快。

表 4.4　　　　　　　各年度上市公司品牌资产整体情况　　　　　单位：亿元

年份	样本量	品牌资产均值	年份	样本量	品牌资产均值
2007	127	125.266	2014	173	311.302
2008	136	130.449	2015	169	352.637
2009	131	140.871	2016	172	405.995
2010	135	189.309	2017	175	471.370
2011	144	198.760	2018	173	539.491
2012	159	236.693	2019	183	610.046
2013	164	263.175	合计	2 041	305.797

四、各行业上市公司品牌资产价值情况

本节对 2007～2019 年上市公司品牌资产价值区分行业进行统计，如表 4.5 所示。样本中，金融企业的品牌资产价值均值最高，达到 768.700 亿元人民币；采矿业和建筑业品牌资产均值相对较高，分别为 763.536 亿元、575.023 亿元。相比之下，房地产业和信息传输、软件和信息技术服务业企业品牌资产均值较低。区分行业的品牌资产均值统计结果与全球品牌价值排行榜存在一定差异：其一，我国金融企业品牌资产价值相对较高，而相比之下国际榜单上排行前 10 位拥有较高品牌资产价值公司，以互联网、软件行业为主。其二，制造业、信息传输、软件和信息技术服务业等需要创新研发及核心技术的行业，其品牌资产价值均值并不高、品牌竞争力不强。

---

①　本书对品牌样本企业总资产的年度增长幅度进行统计，发现均值在 12% 左右，且年度增幅最大值达到 29.18%，这说明企业品牌资产的涨幅仍没有脱离依靠规模增长的情况，对品牌资产增值的管理仍有较大空间。

表 4.5　　2007～2019 年中国上市公司品牌资产价值统计（分年度、行业）

年份	品牌价值均值（亿元）	增幅（％）	行业	品牌价值均值（亿元）
2007	125.266	16.84	农、林、牧、渔业	346.734
2008	130.449	19.08	采矿业	763.536
2009	140.871	11.19	制造业	255.175
2010	189.309	18.29	电力、热力、燃气及水生产和供应业	196.314
2011	198.760	13.28	建筑业	575.023
2012	236.693	15.13	批发和零售业	259.084
2013	263.175	16.10	交通运输、仓储和邮政业	330.073
2014	311.302	14.45	住宿和餐饮业	194.099
2015	352.637	13.08	信息传输、软件和信息技术服务业	170.011
2016	405.995	16.84	金融业	768.700
2017	471.370	19.08	房地产业	139.762
2018	539.491	11.19	租赁和商务服务业	195.928
2019	610.046	13.08	文化、体育和娱乐业	283.866
			综合	264.180

五、各地区、重点城市上市公司情况

本节对 2007～2019 年上市公司品牌资产价值区分地区及重点城市进行统计，如表 4.6 所示。（1）样本中，北京市上市公司拥有的品牌资产最多，样本数量为 401 个，品牌价值均值为 547.23 亿元。可能的原因是：其一，北京市作为政治中心，集团公司、中央企业的总部较多，上市公司数量多；其二，北京市作为中国的文化中心和创新中心，企业对品牌的管理中有较多的创新元素和文化元素，有利于品牌战略和资产增值；其三，作为国际交往中心、特大型城市，北京市企业有充足的消费群体、交流平台作为品牌资产管理的支撑。（2）上海市和广东省拥有较高品牌资产价值的企业数量较多，样本量分别为 223 个、287 个，而品牌资产价值均值也相对较高，分别为

394.472 亿元、305.829 亿元。

表 4.6　　2007～2019 年中国上市公司品牌资产价值统计（分地区）

省份	样本数量	品牌价值均值（亿元）	重点城市	样本数量	品牌价值均值（亿元）
北京	401	547.23	南京	20	940.216
天津	1	69.13	乌鲁木齐	8	87.156
河北	56	132.768	佛山	40	293.230
山西	22	146.392	保定	11	221.711
内蒙古	27	474.291	兰州	5	283.636
辽宁	22	247.134	南昌	25	86.225
吉林	41	152.903	厦门	37	155.414
黑龙江	24	210.848	合肥	21	29.171
上海	223	394.472	呼和浩特	14	336.239
江苏	119	302.256	哈尔滨	24	210.848
浙江	160	102.077	大连	1	40.85
安徽	51	157.405	太原	8	152.181
福建	91	156.967	广州	52	237.502
江西	26	102.476	成都	42	196.536
山东	175	317.866	昆明	11	101.888
河南	78	135.688	杭州	30	139.848
湖北	57	178.861	桂林	12	72.279
湖南	43	146.338	武汉	35	119.512
广东	287	305.829	郑州	28	158.569
广西	20	55.813	沈阳	10	60.195
海南	25	113.135	济南	40	106.078
重庆	23	81.756	海口	25	113.135
四川	124	404.974	深圳	143	342.579
贵州	29	505.898	珠海	17	546.861
云南	13	110.139	石家庄	15	111.171
陕西	4	78.243	福州	28	155.077

省份	样本数量	品牌价值均值（亿元）	重点城市	样本数量	品牌价值均值（亿元）
甘肃	5	283.636	苏州	13	133.814
宁夏	3	15.17	西安	4	78.243
新疆	10	120.534	贵阳	15	45.813
			银川	3	15.170
			长春	15	325.893
			长沙	28	173.966
			青岛	45	951.542

进一步，本节对中国重点城市的上市公司品牌资产价值进行统计，发现：（1）南京市企业的品牌资产价值均值最高，为940.216亿元人民币，涉及的品牌分别为"华泰证券""江苏银行""苏宁"；（2）珠海市的样本品牌资产价值相对较高，均值为546.861亿元人民币，涉及品牌为"格力""汤臣倍健"。

六、中华老字号品牌资产价值情况

老字号企业品牌价值来源于品牌中积淀的历史文化禀赋和品牌掌握的核心技术。文化禀赋反映企业的历史，决定老字号的发展方向；对核心技术改良创新是企业品牌价值的力量源泉和增值动力，决定老字号发展的未来。二者协同并进，共同形成老字号企业的品牌力。老字号掌握的诸多技艺类非物质文化遗产，能够形成其品牌特色。但部分老字号固守传统、经营中"只谈历史"，造成产品并不完全适应现在的市场环境，品牌老化现象严重，品牌成长缓慢。数据表明，新中国成立初期老字号企业约8000家，而中华人民共和国商务部《中华老字号企业名录》涉及企业仅1128家，其中不乏惨淡经营和濒临破产的企业。根据相关调研显示，千余家中华老字号中只有10%生产经营有一定规模、效益好、健康运营，将近70%的企业因观念陈旧、机制僵化、创新不足、传承无力等原因面临发展困境，还有约20%的企业长期亏损、濒临破产。真正发挥品牌效应和规模经营的老字号企业较少，且其中大部分企业缺少品牌独特性、存在品牌重叠现象。据此，便有了学界在老字号品牌成长和品牌价值管理问题的研究中，关于老字号真实性与创新性的讨论。

有学者认为，老字号应该坚持原汁原味，保证品牌纯正，突出其历史文化价值和品牌形象。过分宣扬品牌重塑，会弱化老字号品牌影响力，阻碍老字号的文化传承。也有学者通过回顾企业经营实践证明，老字号企业技术创新能够促进品牌活化，实现品牌成长和增值。尤其是社会化媒体的流行和快速发展，使企业品牌建设和营销战略面临新的挑战。若仅坚持固有生产模式和产品分布，老字号品牌会逐渐老化，无法适应新的市场环境和消费理念。例如，全聚德通过"第四代烤鸭炉"等技术将百年专有技术数字化，借助自动编程实现烤鸭生产过程自动控制，既保障了烤鸭质量，也提高了"全聚德"的品牌影响；同仁堂借助局方至宝丹、安神赞育丸等产品的研发和改良，成功实现品牌成长和品牌增值。

老字号企业主要集中在医药、酒业、饮食与百货业，医药类品牌如东阿、白云山、云南白药、佛慈、九芝堂、乐仁堂、雷允上、马应龙、片仔癀、上海第一医药、世一堂、宏兴、桐君阁、同仁堂、健民、震元堂；酒类品牌如茅台、会稽山、金枫酒业、颍州酒、衡水老白干、泸州老窖、青岛啤酒、互助青稞酒、山西汾酒、古越龙山、通化、沱牌、维维股份、五粮液、洋河、张裕、章贡；饮食类品牌如全聚德、冠生园、恒顺、梅林、秋林食品、西安饭庄；百货类品牌如解百、老凤祥、南百、南翔、劝业场、上海妇女用品、东安、新百、新世界股份、中央商场；其他如菊花牌、光明、凤凰股份、永久、上海家化、金门大酒店。在评价老字号时需要综合考虑品牌历史、文化积淀和传统技术。其一，历史文化积淀能够形成老字号企业的品牌特色和相对固定的消费群体；其二，老字号企业产品生产经验和技艺难以复制且技术改良周期长，对经验、技艺传承关注度高。

本节对 2007～2018 年对老字号上市公司的品牌价值、所在地区和所属行业进行统计。表 4.7 中反映了分年度对老字号上市企业品牌价值在《中国 500 最具价值品牌》中的数量、上榜老字号品牌价值平均值的统计。从表中可以看出，2007～2018 年老字号上榜企业样本量为 329 个，企业品牌价值平均水平逐年提高，2018 年样本的平均品牌价值在品牌价值排行榜中排名约 110 位。样本企业研发活动均值在 2012 年后明显增加，这反映出创新驱动发展战略对于企业研发投入显著的引导作用。进一步，本章针对样本的省份分布进行统计，如表 4.8 所示。结果发现老字号上市公司最多的省份为上海、江苏，分别为 180 个和 58 个，老字号品牌多、文化特征明显的北京市包含 36 个样本（涉及老字号企业如王府井、同仁堂和全聚德等）。另外，本节对老字号企业品牌价值进行分行业统计，如表 4.9 所示。结果说明：酒类和医药类老字号品牌上市公司品牌数量最多，酒类老字号上市公司的品牌价值均值最多。

表 4.7 　　　　　　　　2007～2018 年老字号上市企业品牌资产价值统计

年份	统计企业数量	老字号品牌价值均值（亿元）	年份	统计企业数量	老字号品牌价值均值（亿元）
2007	25	64.765	2013	30	180.758
2008	26	78.130	2014	29	213.521
2009	26	83.494	2015	29	251.013
2010	26	100.854	2016	29	291.170
2011	26	130.339	2017	27	374.064
2012	30	155.093	2018	26	471.053

表 4.8 　　　2007～2018 年分省份老字号企业上市公司样本分布情况统计

所属地区	省份样本量	所属地区	省份样本量	所属地区	省份样本量	所属地区	省份样本量
安徽	12	广西	12	吉林	12	陕西	12
北京	36	贵州	12	江苏	58	上海	180
重庆	12	河北	12	江西	12	四川	36
福建	12	黑龙江	23	青海	8	天津	24
甘肃	8	湖北	24	山东	36	云南	12
广东	21	湖南	12	山西	12	浙江	41

表 4.9　　　2007～2018 年分行业老字号企业上市公司品牌价值统计

所属行业	样本数量	老字号品牌价值均值（亿元）
医药类	185	43.630
酒类	179	249.500
百货	120	49.824
饮食	83	33.493
其他	72	64.994

第三节　本章小结

　　本章研究以下两个问题：其一，品牌资产及相关概念（商标权、驰名商标）在中国及其他国家的制度背景，包含相关法律规定及法律发展情况；其二，中国企业品牌资产价值的发展水平及与国际水平的对比，全面了解中国企业品牌资产管理的优势与不足之处。为进一步了解中国上市公司品牌资产的情况提供资料。在数据统计中，本章发现：虽然我国品牌资产特色各异、数量较多，但企业对品牌资产价值管理水平仍有待提高。其一，中国企业拥有品牌资产的数量和价值与国际先进水平仍存在差距，需要进一步关注品牌资产的培育和价值管理；其二，品牌资产的行业分布不均匀，且高资产价值的品牌多分布于垄断行业、金融行业；其三，品牌资产的地区分布不均匀，拥有较高品牌资产价值的企业多分布于北京、上海、广东等省份，而部分地区企业拥有的品牌资产数量过少、资产价值低。本章对品牌资产的制度背景和发展现状进行的研究，为后面章节的拓展提供基础。

第五章 技术创新对品牌资产价值的影响及机理研究

第一节 引 言

经济现代化的进程也是品牌经济发展的过程。尤其是商品流通、贸易领域和生产领域，品牌资产发挥着不可替代的作用。品牌经济时代，企业文化、区位优势、人力资源等要素比重增加，资源向首选品牌（或强势品牌）流动、形成品牌附加值，为企业生产经营和发展带来巨大的利润空间。企业品牌应具有三重价值，包括功能价值、情感价值和精神价值。这三重价值均可结合质量、创新、用户需求、影响力和共享五个因素来实现创造。作为世界一流企业的核心要素之一，品牌是企业获得社会信任、实现长远稳定的发展与提升、参与国际市场竞争的关键途径。一个品牌资产价值的高低会使其在以下市场活动中显现差异：更能影响新的消费者及留住旧的消费者；给予消费者更充分的购买理由及使用后更多的满足感；品牌资产价值高的品牌能够支持较高的价位；品牌资产价值高者能够提供更多的成长及品牌延伸机会；品牌资产价值高者面对竞争的反应空间及时间更大。对品牌资产价值的研究，有利于探究如何通过企业经营和管理行为，提高品牌资产价值，在企业竞争中获得决定地位。

随着经济全球化的深入发展，国际市场20%的国际知名品牌拥有80%的市场份额，全球经济已进入品牌经济时代，全球市场各个领域的竞争已经越来越集中地体现为品牌竞争。品牌是企业乃至国家竞争力的综合体现，也是参与经济全球化的重要资源。拥有国际商标品牌的数量和质量，体现了一个国家的经济实力和科技水平。2014年5月10日，习近平总书记指出："推动中国制造向中国创造转变，中国速度向中国质量转变，中国产品向中国品牌转变。"这一重要思想为我国质量经济阶段指明了品牌经济的发展目标，质量、创新、品牌是推动我国经济高质量发展的核心。2017年，李克强总理在政府工作报告首次提出中国进入质量发展阶段。在我国经济由"高速增长"向"高质量发展"推进进程中，在我国实现由经济大国向经济强国的转变中，培育中国品牌也有着重要意义。

品牌的科技实力、掌握的核心技术和品牌形成发展过程中积淀的历史文化禀赋决定企业所拥有品牌资产的价值。品牌资产所蕴含的历史文化底蕴是重要的特殊的无形资产，决定企业的发展方向和制定战略的核心价值观。例如，"全聚德""同仁堂""茅台"等带有传统文化烙印的企业，其掌握品牌资产的质量决定了企业的消费群体和发展方向，"同仁堂"的品牌带有"同修仁德、济世养生"的经营理念，"全聚德"的品牌带有"美味与尊贵的体验"的营销策略。相比之下，形成品牌资产时进行创新、掌握核心技术是企业发展的增值动力和力量源泉，更能够提高企业品牌资产的价值，提升企业无形资产质量，提高企业的核心竞争力。例如，2018年世界品牌实验室发布的《世界品牌价值500强》中，中国上榜品牌38家，持续技术创新、关注核心专利技术的华为、海尔等品牌位次逐年上升。2019年《中国500最具价值品牌》中，华为品牌的资产价值达到3 486.76亿元人民币，居全国第6位、世界第51位。

根据内生经济增长理论：企业为了利润进行创新，本质上驱动经济的长期增长。中国品牌的价值增值，也离不开企业对核心专利技术的技术创新。在2020年国务院政府工作报告中，明确指出："改革科技成果转化机制，畅通创新链"；在2021年国务院政府工作报告中，更是提出"依靠创新推动实体经济高质量发展"。通过企业技术创新提升品牌资产价值，提高中国企业核心竞争力是其中的重要议题。当然，企业技术创新并非单纯为了保持品牌竞争力。研究指出，企业创新行为除推动技术进步、保持竞争优势的目的外，还存在获取其他利益（如享受产业政策优惠）等可能，存在实质性创新和策略性创新等创新动机的差异（黎文靖、郑曼妮，2016）。对该问题的研究，有助于更深层次地理解技术创新对品牌资产价值增值的作用机理。

基于以上思考，本章从企业研发创新投入、研发专利产出和研发创新动机视角探究企业技术创新对品牌资产价值的具体作用，深入分析技术创新的成果产出促进品牌资产价值增值的企业价值路径和销售收入路径，并通过替换变量、调整样本选择范围、Heckman 检验、工具变量法对结论进行稳健性检验。另外本章从技术创新的成本核算方法和产出类型、高端制造业样本实际情况和国家自主创新示范区政策调节作用等方面进行拓展研究。

第二节　理论分析与研究假设

品牌资产的价值来源于商品的特殊价值和"消费者剩余"[①]，受生产者高质量、创造性的劳动投入与消费者市场认可共同作用，是企业异质性资源带来的收入溢价。而针对品牌资产的技术创新，能够提高产品的特殊价值和技术含量，促进品牌资产的价值增值。学者们在会计等微观视角对于企业技术创新与品牌资产价值的研究大概涉及以下几个方面内容：其一，技术创新质量与品牌资产价值评估框架。如乔均、彭纪生（2013）在理论层面上首次将品牌价值理论与企业核心竞争力理论融合，在构建企业品牌核心竞争力评价指标体系中强调企业技术创新能力因素。对于品牌资产价值评估中技术创新的质量问题，不仅限于评估框架中对企业创新能力的评分，也可能通过在生产技术、外观设计等方面的创新，重塑品牌形象、增加品牌资产所带来的未来的现金流增加，实现品牌资产的经济效益。其二，技术创新活动与品

[①]　消费者消费一定数量的某种商品愿意支付的最高价格与这些商品的实际市场价格之间的差额。

牌资产价值的关系问题。学者多从微观视角，通过实证模型检验技术创新活动与品牌资产价值的关系，如王分棉等（2015）选择门槛面板模型研究知识产权保护、研发投入与品牌价值关系问题。其三，基于市场营销视角，从品牌资产成长、品牌活化等角度的研究。如许晖等（2018）提到技术创新在"老字号"品牌活化中具有重要作用；张思雪、林汉川（2016）借助层次分析法探究中国品牌重塑问题。学者研究拓展了技术创新与品牌资产价值增值的研究框架，但较少对二者关系逻辑和实际效应进行研究，也较少从无形资产视角探究创新研发对品牌资产的作用效应。据此，本章展开研究。

一、企业研发创新投入与品牌资产价值增值

企业需要通过产品和技术创新适应外部消费环境，解决形象老化、生产技术滞后、包装老旧等问题，提高品牌资产价值，弥补品牌资产价值增值动力不足的短板。有学者发现：研发投入实现经济价值的作用是缓释的（颉茂华等，2014），在短期内可能会限制品牌资产价值增值、降低企业经营绩效，但对于企业长期发展作用关键。研发创新投入对品牌资产价值的促进作用包括以下几个方面：（1）提高企业生产效率。学者基于柯布－道格拉斯生产函数发现，企业研发投入会提高生产效率、实现销售收入（吴延兵，2006），进而提高品牌资产价值；（2）传递积极的消费信号。企业的创新行为能够向消费者提供积极的创新信号，提升消费者对该品牌的信心和购买意向（李颖灏、张苗，2013）。当然，研发投入通过形成专利实现经济价值，可能存在两年左右的滞后期（逄淑媛、陈德智，2009）。加之技术创新活动投资期限长、可能风险大，当年投入对品牌资产价值作用可能不明显或呈现较弱的负向影响。具体体现在：（1）研发投入不确定性大、风险高且收益的实现期较长，为本期现金流带来不确定性（尹美群等，2018），影响企业决策（崔也光等，2019），限制品牌资产价值增值战略的实施；（2）企业研发投入效率存在差异。企业可能存在设备闲置、资金利用效率低、研发产出水平低等问题，影响品牌资产价值增值。

根据以上分析，企业研发创新投入对品牌资产价值存在影响。综合前人研究和理论分析，本书提出以下假设：

H5.1：企业研发投入能够提升品牌资产价值。

二、企业研发创新专利产出与品牌资产价值增值

技术创新本质为执行新的生产要素组合、推进经济内涵式发展，通过自主创新—技术市场化—销售收入等过程，实现品牌效应，通过持续创新延长品牌生命周期。研发创新持续投入会形成专利产出（Prodan，2005；Zhong，2018），反映企业技术创新的效果和质量。具体而言，企业创新专利产出，能够通过三种途径实现品牌资产价值增值。（1）提高产品对市场环境的适应。企业通过创新改良产品外观、提高产品实用性，进而提升产品的市场认可度，提升品牌资产价值。（2）提高产品竞争力和市场占比。技术创新能够为企业带来先进的生产技术等重要的异质性资源，成为品牌形成和成长的源泉（王分棉等，2015），通过创新重塑品牌、扩张产品线，提高品牌资产价值（王泗通、孙良顺，2017）。（3）完善品牌定位。通过技术创新，完善消费者的品牌定位，固定品牌经营个性。

技术创新形成的专利产出包括三类。（1）发明专利。在技术开发、新产品研制过程中取得的成果。技术要求高，研发周期长，对企业生产能力的提升程度大（庄子银、李宏武，2018），能够形成企业产品的核心竞争力。（2）实用新型专利。该类研发成果指产品形状、构造或适于实用的技术方案，比发明专利技术含量低，受相关政策的专利客体保护、专利门槛及审查上较为宽松，保护费用低、授权快（毛昊等，2018）。（3）外观设计专利。该类专利能够有针对性吸引消费者，引导消费倾向，但作用时效短。虽然以上三类专利产出特点各异，但参考学者研究，通过以上三类专利授权的总量能够衡量企业技术创新成果（黎文靖、郑曼妮，2016）。

据此，本书提出以下假设：

H5.2：企业获得专利授权能够提高品牌资产价值。

三、企业创新动机与品牌资产价值

在分析技术创新的投入和产出两个视角后，本书结合企业创新研发的动机和质量视角进一步拓展。在学者研究中，常将企业研发专利产出中的发明专利与非发明专利进行区分研究。一方面，二者体现不同的技术创新质量。发明专利目的在于探索领先的核心技术（张峰等，2019），存在较高的技术创新风险、需要长期研发资金投入（崔也光等，2020），需要较高水平的科研人员和平台支撑（简传红等，2010），更能体现技术创新的技术含量和难度，体现较高的创新质量（杨国超、芮萌，2020）。而非发明专利是企业在对现有生产技术的改善，或对产品外观设计的更新（毛昊等，2018），目的在于保证品牌资产的现有价值，维持消费者认可和市场份额。另一方面，二者体现不同的技术创新动机。发明专利所需投资规模大、投资时间长，一旦进行则意味着较大的投资风险，需要较强的创新意识和企业家创新精神。为实质性地提升品牌竞争力和企业核心实力的创新，属于实质性创新项目。而非发明专利更倾向于投资较少、收益快的项目，是对现有生产技术和产品外观的修正与完善。另外，学者研究认为，由于创新政策实施过程中的逆向选择问题，企业进行非发明专利的投资，存在获取产业政策和税收政策优惠、释放企业创新实力等目标，即"专利泡沫"现象（张杰、郑文平，2018），属于企业进行的策略性创新行为（黎文靖、郑曼妮，2016）。参考学者研究（刘督等，2016），在技术创新成果中最具有原创性、体现实质性创新的发明专利数量能够衡量企业技术创新质量，企业获得专利授权能够促进品牌资产价值增值，而其中发明专利授权对企业生产、产品战略产生质的变化，会对品牌资产价值促进作用更明显。根据以上分析，本书认为：相比策略性创新而言，基于实质性创新动机的发明专利产出对企业生产、产品战略产生质的变化，更能够促进品牌资产价值增值。

据此，本书提出以下假设：

H5.3：相比实用新型和外观设计专利等策略性创新，企业实质性创新对品牌资产价值提升作用更明显。

第三节　研 究 设 计

一、样本选择与数据来源

在对企业品牌资产的价值衡量上，多以掌握品牌的企业而非上市公司代码为分类标准。为保证品牌资产价值与上市公司资料数据库的衡量口径一致，本书参考王分棉等（2015）、刘建华等（2019）的数据处理方法，通过以下步骤确定研究对象：根据世界品牌实验室《中国 500 最具价值品牌》数据库获得拥有较高品牌资产价值的上市公司名单和对应品牌资产价值；借助国泰安数据库获得上市公司注册资料，并手工识别、核对拥有品牌资产的上市公司资料；剔除如同时拥有多个品牌等品牌资产数据库与上市公司数据口径不一致的企业样本（如"沱牌"与"舍得"两个品牌同属一家上市公司"沱牌舍得"），仅保留持有品牌资产的企业与注册上市的企业一致的样本；剔除异常值和关键资料缺失样本。

本书研究跨期为 2007—2019 年，选定基于世界品牌实验室《中国 500 最具价值品牌》数据库手工整理的企业品牌资产数据作为品牌资产的衡量指标；使用国泰安数据库获得上市公司财务数据及治理资料，最终样本观测值为 1 742 个。另外，为保证企业获得专利授权原始数据的质量，本书使用 CNRDS 数据库获得专利数据。

二、变量设计

（一）被解释变量

本章的被解释变量品牌资产价值（*Wbl*）数据来自世界品牌实验室（World Brand Lab）在《中国 500 最具价值品牌》数据库中披露的年度数

据。学者研究常用的品牌资产价值评估方法主要包括四种。（1）品牌资产成本法或市场价格法。市场价格法是在能取得市价且市价比较稳定的情况下，以实施价格作为内部转移价格的方法。该方法相对准确，但工作量过大，且需要借助资产评估机构对品牌资产进行综合评价，一般用于企业兼并重组等情境中，对于本书的实证研究难度较大。（2）Interbrand 品牌资产评估模型。该方法结合财务指标和产品市场情况进行计量，是创立最早的品牌资产价值评估方法。该模型的主要观点认为品牌价值的大小并不像历史成本法那样按照建立品牌过程中所投入的成本来决定，也不仅仅是品牌产品相较于同类非品牌产品所获得的溢价收入的多少来决定。品牌的价值体现在未来的经营中可以为品牌所有者带来稳定的收益。即使在世界经济整体欠佳的情况下，依然能留住忠实客户，保证收入不受过多的冲击。Interbrand 评估法首次提出了品牌作用指数以及品牌乘数等概念，在计算过程中用乘数来代替收益法中折现率，是一个很好的创新点，但依然还有一些不足的地方，就品牌收益来说，它假定了该企业的品牌收益在以后的发展中变动不大，但是在目前的市场竞争中，新技术发展很快，未来的发展趋势是难以预期的；在计算品牌的作用指数时要依赖经验，具有很大的主观性；确定品牌强度时无法遍及所有的影响因素，且主观性也较大；没有考虑市场重要参与者——消费者的影响。即该指标对未来销售及企业的利润判断方法不确定性较高，所评估的品牌资产价值可能存在偏误，且没有考虑消费者因素，未能完全剥离品牌资产价值和其他无形资产的价值，不能满足本书实证研究的样本量需要（梁城城等，2018）。（3）通过设计针对消费者的问卷对品牌资产溢价指标等维度进行测量（孙立、何佳讯，2019；白彦壮、李婉喆，2015；Steenka-mp et al.，2010）。（4）世界品牌实验室《中国 500 最具价值品牌》数据库。作为全球三大品牌评估机构之一，世界品牌实验室在 2003 年就开始对全球 60 个国家的 8 万多个主流品牌进行跟踪研究，并建立了世界最大的品牌数据库。通过"收益现值法"，每年对中国品牌进行价值测评，横跨多个行业，已经连续 20 年编制并发布《中国 500 最具价值品牌榜》。《中国 500 最具价值品牌榜》是世界品牌实验室根据中国企业的财务分析、消费者行为分析和品牌强度分析所获得的数据而发布的榜单。自 2004 年起，每年发布一次。由于该评价指标能够充分考虑企业自身的经营状况（如营业收入等）和品牌为企业带来的收益，且针对中国企业进行全面测量和评估，能够保证实证研究指标选择的可靠性和样本量，数据相对翔实，故较多学者在针对品牌资产价值进行实证分析时选用该评价模型（滕海丽、李园园，2021；刘建华等，2019；刘东胜、周玲玲，2016；郭洪等，2012）。参考学者研究资料，该模型对销售收入、利润等指标进行综合分析，运用经济附加值法确定企业盈利水平的基础上，通过品牌附加值计算模型计算品牌资产的最终利润贡献。计算方法如图 5.1 所示，品牌资产价值 = 品牌业务收益 × 品牌附加值指数 × 品牌强度系数。

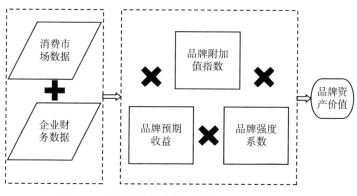

图 5.1 世界品牌实验室品牌资产价值评价方法

综合上述分析，本书选择世界品牌实验室品牌发布的年度数据作为变量衡量指标。考虑到世界品牌实验室《中国 500 最具价值品牌》数据库以各企业上年度数据作为计算标准，为保持研究口径一致，本书设定：若该企业在上一年度品牌资产价值排行榜上，则变量赋值为对应的品牌资产价值。

（二）解释变量

1. 研发创新投入

当前学者们对企业研发创新投入的测量方法主要分为三类：第一类是如刘婷、杜勇等采用研发投入/营业总收入来衡量企业研发创新投入；第二类是如程亚等采用对研发支出金额取自然对数的方式来代表企业研发创新投入；第三类是如严若森（2020）、胡国柳（2019）等采用企业年度研发投资总额占同年资产总额的百分比。除此之外，孙晓华和李明珊采用研发集中度对公司研发创新进行了衡量。李亚男（2023）选用研发强度和高学历员工比例作为创新投入指标。另外，目前国内对于研发创新投入的研究，也多采用研发投资强度作为代理变量。投资强度相对指标的计量方式大致分为以下三种，一是研发资金投入与营业收入之比，二是研发经费总投入的自然对数，三是研发人员与企业员工总人数之比，其中以研发资金投入与营业收入之比最为普遍。

本书参考学者研究经验，采用第二种方式，以企业研发投入金额加 1 的自然对数作为企业研发投入水平（*RD*）的衡量标准。

2. 研发创新产出

专利是研发创新的产出，可以有效地衡量公司的创新水平。我国的专利类型有三种：发明、实用新型和外观设计。2008 年我国对《专利法》的第三次修改，分别对发明、实用新型、外观设计进行定义。研发创新专利产出指标除传统的专利数量指标之外，专利引用指标也被用于衡量创新的质量。苏娜平认为专利数量指标在某种程度上反应成果产出，但专利数量可能会高估其创新水平。刘晓华等（2022）在研究专利产出对高技术产业创新价值链的贡献时，采用专利申请数和专利有效授权数来说明专利产出。马军杰等（2013）采用专利申请量为输出指标，并指出授权专利存在时间滞后的问题。并且研究者普遍认为专利申请更能反映创新的真实水平，较少受到政府专利机构等人为因素的影响。然而，贾燕冉（2022）指出，专利是创新产出最直接和最理想的载体，用专利数衡量创新绩效比较准确，专利数分为申请数和授权数，防止申请数量泡沫化，因此采用专利授权数代表创新绩效。

本书参考戴维等（David et al.，2018）的研究思路，以企业当年获得专利授权数量（*PATENT*）作为创新产出水平的衡量标准，整体评价影响未来企业产品生产线的创新成果产出数量和创新水平（David et al.，2018）。同时，为缓解数据的截尾问题，对专利变量的数据加 1 后对数化处理（王姝勋等，2017）。另外，考虑到上市公司所属集团的研发专利成果可能在集团内部实现共享和推广，故本书以集团获批专利授权作为创新成果产出水平的衡量口径。

3. 研发创新动机

本书参考（黎文靖、郑曼妮，2016）的研究区分创新动机：一是发明专利，指对产品、方法或者其改进所提出的新的技术方案，其能够推动企业核心技术进步，能够反映企业实质性创新动机。二是实用新型专利，指对产品的形状、构造或者其结合所提出的适于实用的新的技术方案。三是外观设计，指对产品的形状、图案或者其结合以及色彩与形状、图案的结合所作出的富有美感并适于工业应用的新设计。在这三者中，发明专利相当于美国的实用专利，技术含量最高，难度最大，属于高水平研发创新项目，也是企业的关键技术成果，体现企业的核心竞争能力；实用新型专利是发明中技术水平较低、难度比较小的发明创造；外观设计专利是对产品外形的新设计，几乎不涉及技术含量，难度最低。总而言之，实用新型专利和外观设计专利所需研发投入相对较少，技术水平相对较低，能够反映企业为追求"量"而进行的策略性创新。

具体而言，包含以下变量：（1）实质性创新（*INVIG*），以企业当年获批发明专利授权数量加 1 的自然对数作为衡量标准；（2）策略性创新（*Strategy*），以企业当年获批实用新型及外观设计专利数量加 1 的自然对数合计值作为衡量标准。

（三）控制变量

本书参考相关文献，加入以下与研究内容相关性较强的经济指标作为控制变量。（1）公司特征类指标：独立董事比例（*ID*）、是否亏损（*Loss*）；（2）公司财务类指标：净资产收益率（*ROE*）、资产负债率（*Lev*）、总资产周转率（*TAT*）、资本密集度（*CI*）、银行借款率（*Credit*）；（3）公司经营类指标：营业周期（*OC*）、需求不确定性（*Uncert*）、政府补助（*Subsidy*）；（4）宏观指标：地区经济增长水平（*EG*）。其中，本书参考江伟等（2019）的研究，以近三年企业主营业务收入增长率的标准差作为需求不确定性的衡量方法，以缓解企业因经营情况变动而对研究结论产生影响。本书具体的变量定义如表 5.1 所示。

表 5.1　　　　　　　　　　变量定义与度量

变量类型	变量名称	变量代码	变量取值方法及说明
被解释变量	品牌资产价值	Wbl	企业拥有品牌资产的评估价值
解释变量	研发创新投入	RD	ln（企业研发创新投入金额 +1）
	创新产出水平	Patent	ln（企业获得各类专利授权数量 +1）
	实质性创新	INVIG	ln（企业获得发明专利授权数量 +1）
	策略性创新	Strategy	ln（企业获得实用新型及外观设计专利授权数量 +1）
控制变量	资产负债率	Lev	当年末负债总额/当年末资产总额
	净资产收益率	ROE	企业净利润/股东权益总额
	经营环境不确定性	Uncert	近三年企业主营业务收入增长率的标准差
	总资产周转率	TAT	当年销售收入/总资产
	资本密集度	CI	总资产/营业收入
	政府补助	Subsidy	上一年度政府补助的自然对数
	银行借款率	Credit	（长期借款 + 短期借款）/总资产
	地区经济增长水平	EG	企业所属省份 GDP 年度增长率
	独立董事比例	ID	独立董事数量/董事总人数
	市场占有率	HHI	企业主营业务收入占行业主营业务收入总和比重的平方
	营业周期	OC	营业周期（天数）的自然对数
	是否亏损	Loss	如果当年度亏损，则为 1，否则为 0

三、模 型 设 定

本章根据理论分析和假设 H5.1、H5.2、H5.3 建立以下模型，如模型（1）至模型（4）。其中，模型的解释变量分别为研发创新投入（RD）、研发创新专利授权数量（PATENT）、实质性创新（INVIG）和策略性创新专利（Strategy）；被解释变量品牌资产价值（Wbl）为企业所拥有品牌资产的评估价值；*Controls* 为所有控制变量，*Ind* 和 *Year* 分别为行业、样本年份的固定效应虚拟变量。回归结果均经过按照企业代码聚类的稳健标准误调整。

$$Wbl_{i,t} = \beta_0 + \beta_1 \times RD_{i,t} + \sum \beta_i \times Controls_{i,t} + \sum Ind + \sum Year + \varepsilon$$

$$(5.1)$$

$$Wbl_{i,t} = \beta_0 + \beta_1 \times Patent_{i,t} + \sum \beta_i \times Controls_{i,t} + \sum Ind + \sum Year + \varepsilon$$

$$(5.2)$$

$$Wbl_{i,t} = \beta_0 + \beta_1 \times INVIG_{i,t} + \sum \beta_i \times Controls_{i,t} + \sum Ind + \sum Year + \varepsilon$$

$$(5.3)$$

$$Wbl_{i,t} = \beta_0 + \beta_1 \times Strategy_{i,t} + \sum \beta_i \times Controls_{i,t} + \sum Ind + \sum Year + \varepsilon$$

$$(5.4)$$

第四节　实证结果

一、描述性统计分析

（一）品牌资产的样本分布特征

本节按照样本年度、样本企业所属行业和样本企业的产权性质等分组进行描述性统计，结果如表5.2所示。其中，Panel A 为按照年度分类的品牌企业样本创新研发情况。由统计结果可知：（1）自 2007～2019 年，企业品牌资产的价值逐年上升，呈较好的发展趋势。（2）在拥有品牌资产的企业样本中，存在研发创新的企业样本占比逐渐增加，尤其是在 2012 年国家推动创新驱动发展战略后，进行研发创新投入的企业占比明显增加（由 2011 年的 17.9% 增至 2012 年的 78.9%）。（3）企业获得专利授权的数量持续增长。相比发明专利和外观设计专利，实用新型专利的授权数量增长速度更快、数量更多，这与毛昊等（2018）的研究相吻合，即由于实用新型专利的审批相对简单、审查宽松、研发所需技术投入低等原因，更受企业"青睐"。

表 5.2 样本年度、行业、企业性质分布情况

Panel A：按年度分类

年份	品牌资产价值均值	研发创新公司占比	集团获得专利	发明专利	实用新型专利	外观设计专利	样本量
2007	108.184	0.168	42.243	9.542	23.234	9.467	107
2008	104.957	0.167	51.316	16.088	25.184	10.044	114
2009	122.407	0.153	73.559	27.351	28.658	17.550	111
2010	156.398	0.158	125.079	36.789	57.588	30.702	114
2011	174.478	0.179	166.894	50.008	82.943	33.943	123
2012	192.541	0.789	157.391	34.714	97.045	25.632	133
2013	220.508	0.784	243.000	57.856	147.417	37.727	139
2014	262.142	0.841	278.814	65.283	171.966	41.566	145
2015	310.656	0.850	334.252	88.551	188.776	56.925	147
2016	368.160	0.844	333.503	105.170	176.279	52.054	147
2017	420.392	0.869	350.425	106.928	187.824	55.673	153
2018	493.404	0.919	423.453	118.973	238.939	65.541	148
2019	539.362	0.957	427.348	123.410	241.665	62.273	161
Total	267.199	0.591	231.329	64.666	128.271	38.392	1 742

Panel B：按行业分类

行业	品牌资产价值均值	研发创新公司占比	集团获得专利	发明专利	实用新型专利	外观设计专利	样本量
农、林、牧、渔业	203.105	0.000	10.000	3.500	4.000	2.500	2
采矿业	770.659	0.731	1045.620	552.865	490.692	2.058	52
制造业	272.193	0.697	277.207	68.097	159.059	50.051	1 324
建筑业	302.100	1.000	1180.000	165.500	974.500	40.000	2
批发和零售业	271.225	0.417	34.322	4.487	2.183	27.652	115
交通运输、仓储和邮政业	358.918	0.384	19.570	1.779	13.163	4.628	86

Panel B：按行业分类

行业	品牌资产价值均值	研发创新公司占比	集团获得专利	发明专利	实用新型专利	外观设计专利	样本量
住宿和餐饮业	343.447	0.500	0.000	0.000	0.000	0.000	4
信息传输、软件和信息技术服务业	197.168	0.694	46.417	17.333	13.583	15.500	36
房地产业	145.698	0.153	5.847	0.525	4.000	1.322	59
租赁和商务服务业	207.558	0.308	3.385	1.288	1.269	0.827	52
文化、体育和娱乐业	290.981	0.500	0.125	0.000	0.000	0.125	8
综合	470.040	1.000	56.000	18.000	34.000	4.000	2

Panel C：按企业性质分类

企业性质	品牌资产价值均值	研发创新公司占比	集团获得专利	发明专利	实用新型专利	外观设计专利	样本量
非国企	231.739	0.703	66.870	131.919	50.496	231.739	837
国企	332.253	0.568	71.497	143.528	31.448	332.253	905

Panel D：按地区分类

地区	品牌资产价值均值	研发创新公司占比	集团获得专利	发明专利	实用新型专利	外观设计专利	样本量
北京	428.718	0.521	368.225	146.753	205.045	16.427	267
河北	140.818	0.827	145.731	32.404	84.462	28.865	52
山西	151.181	0.762	85.571	29.810	50.048	5.714	21
内蒙古	486.099	0.615	90.192	20.154	24.231	45.808	26
辽宁	266.993	0.650	206.400	59.700	146.400	0.300	20
吉林	152.114	0.553	5.789	1.789	2.211	1.789	38
黑龙江	128.246	0.600	9.600	3.200	0.200	6.200	15
上海	402.944	0.554	205.309	44.777	123.474	37.057	175
江苏	323.126	0.636	86.766	20.430	49.514	16.822	107
浙江	108.221	0.692	76.552	10.231	38.496	27.825	143
安徽	161.766	0.553	414.170	66.234	250.043	97.894	47
福建	159.219	0.600	30.215	7.938	14.139	8.138	65

			Panel D：按地区分类			
地区	品牌资产价值均值	研发创新公司占比	集团获得专利	发明专利	实用新型专利	外观设计专利	样本量
江西	108.387	0.583	15.292	4.708	3.542	7.042	24
山东	334.000	0.710	221.883	43.228	138.988	39.667	162
河南	140.289	0.703	93.081	12.608	48.473	32.000	74
湖北	206.105	0.706	17.618	4.088	8.324	5.206	34
湖南	150.403	0.714	217.086	80.171	109.514	27.400	35
广东	245.156	0.668	737.527	210.236	408.318	118.973	220
广西	63.302	0.600	23.067	4.600	11.467	7.000	15
海南	230.513	0.000	3.273	0.000	1.182	2.091	11
重庆	79.899	0.810	289.619	37.810	127.095	124.714	21
四川	418.535	0.667	144.222	33.008	67.487	43.727	117
贵州	533.880	0.593	13.593	5.741	2.370	5.481	27
云南	109.458	0.500	31.500	6.700	4.900	19.900	10
陕西	95.973	0.333	85.667	4.333	70.333	11.000	3
甘肃	266.123	1.000	0.250	0.000	0.000	0.250	4
新疆	133.268	1.000	184.444	3.000	20.444	161.000	9

Panel B 为按照证监会行业大类分类的样本描述性统计。由结果可知：（1）制造业行业企业拥有较多的品牌资产（样本量达到 1 324 个，远超其他行业样本量），且获得专利总数、获得各类专利数量也相对较多。（2）相比其他行业，采矿业企业的品牌资产价值均值较高，且获得发明专利和实用新型专利数量较多。（3）由于金融行业的财务报表计算口径与其他行业不同，为保证研究结论的准确性，已在研究中予以剔除。实际上，金融业的 189 个样本中，品牌资产均值为 768.700 亿元①，但获得专利授权数量仅 19.106

① 在 2017 年 Brand Frinance 全球品牌 500 强排行榜的前十名中，中国工商银行上榜；2018 年 Brand Frinance 排行榜中国企业前 10 强（全球排名 30 名以内）中，金融企业占据较大比重（中国工商银行、中国建设银行、中国银行、中国农业银行、中国平安）。

个、发明专利授权数量为 7.450 个，远低于制造业、采矿业企业。

Panel C 为按照企业性质分类的样本描述性统计，结果说明，相比非国有企业而言，国有企业拥有高价值品牌资产的企业数量更多、品牌资产价值均值相对更高，且获得专利授权数量、获得发明专利和实用新型专利数量更多。

Panel D 为按照地区分类的样本描述性统计，结果表明，北京市上市公司拥有品牌资产的样本量最多，达到 267 个，品牌资产价值均值为 428.718 亿元；贵州省上市公司拥有品牌资产的价值均值最高，为 533.880 亿元（对应品牌企业为 KEKE 克刻、前进、华夏航空、茅台）；企业获得专利数均值（专利获得数的自然对数）最多的省份为广东，该指标达到 737.527；企业获得发明专利（发明专利获得数的自然对数）最多的省份是广东，为 210.236；企业获得实用新型专利（实用新型专利获得数的自然对数）最多的省份是广东，该指标达到 408.318；企业获得外观设计专利（外观设计专利获得数的自然对数）最多的省份是新疆，该指标达到 210.236。

（二）描述性统计分析

本节对主要变量进行描述性统计，结果如表 5.3 中 Panel A 所示。描述性统计结果说明：研发投入（*RD*）最小值为 0.000，最大值为 25.025，均值为 11.951，说明样本企业的研发投入水平存在差异；发明专利（*INVIG*）最大值为 8.216、均值为 1.833、最小值为 0.000，获得专利总数最大值为 9.577、均值为 3.198、最小值为 0.000，创新产出水平（*Patent*）最大值为 9.577、均值为 3.195、最小值为 0.000；策略性创新（*Strategy*）最大值为 9.302、均值为 3.114、最小值为 0.693，说明样本间存在一定差异。

表5.3 变量描述性统计分析及差异性检验结果

Panel A 主要变量描述性统计					
变量	样本数	均值	中位数	标准差	最小值	最大值
Wbl	1 742	283.958	129.500	439.951	6.720	4 286.520
RD	1 742	11.951	17.423	9.232	0.000	25.025
INVIG	1 742	1.833	1.386	1.919	0.000	8.216

续表

Panel A 主要变量描述性统计

变量	样本数	均值	中位数	标准差	最小值	最大值
Patent	1 742	3. 198	3. 178	2. 267	0. 000	9. 577
Strategy	1 742	3. 114	2. 890	2. 023	0. 693	9. 302
Lev	1 742	0. 490	0. 490	0. 292	0. 060	7. 144
ROE	1 742	0. 115	0. 109	0. 271	− 5. 566	7. 541
Uncert	1 742	− 2. 026	− 1. 996	1. 146	− 6. 411	6. 989
TAT	1 742	0. 892	0. 776	0. 580	0. 015	5. 837
CI	1 742	1. 690	1. 289	2. 043	0. 171	67. 549
Subsidy	1 742	16. 587	17. 081	3. 378	0. 000	24. 642
Credit	1 742	0. 130	0. 100	0. 126	0. 000	0. 844
EG	1 742	9. 162	8. 200	2. 697	− 2. 500	19. 200
ID	1 742	0. 379	0. 364	0. 070	0. 091	0. 800
HHI	1 742	0. 031	0. 000	0. 130	0. 000	1. 000
OC	1 742	4. 864	4. 815	1. 036	1. 968	8. 680
Loss	1 742	0. 044	0. 000	0. 204	0. 000	1. 000

Panel B 单变量差异性检验

变量	Invest = 0	Mean	Invest = 1	Mean	MeanDiff
Wbl	640	166. 297	1 102	352. 291	− 185. 993 ***
Lev	640	0. 513	1 102	0. 477	0. 036 **
ROE	640	0. 142	1 102	0. 099	0. 042 ***
Uncert	640	− 1. 890	1 102	− 2. 105	0. 215 ***
TAT	640	0. 956	1 102	0. 855	0. 101 ***
CI	640	1. 895	1 102	1. 571	0. 323 ***
Subsidy	640	15. 537	1 102	17. 197	− 1. 660 ***
Credit	640	0. 149	1 102	0. 119	0. 030 ***
ID	640	0. 372	1 102	0. 383	− 0. 011 ***
HHI	640	0. 045	1 102	0. 022	0. 023 ***
OC	640	4. 745	1 102	4. 933	− 0. 187 ***
Loss	640	0. 045	1 102	0. 043	0. 003

注：***、**、*分别表示在1%、5%和10%水平上显著。

另外，本节对所有控制变量进行描述性统计，结果发现：样本企业资产负债率（*Lev*）最大值为 7.144，最小值为 0.060，均值为 0.490；净资产收益率（*ROE*）最大值为 7.541，最小值为 -5.566，均值为 0.115，说明存在净资产收益率为负的样本，且样本间盈利能力存在较大差异；经营环境不确定性（*Uncert*）最大值为 6.989，最小值为 -6.411，均值为 -2.026，说明样本间经营环境存在较大差异；总资产周转率（*TAT*）最大值为 5.837，最小值为 0.015，均值为 0.892，说明企业资产周转速度较快，整体经营效率较高；资本密集度（*CI*）最小值为 0.171，最大值为 67.549，均值为 1.690，样本间差异较大；上一年度的财政补贴（*Subsidy*）影响企业的研发投入水平和融资约束水平，该指标最小值为 0.000，最大值为 24.642，均值为 16.587，标准差为 3.378，说明样本企业受到财政补贴的水平存在较大差异；银行借款率（*Credit*）即企业向银行的贷款水平，反映企业贷款的稳定程度（相比股权质押等贷款方式，银行贷款相对稳定），该指标最大值为 0.844，最小值为 0.000，均值为 0.130，说明存在样本企业向银行贷款比重较大，但整体样本的银行贷款率相对正常；独立董事比例（*ID*）最大值为 0.800，最小值为 0.091，均值为 0.379。说明整体样本独立董事比例符合"独立董事比例应高于 30%"的要求，但仍存在少数企业的独立董事比例过低的情况。

企业市场占比（*HHI*）最大值为 1.000，最小值为 0.000，均值为 0.031，说明样本企业中存在在行业内市场份额较高的企业；企业营业周期（*OC*）最大值为 8.680，最小值为 1.968，标准差为 1.036，说明样本企业营业周期存在较大差异；亏损指标（*Loss*）均值为 0.044，说明存在 4.40% 的样本在观测年度为亏损状态。另外，本章在模型中增加地区经济增长水平（*EG*），该指标最大值为 19.200，最小值为 -2.500，均值为 9.162，说明各地区经济发展水平存在差异，宏观经济发展对品牌资产价值也存在影响。

（三）组间均值差异检验

本节研究企业研发创新与品牌资产价值之间的关系，故以是否投入研发创新进行分组，进行两组样本间组间均值差异检验，结果表 5.3 的 Panel B

所示：不存在研发创新投入的样本品牌资产价值均值为 166.297 亿元，相比存在研发投入样本品牌资产价值均值 352.291 亿元，显著减少约 185.993 亿元，说明进行研发创新投入对品牌资产价值存在显著的提升作用。另外，统计发现：进行研发创新投入的企业，有相对较高的财政补贴规模和独立董事占比，以及较长的营业周期；同时，该类企业有较低的资产负债率、资产收益率、总资产周转率、资本密集度、银行贷款率和市场占有率，且面临较高的经营环境不确定性。组间均值差异检验反映出，进行研发创新的企业可能收到较高的环境不确定性影响。

二、相关性分析

表 5.4 报告了主要变量间的相关系数。由 Pearson 相关性研究结果可知：企业研发投入（RD）、实质性创新（$INVIG$）、企业获得专利（$Patent$）、策略性创新（$Strategy$）与品牌资产价值（Wbl）均呈现显著的正相关关系，说明企业研发创新的各类指标与品牌资产价值之间存在一定的相关性。另外，本节发现，企业资产负债率（lev）获得政府补贴（$Subsidy$）、独立董事比例（ID）、市场占有率（HHI）、企业营业周期（OC）与品牌资产价值呈正相关关系，而资本密集度（CI）、银行借款率（$Credit$）、地区经济增长水平（EG）和企业营业周期（OC）与品牌资产价值呈显著的负相关关系。地区经济增长水平（EG）与品牌资产价值呈显著负相关关系的原因可能是：品牌资产规模与地区经济发展水平存在异步性。例如地区品牌资产规模最大的贵州省而言，品牌企业数量较少，且多为茅台等品牌资产规模较大的上市公司。所在省份的品牌企业品牌资产规模均值较高，但地区经济增长水平在全国并非首位。

表 5.4

相关性分析

变量	Wbl	RD	INVIG	Patent	Strategy	Lev	ROE	Uncert	TAT	CI	Subsidy	Credit	EG	ID	HHI	OC	Loss
Wbl	1.000																
RD	0.257***	1.000															
INVIG	0.423***	0.454***	1.000														
Patent	0.365***	0.456***	0.855***	1.000													
Strategy	0.349***	0.395***	0.783***	0.973***	1.000												
Lev	0.071***	-0.028	0.142***	0.107***	0.111***	1.000											
ROE	0.000	-0.067***	-0.012	0.015	0.023	0.025	1.000										
Uncert	-0.036	-0.088***	-0.036	-0.039	-0.022	0.095***	0.048**	1.000									
TAT	0.023	-0.068***	0.032	0.086***	0.092***	0.106***	0.107***	0.076***	1.000								
CI	-0.055***	-0.087***	-0.118***	-0.163***	-0.157***	-0.035	-0.067***	0.030	-0.428***	1.000							
Subsidy	0.276***	0.274***	0.409***	0.394***	0.371***	0.146***	-0.058***	-0.089***	0.012	-0.077***	1.000						
Credit	-0.044***	-0.104***	0.005	-0.063***	-0.078***	0.523***	-0.131***	0.130***	-0.089***	0.086***	0.075***	1.000					
EG	-0.263***	-0.525***	-0.288***	-0.261***	-0.233***	0.004	0.078***	0.083***	0.154***	-0.059***	-0.314***	0.071***	1.000				
ID	0.130***	0.089***	0.130***	0.094***	0.065***	0.031	0.003	-0.055***	-0.056***	0.014	0.092***	0.010	-0.111***	1.000			
HHI	0.178***	-0.068***	0.087***	0.018	0.013	0.029	-0.014	0.000	0.047***	-0.010	0.055***	0.008	-0.003	0.020	1.000		
OC	-0.124***	0.062***	-0.078***	-0.052***	-0.054***	-0.074***	-0.009	0.051***	-0.476***	0.245***	-0.144***	-0.049***	0.010	0.019	-0.164***	1.000	
Loss	-0.037	-0.009	0.001	-0.015	-0.014	0.173***	-0.305***	0.022	-0.026	0.106***	0.012	0.154***	-0.013	-0.012	0.001	0.007	1.000

注：***、**、*分别表示在 1%、5% 和 10% 水平上显著。

三、实证结果分析

本节对假设进行检验，如表5.5中结果所示。为保证数据的可比性和变量统计口径的一致，本节在回归前对数据进行标准化处理。参考学者研究规范，在以下研究结果中，均控制时间固定效应和行业固定效应，并按照企业个体进行聚类稳健标准误。总体来看，结果能够较好地拟合变量关系。其中，结果（1）是针对假设 H5.1 企业研发投入与品牌资产价值关系的回归结果，研发投入（RD）对品牌资产价值（Wbl）的系数为 0.112，且在 5% 水平上显著，说明：企业研发创新投入能够提升企业品牌资产价值，假设 H5.1 得到证明。结果（2）是企业获得专利授权与品牌资产价值关系的检验结果，企业获得专利授权（Patent）系数为 0.259，且在 1% 水平上显著，说明：企业获得专利授权能够显著促进品牌资产价值增值，假设 H5.2 得到证明。结果（3）、结果（4）是实质性创新水平（INVIG）、策略性创新（Strategy）与品牌资产价值关系的检验结果，系数分别为 0.334、0.230，且在 1% 水平上显著，说明实质性创新和策略性创新均能促进企业品牌资产价值增值。另外，本节对结果（3）和结果（4）关键解释变量实质性创新水平（INVIG）、策略性创新（Strategy）的系数进行针对面板数据的 SUR 检验，P 值为 0.0001，说明相对策略性创新而言，实质性创新对品牌资产价值增值的影响更为显著，假设 H5.3 得到证明。以上结论说明，企业进行研发创新、获得专利授权能够提升品牌资产的价值水平，且关注实质性创新（即发明专利创新）对于品牌资产价值增值有更好的促进效果。而企业进行策略性创新也能够获得对品牌资产价值增值相对显著的促进效应的原因可能是：（1）虽然实质性创新有较好的价值增值效果，但诸多企业根据企业实际情况进行实用新型研发，相比发明专利创新能够更快速、更低成本的投入产品生产；（2）品牌资产价值评估过程中，充分考虑了消费者认知因素，这增加了外观设计专利对品牌资产价值的作用效应。具体而言，本章在进一步研究中拓展对于实用新型专利和外观型专利对品牌资产价值影响的效果检验。

表 5.5   企业研发创新与品牌资产价值回归结果

变量	（1）*Wbl*	（2）*Wbl*	（3）*Wbl*	（4）*Wbl*
RD	0.112 ** (2.144)			
Patent		0.259 *** (3.889)		
INVIG			0.334 *** (4.645)	
Strategy				0.230 *** (2.905)
Lev	0.092 (1.360)	0.055 (1.227)	0.041 (1.086)	0.056 (1.196)
ROE	0.002 (0.110)	−0.005 (−0.270)	−0.004 (−0.218)	−0.004 (−0.238)
Uncert	0.019 (0.729)	0.018 (0.681)	0.019 (0.718)	0.016 (0.569)
TAT	−0.012 (−0.305)	−0.013 (−0.331)	0.008 (0.209)	−0.011 (−0.284)
CI	−0.011 (−0.446)	−0.001 (−0.037)	−0.004 (−0.198)	−0.002 (−0.098)
Subsidy	0.171 *** (3.447)	0.112 *** (2.671)	0.092 ** (2.489)	0.119 *** (2.687)
Credit	−0.089 * (−1.695)	−0.060 (−1.187)	−0.069 (−1.337)	−0.055 (−1.121)
EG	−0.015 (−0.205)	0.014 (0.182)	0.041 (0.559)	0.004 (0.048)
ID	0.095 * (1.968)	0.086 * (1.754)	0.071 (1.433)	0.093 * (1.918)
HHI	0.148 *** (4.909)	0.131 *** (5.113)	0.118 *** (4.583)	0.134 *** (5.124)
OC	−0.081 (−1.126)	−0.059 (−0.811)	−0.041 (−0.588)	−0.059 (−0.806)
Loss	−0.030 * (−1.660)	−0.024 (−1.293)	−0.021 (−1.199)	−0.026 (−1.387)

变量	（1）*Wbl*	（2）*Wbl*	（3）*Wbl*	（4）*Wbl*
Constant	-0.140 （-0.460）	-0.121 （-0.307）	-0.197 （-0.493）	-0.168 （-0.465）
Observations	1 742	1 742	1 742	1 742
R^2	0.230	0.265	0.294	0.259
Adj R^2	0.214	0.249	0.279	0.243
YEAR FE	YES	YES	YES	YES
IND FE	YES	YES	YES	YES
F	10.87	10.77	14.82	10.22

注：括号内为按照企业代码聚类稳健标准误 *t* 值；***、**、* 分别表示在1%、5%和10%水平上显著。

另外，根据表5.5的回归结果，本章发现：银行贷款率（*Credit*）与品牌资产呈负相关关系，说明银行贷款率越高，越不利于开展品牌资产价值增值业务、削弱品牌资产价值；独立董事比例（*ID*）与品牌资产价值呈显著正相关关系，说明拥有较多独立董事的企业，其品牌资产价值的增值效果更明显；市场占有率（*HHI*）与品牌资产价值呈显著正相关关系，市场占有率越高，品牌资产价值相对较高。除此之外，本章发现，企业获得财政补贴（*subsidy*）对品牌资产价值存在显著的促进作用，可能的原因是：（1）财政补贴为企业进行研发投入和开展品牌资产的增值、发展战略提供资金支持；（2）获得财政补贴的企业在履行社会责任、研发创新等方面本身就存在一定优势。

四、作用机制分析

基于前文的理论分析和品牌资产价值评估的理论框架，本章认为企业研发创新对品牌资产价值增值作用可能通过如图5.2所示的两种途径实现。其一，在资本市场视角下，企业研发创新可能通过提升企业市值的方式进一步提升品牌资产价值。品牌资产的价值主要源于财务价值和市场价值（王成荣，2005），其构成是生产者的异质性生产劳动投入和市场认可程度相互作用的结果。而品牌的市场价值反映在资本市场中，即为企业价值。企业研发创新会通过专利产出的形式实现其经济价值，塑造企业的"高科技"形象[①]，同时向资本市场传递积极的消费信号，不仅能够形成独特的企业形象（李颖灏、张茁，2013），也能提升企业在资本市场中的关注度，进一步提升品牌资产价值。

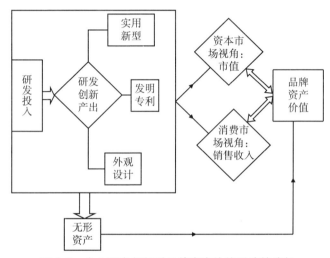

图5.2 企业研发创新对品牌资产价值影响的路径

其二，在消费者市场视角下，企业研发创新可能通过提升品牌资产的消费者认可度，增加品牌资产的财务价值，即通过增加销售收入和利润实现资产增值。具体而言：（1）提高产品对市场环境的适应、延长品牌生命周期。企业可以通过创新改良产品外观、提高产品实用性，进而提升产品的市场认可度，增加品牌资产所带来的现金流入，最终提升品牌资产价值。（2）提高产品盈利水平和市场销售表现。研发创新能够为企业带来先进的生产技术等异质性资源，成为品牌塑造和品牌资产价值增值的源泉（王分棉等，2015），完善消费者的品牌定位和品牌经营个性，进而实现品牌延伸，提高

---

① 如格力电器的"掌握核心科技"等宣传语，也体现了研发创新的重要作用。

品牌的销售收入，最终提升品牌资产价值（王泗通、孙良顺，2017）。（3）提高企业生产效率、实现销售收入（吴延兵，2008）。而在收益现值法下的品牌资产价值评价体系中[①]，品牌资产所带来的利润即可用来衡量品牌资产价值。故而，研发创新能够通过提高企业主营产品的销售收入和利润，最终提高品牌资产价值。此外，企业研发创新获得实用新型专利、外观设计专利和发明专利授权，最终会通过确立为无形资产的方式确权、得到保护。品牌资产作为一类重要的无形资产，也可能受到企业无形资产整体质量的影响。[②]

参考温忠麟、叶宝娟（2014）的研究成果，本章选择中介效应模型探索研发创新对品牌资产价值的作用机制。首先，以企业当年度获得专利授权数量（Zl）作为自变量，检验其对因变量品牌资产价值（Wbl）的影响效应[③]；其次，以企业当年度获得专利授权数量（Zl）作为自变量，检验其对可能的中介变量 M 的效应是否显著；最后，检验自变量和中介变量 M 对因变量（Wbl）的回归系数是否显著。

本章以企业 Tobin Q 值（$Tobin\ Q$）和企业市值（$Value$）作为中介变量进行资本市场视角下作用机制分析[④]。囿于篇幅，本章以获得专利授权（Zl）综合衡量企业的研发创新成果。中介效应检验三步法逐步回归如表 5.6 中结果（1）至结果（4）所示。由结果（2），企业获得专利授权（Zl）与 Tobin Q 值（$Tobin\ Q$）联合显著性检验中，Tobin Q 值（$Tobin\ Q$）并不显著，说明不存在中介效应。由结果（3）、结果（4）可知，企业市值存在显著的中介效应，说明企业研发创新获得成果能够通过提升企业市值而进一步提高企业价值。另外，本章参考杨林、俞安平（2016）的研究经验，对中介效应的结果进行 Sobel 法检验和 Bootstrap 法检验，如表 5.8 中结果所示：针对 Tobin Q 值、企业市值的 Sobel 检验结果分别为 Z = 0.673，P > 0.1；Z = 9.877，P < 0.01。二者的中介作用分别为 0.96%、39.6%。结果表明，

---

① 详见本书表 2.1 的资料。
② 由于数据和研究方法的限制，研发创新对品牌资产价值其他的可能作用路径如影响无形资产整体质量、提升消费者感知度以及形成新产品等在本书中未做讨论。
③ 该结果已在上文中列示。
④ 具体计算方法为：（1）企业 Tobin Q 值是资产的市场价值和企业资产重置价值的比值，用以判断企业的市场价值是否存在高估或者低估情况；（2）企业市值是以上市公司当年度股票总价值的自然对数衡量。

Tobin Q 值没有对企业研发创新与品牌资产价值之间的关系产生中介效应，而企业市值存在部分中介作用。另外，本章通过 Bootstrap 法的置信区间检验进一步证实了 Sobel 检验结果，说明企业市值存在中介效应。

在检验资本市场视角下企业研发创新对品牌资产价值作用的基础上，本章进一步研究研发创新通过消费者因素作用下提升品牌资产价值的途径，选择企业主营业务收入（Sale）和主营业务利润（Profit）作为中介变量进行资本市场视角下作用机制分析。[1] 本章以获得专利授权（Zl）综合衡量企业的研发创新成果。中介效应检验三步法逐步回归如表5.7中结果（1）至结果（4）所示。由结果（1）、结果（2），企业获得专利授权（Zl）与主营业务收入（Sale）呈显著正相关关系，在联合显著性检验中，主营业务收入（Sale）仍然显著为正，说明可能存在完全中介效应。由结果（3）、结果（4）可知，主营业务利润（Profit）存在中介效应，说明企业研发创新获得成果能够通过提升企业主营业务收入和主营业务利润而进一步提高企业品牌资产价值。另外，本章对中介效应的结果进行 Sobel 法检验和 Bootstrap 法检验，如表5.8中结果所示：针对主营业务收入（Sale）、主营业务利润（Profit）的 Sobel 检验结果分别为 $Z = 13.390$，$P < 0.1$；$Z = 12.190$，$P < 0.01$。二者的中介作用分别为 70.4%、59.3%。结果表明，主营业务收入（Sale）、主营业务利润（Profit）对企业研发创新与品牌资产价值之间的关系产生中介作用，能够构成作用机制。另外，本章通过 Bootstrap 法的置信区间检验进一步证实了 Sobel 检验结果。总之，企业研发创新形成专利产出，能够通过资本市场反应和消费者市场反应的两种途径提升品牌资产价值。

表5.6   **企业市场价值的中介效应回归结果**

变量	Tobin Q		Value	
	（1）Wbl	（2）Wbl	（3）Wbl	（4）Wbl
Zl	− 0.188 *** （− 3.539）	0.255 *** （3.838）	0.322 *** （6.711）	0.138 ** （2.058）

---

[1] 具体计算方法为：（1）企业当年度主营业务收入的自然对数；（2）企业当年度主营业务利润的自然对数。

续表

变量	Tobin Q		Value	
	(1) *Wbl*	(2) *Wbl*	(3) *Wbl*	(4) *Wbl*
M		−0.020 (−0.400)		0.374 *** (4.015)
Observations	1 742	1 742	1 742	1 742
R^2	0.268	0.265	0.450	0.342
Adj R^2	0.252	0.249	0.438	0.327
CONTROLS	YES	YES	YES	YES
YEAR FE	YES	YES	YES	YES
IND FE	YES	YES	YES	YES
F	48.63	11.10	28.98	7.450

注：括号内为按照企业代码聚类稳健标准误 *t* 值；*** 、** 、* 分别表示在1% 、5% 和10%
水平上显著。

表5.7 企业销售收入的中介效应回归结果

变量	Sale		Profit	
	(1) *Wbl*	(2) *Wbl*	(3) *Wbl*	(4) *Wbl*
Zl	0.378 *** (6.691)	0.049 (0.749)	0.372 *** (6.358)	0.086 (1.411)
M		0.557 *** (6.157)		0.465 *** (5.446)
N	1 742	1 742	1 742	1 742
R^2	0.596	0.390	0.528	0.367
Adj R^2	0.587	0.377	0.518	0.353
Controls	YES	YES	YES	YES
YEAR FE	YES	YES	YES	YES
IND	YES	YES	YES	YES
F	33.43	7.265	27.40	10.18

注：括号内为按照企业聚类稳健标准误 *t* 值；*** 、** 、* 分别表示在1% 、5% 和10% 水平
上显著。

表5.8　　　　　　　　　　　中介效应的稳健性检验

变量		Sobel Z 值	Bootstrap（95％置信区间）	
因变量	中介变量		置信区间（P）	置信区间（BC）
Wbl	*Tobin Q*	0.673	(0.223, 0.332)	(0.231, 0.339)
	Value	9.877 ***	(0.103, 0.200)	(0.121, 0.228)
	Sale	13.390 ***	(0.040, 0.115)	(0.030, 0.114)
	Profit	12.190 ***	(0.066, 0.158)	(0.071, 0.162)

注：***、**、*分别表示在1％、5％和10％水平上显著。

五、稳健性检验

（一）替换品牌资产的样本选择标准和回归方法

本章替换品牌资产价值的样本选择标准、剔除行业固定效应进行稳健性检验，在拥有品牌资产企业样本中，剔除子公司上市、控股公司上市的企业样本，仅保留以持有品牌的企业注册上市的样本，结果如表5.9所示。结果证明：研发投入与企业获得专利授权对企业品牌资产价值存在促进作用；结果（3）实质性创新水平（*INVIG*）系数显著为正，而策略性创新（*Strategy*）对品牌资产价值增值的促进作用不明显。结论与主回归结论无实质性差异。另外，本章以自然对数形式重新衡量品牌资产价值（*Wbl*），所得结论仍与主回归结果一致。

表5.9　　　　　　　　　替换品牌资产价值变量的稳健性检验

变量	（1）*Wbl*	（2）*Wbl*	（3）*Wbl*	（4）*Wbl*
RD	0.089 ** (2.030)			
Patent		0.102 * (1.657)		
INVIG			0.149 ** (2.522)	

变量	（1） *Wbl*	（2） *Wbl*	（3） *Wbl*	（4） *Wbl*
Strategy				0.079 （1.109）
Constant	0.004 （0.028）	−0.079 （−0.650）	−0.085 （−0.694）	−0.077 （−0.626）
Observations	803	803	803	803
R^2	0.332	0.338	0.352	0.333
Adj R^2	0.310	0.316	0.331	0.312
CONTROLS	YES	YES	YES	YES
YEAR FE	YES	YES	YES	YES
F	3.869	5.674	5.307	5.435

注：括号内为按照企业代码聚类稳健标准误 *t* 值；*** 、 ** 、 * 分别表示在 1%、5% 和 10% 水平上显著。

（二）替换专利变量

考虑到申请或获批专利均已经形成相应技术或外观设计，部分未获批的准专利技术已经投入品牌产品的生产和研发中，故本章选择按照上市公司所属集团申请专利梳理替代专利授权数量进行稳健性检验。结果发现：企业获得专利、实质性创新和策略性创新均能够显著提升品牌资产价值。另外，针对结果（2）和结果（3）的关键变量实质性创新水平（*INVIG*）、策略性创新（*Strategy*）系数进行 SUR 检验，P 值为 0.0002，相比策略性创新而言，实质性创新对品牌资产价值的增值效果更为明显，验证了上文结论的稳健性（见表 5.10）。

表 5.10　　　　　　　　　替换专利变量的稳健性检验

变量	（1） *Wbl*	（2） *Wbl*	（3） *Wbl*
Patent	0.268 *** （4.150）		

续表

变量	（1） *Wbl*	（2） *Wbl*	（3） *Wbl*
INVIG		0. 310 *** （4. 433）	
Strategy			0. 234 *** （3. 159）
Constant	− 0. 246 （− 0. 774）	− 0. 260 （− 0. 761）	− 0. 239 （− 0. 781）
Observations	1 742	1 742	1 742
R^2	0. 269	0. 285	0. 261
Adj R^2	0. 254	0. 270	0. 245
CONTROLS	YES	YES	YES
YEAR FE	YES	YES	YES
IND FE	YES	YES	YES
F	12. 00	12. 95	10. 35

注：括号内为按照企业代码聚类稳健标准误 *t* 值；*** 、** 、* 分别表示在 1% 、5% 和 10% 水平上显著。

（三）调整样本行业

相比其他行业，制造业的智能升级是《中国制造 2025》行动纲领的核心，也是发展实体经济、实现内循环经济发展新格局的重要基础，影响"中国产品向中国品牌转变"。故本节选择制造业品牌企业重新回归，进行稳健性检验，结果如表 5.11 所示。结果发现，相比全样本而言，制造业企业样本能够更好地证明假设，即企业进行研发投入、获得专利授权能够促进品牌资产价值增值。针对结果（3）和结果（4）的关键变量实质性创新水平（*INVIG*）、策略性创新（*Strategy*）系数进行 SUR 检验，P 值为 0.0018，说明相比策略性创新而言，实质性创新对品牌资产价值增值的作用效果更显著。进一步验证上文结论的稳健性。

表 5.11   替换品牌资产价值变量的稳健性检验

变量	(1) Wbl	(2) Wbl	(3) Wbl	(4) Wbl
RD	0.091** (1.990)			
Patent		0.222*** (2.885)		
INVIG			0.290*** (3.626)	
Strategy				0.191** (2.052)
Constant	−0.070 (−0.363)	−0.177 (−0.891)	−0.222 (−1.156)	−0.172 (−0.857)
Observations	1 324	1 324	1 324	1 324
R^2	0.184	0.209	0.234	0.204
Adj R^2	0.169	0.194	0.219	0.189
CONTROLS	YES	YES	YES	YES
YEAR FE	YES	YES	YES	YES
IND FE	YES	YES	YES	YES
F	4.617	4.717	5.143	4.764

注：括号内为按照企业代码聚类稳健标准误 t 值；***、**、* 分别表示在 1%、5% 和 10% 水平上显著。

六、内生性问题

（一）工具变量（IV）法

为了缓解互为因果、遗漏变量等内生性问题，本节采用工具变量法对原有模型进行修正，结果如表 5.12 所示。参考谢德仁等（2016）、权小锋（2015）等研究的经验，选择研发投入的行业均值以及企业所在地获批国家创新中心城市作为工具变量进行两阶段最小二乘法回归。其中，第一阶段回归结果的 F 值超过 10，且通过工具变量的弱识别和过度识别检验，说明本节选用的两个工具变量能够对模型的内生性问题进行修正。结果发现，企业研发创新投入（RD）、企业获得专利授权（Patent）仍能够显著促进品牌资产价值。实质性创新、策略性创新对品牌资产存在显著的促进作用。

表 5.12   IV 法内生性检验结果

变量	(1) *Wbl*	(2) *Wbl*	(3) *Wbl*	(4) *Wbl*
RD	0.116 ** (2.238)			
Patent		0.193 *** (5.285)		
INVIG			0.213 *** (4.264)	
Strategy				0.216 *** (5.520)
Constant	−0.044 (−0.473)	−0.126 (−1.594)	−0.160 ** (−2.129)	−0.126 (−1.602)
Observations	1 742	1 742	1 742	1 742
R^2	0.210	0.247	0.270	0.245
Adj R^2	0.199	0.236	0.259	0.234
CONTROLS	YES	YES	YES	YES
YEAR FE	YES	YES	YES	YES
IND FE	YES	YES	YES	YES
Chi^2	275.6	295.8	313	298.7

注：括号内为按照企业代码聚类稳健标准误 t 值；*** 、** 、* 分别表示在 1% 、5% 和 10% 水平上显著。

（二）Heckman 检验

本章研究可能存在样本选择偏误问题，即品牌资产价值较高的企业可能更关注技术创新、关注研发投入。为了缓解该问题对结果存在的影响，本章选择 Heckman 两阶段法修正技术创新与品牌资产价值关系的模型，如

表5.13 所示。在通过 Heckman 法缓解样本选择偏误内生性问题时，本节以虚拟变量 Invest（企业当年度是否进行研发投入）作为第一阶段的被解释变量，选择企业所在行业平均年获得发明专利授权数量（INVIG_ind）作为排他性约束变量，计算逆米尔斯比值（IMR）。排他性约束变量与虚拟变量（Invest）呈显著正相关关系。进一步，将逆米尔斯比值（IMR）代入第二阶段的回归模型中，结果仍能够支持本章结论。另外，本书选择其他排他性约束变量如研发投入的行业均值进行补充检验，结论仍然相同。

表5.13　　　　　　　　　　Heckman 法内生性检验结果

变量	(1) Wbl	(2) Wbl	(3) Wbl	(4) Wbl
RD	0.111 ** (2.168)			
Patent		0.260 *** (3.865)		
INVIG			0.335 *** (4.618)	
Strategy				0.230 *** (2.890)
IMR_d	−0.039 (−0.283)	0.030 (0.219)	0.057 (0.436)	−0.001 (−0.010)
Constant	−0.079 (−0.207)	−0.167 (−0.387)	−0.286 (−0.666)	−0.166 (−0.410)
Observations	1 742	1 742	1 742	1 742
R^2	0.230	0.265	0.294	0.259
Adj R^2	0.214	0.249	0.279	0.243
CONTROLS	YES	YES	YES	YES
YEAR FE	YES	YES	YES	YES
IND FE	YES	YES	YES	YES
F	10.50	11.34	15.40	10.96

注：括号内为按照企业代码聚类稳健标准误 t 值；*** 、 ** 、 * 分别表示在 1%、5% 和 10% 水平上显著。

七、进一步研究

（一）研发成本的资本化与费用化对企业品牌资产价值的影响

在研发支出的会计处理方式上，企业存在资本化和费用化的选择（王亮亮，2016）。其一，从研发支出会计选择的信号作用来看：研发支出的资本化，能够改善高科技企业的财务状况、业绩水平和资本结构，更能够为企业融资提供便利，激励企业加大研发投入和技术升级。研发支出的资本化，能够在形成研发成果的基础上，向投资者传递创新信号，相比费用化研发支出更能够实现经济效应和品牌资产的价值增值效应。当然，由于资本化研发投入时间期限较长，对品牌资产的价值增值作用存在滞后期和缓释作用（王俊峰、程天云，2012）。费用化研发支出反映企业研发过程中的耗损，会在短期内影响公司价值（Tsoligkas and Tsalavoutas，2011；Shah et al.，2013），但对于品牌资产作用的时效较短。其二，从研发支出会计政策选择对现金流的影响效应来看，如果开发支出费用化，则可以按照当期加计75%后抵扣所得税（2021年，制造业企业研发费用加计扣除比例已提高至100%）；开发支出资本化，视作无形资产，则按照无形资产的150%摊销（不少于10年）。故而，开发支出资本化可能造成企业无法享受当期税收优惠。

根据以上分析，本节区分企业资本化研发支出与费用化研发支出进行分析，结果如表5.14中结果（1）、结果（2）所示。其中：资本化研发支出的衡量标准是企业当年度资本化研发支出金额加1的自然对数；费用化研发支出的衡量标准是企业当年度费用化研发支出金额加1的自然对数。由结果可知，企业研发支出的资本化与费用化部分均对品牌资产价值的提升产生促进作用、差异不明显（两变量系数的SUR检验结果中，P值为0.6079），且相对资本化研发部分而言，费用化研发支出对品牌资产价值的促进作用系数更大，与理论上资本化研发支出应该具有更高的价值相关性（企业价值和品牌资产价值），即对品牌资产价值的促进作用更显著的推论有所不同。参考张倩倩等（2017）、刘永涛（2018），出现本章结论的可能原因是：（1）根据会计准则的规定，开发支出的会计政策选择并无明显的选择空间，只要满足开发支出资本化的五个条件①则需要进行会计的资本化计量，但关于开发支出资本化的五个条件是否满足的判断高度依赖企业管理者的主观职业判断，并不能完全发挥对企业经营有别于费用化的促进作用。（2）费用化研发支出可以在税前抵扣、增加了当期的现金流和短期公司价值，而资本化研发支出则需要按年度摊销成本，损害股东权益。对于资本化和费用化的判断在一定程度上成为向资本市场传递信号的工具和管理层盈余操纵的手段。

表 5.14　　　　　研发成本及专利产出对企业品牌资产价值的影响

变量	(1) Wbl	(2) Wbl	(3) Wbl	(4) Wbl	(5) Wbl
CS	0.130 * (1.801)				
ES		0.148 * (1.966)			
INVIG			0.334 *** (4.645)		
UMIG				0.221 *** (2.963)	
DESIG					0.157 * (1.964)
Constant	−0.186 (−0.611)	−0.182 (−0.616)	−0.197 (−0.493)	−0.195 (−0.540)	−0.230 (−0.701)
Observations	1 742	1 742	1 742	1 742	1 742
R^2	0.239	0.242	0.294	0.256	0.243
Adj R^2	0.223	0.226	0.279	0.240	0.227
CONTROLS	YES	YES	YES	YES	YES

① 新会计准则中对《无形资产》的规定中指出，满足以下五个条件，可以允许开发支出进行资本化处理："（1）完成该无形资产以使其能够使用或出售在技术上具有可行性；（2）具有完成该无形资产并使用或出售的意图；（3）无形资产产生经济利益的方式；（4）有足够的技术、财物资源和其他资源支持，以完成该无形资产的开发，并有能力使回用或出售该无形资产；（5）归属于该无形资产开发阶段的支出能够可靠计量"。

变量	（1）Wbl	（2）Wbl	（3）Wbl	（4）Wbl	（5）Wbl
YEAR FE	YES	YES	YES	YES	YES
IND FE	YES	YES	YES	YES	YES
F	7.187	6.462	14.82	11.36	7.174
P – value	0.608	0.000 ***	0.002 ***	0.000 ***	

注：括号内为按照企业代码聚类稳健标准误 t 值；*** 、** 、* 分别表示在 1% 、5% 和 10% 水平上显著。

（二）专利产出类型对企业品牌资产价值的影响

发明专利、实用新型专利和外观设计专利三类专利类型存在差异。其中，发明专利指在技术开发、新产品研制过程中取得的成果，相对技术要求高、研发周期长，对企业生产能力的提升程度大，能够形成企业产品的核心竞争力，也能够用以衡量企业技术创新质量，属于企业进行的实质性创新。而企业策略性创新形成的专利产出，包括实用新型专利和外观设计专利两类。实用新型专利指产品形状、构造或适于实用的技术方案，比发明专利技术含量低，受相关政策的专利客体保护、专利门槛及审查上较为宽松，保护费用低、授权快；外观设计专利能够有针对性地吸引消费者，引导消费倾向，但作用时效短。策略性创新项目从申请到授权历时短、不存在实质审查过程、申请费用较低，与实质性创新项目存在较明显的特征差异。在本章实证设计中，实用新型专利（UMIG）、外观设计专利（DESIG）、发明专利（INVIG）的衡量方法一致，即当年度企业获得该类专利授权数量加 1 的自然对数值。

根据以上分析，本章检验企业研发创新专利产出类型对品牌资产价值的影响差异，如表 5.14 中结果（3）至结果（5）所示。结合系数及各结果中 SUR 检验 P 值结果，本章发现：发明专利（INVIG）与实用新型专利（UMIG）能够显著促进品牌资产价值增值，且发明专利对品牌资产价值的增值作用更显著。相比之下，外观设计专利（DESIG）对品牌资产价值的增值作用相对较弱，进一步验证了本书结论。

（三）高端制造业样本

本章在稳健性检验中已对制造业企业的研发创新与品牌资产价值的关系进行检验。相比之下，高端制造业企业进行技术创新、掌握核心技术，更是"国之重器"，对于经济转型升级、防范国际环境不确定性意义重大。据此，本节参考陈虹、徐融（2016）的研究，选定电气机械和器材制造业，计算机、通信和其他电子设备制造业，专用设备制造业，铁路、船舶、航空航天和其他运输设备制造业，通用设备制造业，汽车制造业，医药制造业等高端制造行业，针对该类企业的技术创新与品牌资产关系进行检验，如表 5.15 所示。结果证明：对于高端制造业企业而言，进行研发投入、获得专利产出能够显著提升品牌资产价值；相比策略性创新，实质性创新对品牌资产价值的提升作用更显著（SUR 检验 P 值为 0.000，在 1% 水平内显著）。以上结果说明高端制造业企业技术创新的价值相关性较强，也说明技术创新在中国制造业向中国品牌转型中的重要作用。

表 5.15　　　　　　　　　　　高端制造业样本回归结果

变量	（1）*Wbl*	（2）*Wbl*	（3）*Wbl*	（4）*Wbl*
RD	0.134 ** (2.293)			
Patent		0.329 *** (3.304)		
INVIG			0.419 *** (3.875)	
Strategy				0.300 *** (3.327)
Constant	−0.097 (−0.520)	−0.280 (−1.294)	−0.335 * (−1.663)	−0.253 (−1.187)
Observations	628	628	628	628
R^2	0.275	0.316	0.359	0.315
Adj R^2	0.245	0.288	0.332	0.286

续表

变量	(1) *Wbl*	(2) *Wbl*	(3) *Wbl*	(4) *Wbl*
CONTROLS	YES	YES	YES	YES
YEAR FE	YES	YES	YES	YES
IND FE	YES	YES	YES	YES
F	5.290	6.782	5.609	6.862

注：括号内为按照企业聚类稳健标准误 *t* 值；***、**、* 分别表示在 1%、5% 和 10% 水平上显著。

（四）设立国家自主创新示范区的调节效应

自 2009 年开始，国家设立自主创新示范区，为企业和科研机构的创新研发提供诸多便利和支持，例如，推出适合示范区内企业发展的优惠政策和财政补贴、提供多元化的融资渠道和投资项目等。一系列政策为企业技术创新和成果转化提供支持，更促进了企业创新研发对品牌资产价值增值的作用效应。国家从 2009 年开始设立自主创新示范区，对企业技术创新应有显著的促进作用。以最早建立的几个国家自主创新示范区为例：北京中关村国家自主创新示范区背靠首都，创新优惠政策体系完善、周边高校和科研机构众多；上海张江国家自主创新示范区背靠国际贸易和金融中心上海，邻近贸易港口和工业基地，发展潜力巨大；深圳国家自主创新示范区地处经济特区，创新机制灵活、能够充分利用粤港澳大湾区的资金、技术和管理经验。

根据以上分析，本章检验国家设立自主创新示范区对企业技术创新与品牌资产价值增值之间的关系，结果如表 5.16 所示。其中，变量 *Area_RD* 为国家设立自主创新示范区政策变量。衡量方法为：若样本所在地区在当年度或以前年度已被设立为国家自主创新示范区，则赋值为 1，否则赋值为 0。结果说明：国家设立自主创新示范区能够显著发挥实质性创新对品牌资产价值增值的影响，而对研发投入、获得专利和策略性创新的促进作用不明显。这也充分说明，设立自主创新示范区，对于提高地区企业技术创新向关键技术、实质性创新领域倾斜有重要的意义，有利于发挥企业创新对品牌资产的增值作用。

表 5.16   设立国家创新中心的调节作用检验结果

变量	(1) *Wbl*	(2) *Wbl*	(3) *Wbl*	(4) *Wbl*
RD	0.037 (0.508)			
RD × Area_RD	0.098 (1.248)			
Patent		0.118 (1.083)		
Patent × Area_RD		0.188 (1.407)		
INVIG			0.107 (0.933)	
INVIG × Area_RD			0.303 ** (2.132)	
Strategy				0.138 (1.228)
Strategy × Area_RD				0.125 (0.877)
Area_RD	0.054 (0.492)	0.009 (0.082)	−0.011 (−0.106)	0.017 (0.149)
Constant	−0.218 (−0.877)	−0.235 (−0.751)	−0.292 (−0.939)	−0.244 (−0.799)
Observations	1 742	1 742	1 742	1 742
R^2	0.233	0.270	0.309	0.261
Adj R^2	0.216	0.254	0.293	0.245
CONTROLS	YES	YES	YES	YES
YEAR FE	YES	YES	YES	YES
IND FE	YES	YES	YES	YES
F	10.45	11.53	14.96	10.36

注：括号内为按照企业代码聚类稳健标准误 t 值；***、**、*分别表示在1%、5%和10%水平上显著。

第五节　本　章　小　结

本章是对企业技术创新与品牌资产价值间关系的实证检验章节，通过设计回归模型检验企业从技术创新投入产出过程对品牌资产价值增值的影响效应。研究发现：（1）在研发创新投入方面，企业技术创新投入能够提升品牌资产的价值，技术创新投入越多，品牌资产的价值相对越高；（2）在研发创新产出方面，企业获得专利授权能够提升品牌资产价值。且相比策略性创新而言，实质性创新对品牌资产价值的促进作用更加明显。

针对以上结论，本章进行拓展研究：（1）企业研发创新能够通过提升企业市值、提高主营业务收入和主营业务利润等路径提高品牌资产价值。（2）对于研发支出而言，资本化研发支出和费用化研发支出均会提升品牌资产价值。这说明在企业实际经营过程中，研发支出资本化与研发支出费用化的差异并不明显，未能充分发挥研发支出资本化对企业创新的激励作用；对于研发形成专利而言，各类专利均能够提升品牌资产价值，但发明专利和实用新型专利的作用更为显著。（3）高端制造业样本下，研发创新对品牌资产价值的提升作用更显著。在国内大循环背景下，打造中国高端制造业品牌，需要有持续的研发创新和核心专利作为支撑，尤其是对于高端制造业而言，更应该"坚持创新第一动力，实现更多'从0到1的突破'"。（4）本章引入国家自主创新示范区政策进行实证检验，发现该政策能够显著提升发明专利对品牌资产价值的提升作用。在稳健性检验部分，本章选择替换品牌样本的选择标准、调整回归方法、替换获得专利授权变量、替换样本等方法，仍能够支持结论。另外，本章Heckman两阶段法缓解回归模型中的样本选择内生性问题，采用工具变量法缓解回归模型可能出现的互为因果、遗漏变量等问题。

基于以上思考，本章引入货币政策不确定性视角，从企业研发创新投入、研发创新专利产出和创新动机视角探究企业创新行为对品牌资产价值增值的促进作用。本章研究发现：货币政策不确定性对企业研发创新投入和产出存在抑制作用；货币政策不确定性显著抑制实质性创新和策略性创新对品牌资产价值的提升作用。本章通过替换变量、调整样本选择范围、Heckman检验等方法对结论进行稳健性检验和内生性检验。另外，本章进一步研究发现：（1）货币政策不确定性对企业研发创新与品牌资产价值增值之间的影响，在三大经济区之间表现不同；（2）对于高端制造业企业而言，货币政策不确定性显著抑制企业获得专利授权、实质性创新和策略性创新对品牌资产价值增值的作用；（3）企业财务杠杆水平不同，货币政策不确定性对于企业研发创新与品牌资产价值关系的调节作用存在差异；（4）国有企业和非国有企业样本的结果存在差异。

第六章　货币政策不确定性、企业技术创新与品牌资产价值

第一节　引　　言

2020年7月30日，习近平总书记在中共中央政治局会议上强调，"加快形成以国内大循环为主体、国内国际双循环相互促进的新发展格局""更多依靠科技创新，完善宏观调控跨周期设计和调节"。2021年国务院政府工作报告中提出："深化财税金融体制改革""稳健的货币政策要灵活精准、合理适度"。在经济内循环新发展格局下，要充分发挥货币政策对国家金融和实体经济的带动作用，引导资金向科技领域和实体经济中的重点领域、薄弱环节流动。在2020年4月，中共中央、国务院印发《关于构建更加完善的要素市场化配置体制机制的意见》中，明确提出要求推进资本要素市场化配置，增加有效金融服务供给；同年6月，国务院常务会议进一步指出，通过下调贷款利率、允许贷款延期等系列措施，向企业合理让利1.5万亿元，加大了货币政策支持实体经济的力度。由此可见，切实可行、明确清晰的货币政策对于发挥企业技术创新的经济效应和品牌效应意义重大。由于货币政策执行效率高、调整便捷，被相关部门作为调整经济的主要手段。但"频调""超调"货币政策，会带来一定经济政策不确定性，给企业技术创新活动和品牌资产价值增值战略带来不利影响。

货币政策的不确定性会给企业带来较高的风险。何德旭等（2020）发

现，货币政策的频繁变动所致的不确定性会影响银行的信贷决策，导致银行信贷规模下降，银行信贷利率上升，继而增加企业的融资难度和融资成本，阻碍企业资本结构的动态调整。在货币政策频繁变动的背景下，企业经营管理决策失误概率加大，继而提高了银行贷款违约概率（张琳等，2015）。与此同时，当货币政策紧缩时，由于投资的滞后性和不可逆性特征，负面冲击企业现金流，加大了企业财务风险（季伟伟等，2014）。较高的货币政策不确定性影响资本流动（谭小芬等，2018），导致公司未来现金流的波动性增加，固定资产投资下降（张成思、刘贯春，2019），股价波动性提高（Pastor and Veronesi，2013）。可以说，货币政策的不确定性，增加了企业未知的财务风险，导致企业在进行研发决策时，倾向于减少投资成本、尽可能规避投资风险。贝克等（2016）通过统计媒体中"货币政策""政策变动""不确定性"等关键词的词频，构建美国货币政策不确定性指数，并指出货币政策的频繁变动对美国经济产出具有负面影响。陈等（Chen et al.，2019）利用美国宏观数据发现货币政策不确定性增加会导致投资、产出和就业下降。普鲁斯和施洛瑟（Prüser and Schlösser，2019）研究了欧盟国家货币政策不确定性的影响，结果表明货币政策不确定性对欧盟金融市场和实体经济均产生了消极影响，且投资领域对货币政策不确定性的敏感度比消费领域更高。黄等（Huang et al.，2020）采用关键词频率统计法剖析中国媒体报道，构建中国各类政策不确定性指数。黄宁和郭平（2015）实证研究发现，货币政策不确定性对中国的经济增长、投资、消费和通货膨胀会产生短期负向作用，而且对东部地区经济增长的影响更大。张成思和刘贯春（2018）从货币政策不确定性视角研究中国实业部门投融资决策机制，指出货币政策不确定性会导致固定资产投资减少。哈斯特德等（Husted et al.，2020）设计并计算美联储货币政策不确定性指数，指出货币政策不确定性提高了美国信贷利差，并导致美国经济产出减少，邝雄等（2019）研究发现中国货币政策不确定性对银行信贷供给存在显著抑制效应。

　　宏观经济政策不确定性不断升高，货币政策的不确定性作为国际货币政策传导效应的重要影响因素，已经被纳入货币政策影响效应的研究中。鲍尔等（Bauer et al.，2021）在研究美国货币政策如何向金融市场传导时发现，货币政策不确定性主要以两种方式影响货币政策调整的传导渠道，一是通过货币政策不确定性对资产价格的额外影响，二是联邦公开市场委员会发布公告时的货币政策不确定性水平。

具体来说，当货币政策不确定性水平较低时，货币政策的实施效果更好。布鲁姆（2014，2017）研究发现，在经济危机时期，调整货币政策会使货币政策不确定性进一步升高，此时的政策操作会面临着高不确定性和经济下行的双重压力，从而削弱政策效果，而迟缓的经济复苏过程又会增加货币政策调整频率，形成恶性循环，造成货币政策调控失灵。李成等检验了货币政策不确定性在完整经济周期中对宏观经济的具体影响，发现货币政策不确定性会导致投资和消费水平降低，不利于经济的平稳增长。其中，投资受货币政策不确定性的影响程度更大，具体表现为受到冲击后投资变量下降速度更快、降低幅度更大，表明与消费部门相比，生产部门对货币政策不确定性的敏感度更高。同时，通过降低投资和消费，货币政策不确定性导致经济总产出减少，同时造成价格水平下降，制约了宽松货币政策对经济的促进作用。根据脉冲响应分析，货币政策不确定性的负面影响不仅在短期非常显著，在中长期也持续存在。另外，货币政策不确定性的负面影响程度与所处的经济周期阶段有关，在经济增长减速阶段，萧条的市场环境导致货币政策不确定性的负面影响效果加强，投资、消费、经济产出及价格水平等经济指标的负向响应程度更大、响应滞后期更长、受到冲击后的恢复速度更慢。

在宏观经济和金融层面，不确定性的提升就表现为系统性风险的积聚、甚至导致危机的爆发，而仅依靠市场机制的内在调节并不足以防范和化解危机，这就构成了政府干预和政策调控的根本前提条件。然而，在经济和金融不确定性持续高企的背景下，政策调控犹如"戴着镣铐在钢丝上跳舞"，不仅要顾及解决长期结构性矛盾，同时还要兼顾短期经济增长和金融稳定，一味采取保守的政策取向或将政策调控诉诸大水漫灌都将掣肘经济的提质增速和全面发展，势必会影响和阻碍既定目标的实现。因此，政策方案的调整往往是在稳增长、调结构和防风险等多重目标间寻求动态平衡，这势必引发政策在松紧、方向以及力度等方面的变动，政策不确定性也由此孕育并不断提升。同时，政策不确定性可能会通过改变微观经济主体的预期影响其投资和消费行为，从而影响宏观调控的实施效果并对经济金融的平稳运行造成负面影响。

以上诸多研究证实，货币政策不确定性会对宏观经济和微观企业行为增长造成消极影响。但较少有研究针对货币政策在企业研发创新和品牌资产价值的论题上展开讨论。在不同货币政策情境下，企业创新行为对品牌资产价值增值的促进作用也存在差异。国家有关部门的政策变化影响品牌战略布局和企业创新动机，影响创新的品牌效应。例如上调基准利率、"去杠杆"政策，可能短期内增加企业融资约束、提高研发创新的融资难度。诸多政策变动，提高了对研发创新进行经济价值评估的难度，尤其是增加了企业新产品投产后品牌效益的不确定性。

基于以上思考，本章引入货币政策不确定性视角，从企业研发创新投入、研发创新专利产出和创新动机视角探究企业创新行为对品牌资产价值增值的促进作用。本章研究发现：货币政策不确定性对企业研发创新投入和产出存在抑制作用；货币政策不确定性显著抑制实质性创新和策略性创新对品牌资产价值的提升作用。本章通过替换变量、调整样本选择范围、Heckman检验等方法对结论进行稳健性检验和内生性检验。另外，本章进一步研究发现：（1）货币政策不确定性对企业研发创新与品牌资产价值增值之间的影响，在三大经济区之间表现不同；（2）对于高端制造业企业而言，货币政策不确定性显著抑制企业获得专利授权、实质性创新和策略性创新对品牌资产价值增值的作用；（3）企业财务杠杆水平不同，货币政策不确定性对于企业研发创新与品牌资产价值关系的调节作用存在差异；（4）国有企业和非国有企业样本的结果存在差异。

第二节　理论分析与研究假设

无论央行的货币政策如何科学合理，仍然离不开不确定性的影响（Kurov and Stan，2017）。随着金融环境的频繁变动，货币政策的不确定性特征表现更为显著，大量"非常规"货币政策不断出现。尤其是随着经济全球化程度加深，我国政府坚持"有效市场"与政策宏观调控相协调，推动诸多"非常规货币政策"、流动性管理工具和多种中长期货币政策工具支持资本市场和宏观经济平稳发展，通过货币政策稳定经济波动，指导金融机构扩大社会信贷规模。虽然非常规货币政策能够缓解经济发展中的潜在风险，但其带来的货币政策不确定性也对经济发展造成较大影响（何德旭等，2019）。在宏观方面，影响名义利率和经济增长率（Sinha，2016），影响国际资本对国内企业和项目的直接投资（Claudiu and Adrian，2018），进而弱化货币政策在资本市场的有效传导；在微观方面，货币政策不确定性影响企业获利能力和资本结构的动态调整（何德旭等，2019），进而影响企业的研发创新项目进行和品牌资产价值增值战略的实施。

现有文献关于法律制度（Chen and Puttitanun，2005；尹志锋等，2013；Xiao，2013）、财政补贴（Maskus et al.，2012）、银行业发展（谢军、黄志忠，2014；唐清泉、巫岑，2015）等因素对企业研发创新和品牌资产价值增值的影响研究较多，但较少有学者探讨货币政策冲击、货币政策不确定性的影响。实际上，较高的货币政策不确定性理论上对企业研发创新和品牌资产价值增值应存在显著的影响。

具体而言：其一，不确定的货币供给影响企业研发创新的经济效果。依照传统理论研究，货币政策的经济调控效应是针对经济增长速度的调整。实际上，也可能通过影响企业创新行为影响经济增长质量。学者研究发现，银行在贷款供给过程中存在信贷配给（Stiglitz and Weiss，1981），通过利率水平变动、货币供应总量调整影响研发投资活动的进行。货币供应减少时，银行流动性水平降低、市场流动性收紧，银行倾向于向短期、低风险项目贷款，研发项目的融资难度和融资成本随之上升（Moran and Queralto，2018）。在货币政策不确定性增加时，企业针对产品和生产技术的研发创新难以实现对品牌资产的增值效应。其二，不确定的货币政策影响公众预期实现，进而影响研发创新项目对品牌资产的增值作用。货币政策的调节作用在一定程度上受公众预期影响（魏永芬，2004）。当货币政策不确定性较低时，能够通过减少研发投入规模，限制研发创新形成的新产品投入市场，以缓解融资压力。当然，也能够通过扩大研发创新投资规模，推广新产品消费的方式适应宽松的货币政策。当货币政策不确定性较高时，企业对研发创新项目的未来预期不稳定，无法开展长期、高风险的研发创新项目，而可能仅保持原有未完成的研发创新项目的投资（谢乔昕，2017）。在一定程度上影响新产品对品牌资产价值增值的作用。其三，根据实物期权理论，货币政策不确定性的升高会造成企业未来收益的不确定性。企业会因此暂缓对当前创新项目的选择，而等待得到更多确定的信息后再进行决策（郝威亚等，2016），视市场变化情况在品牌产品中推出新技术。在该调节作用影响下，企业进行研发创新投入、获得新的专利技术不能在短期内促进品牌资产价值增值。可见，货币政策不确定性的升高，会削弱企业研发创新投入、研发创新专利产出对品牌资产价值增值的作用。

进一步，本章讨论货币政策不确定性调节作用下，不同研发创新动机、创新产出质量的创新活动对品牌资产价值增值的影响情况。在学者研究中，常将企业研发专利产出中的发明专利与非发明专利进行区分研究。一方面，二者体现不同的研发创新质量。发明专利目的在于探索领先的核心技术（张峰等，2019），存在较高的研发创新风险、需要长期研发资金投入（崔也光等，2020），需要较高水平的科研人员和平台支撑（简传红等，2010），更能体现较高的创新质量（杨国超、芮萌，2020）。而非发明专利是企业在对现有生产技术的改善，或对产品外观设计的更新（毛昊等，2018），目的在于保证品牌资产的现有价值，维持消费者认可和市场份额。另一方面，二者体现不同的研发创新动机。发明专利目标即为实质性地提升品牌竞争力和企业核心实力的创新，属于实质性创新项目。而非发明专利更倾向于投资较少、收益快的项目，是对现有生产技术和产品外观的修正与完善。企业进行非发明专利的投资，也存在获取产业政策和税收政策优惠、释放企业创新实力等动机，即"专利泡沫"现象（张杰、郑文平，2018），属于企业进行的策略性创新行为（黎文靖、郑曼妮，2016）。

故而，本章也将分别讨论策略性创新和实质性创新对品牌资产价值增值作用受到的货币政策不确定性影响。一方面，货币政策不确定性增加，研发创新项目的实施难度随之增大，创新成果对品牌资产价值增值的作用整体受到影响。货币政策不确定性较高时：银行倾向于向风险低的创新项目提供信贷支持，而避免对难度大、收益时间长的发明专利研发提供支持，既影响实质性创新研发项目的开展，也影响企业将发明专利投入品牌竞争活动中。另一方面，货币政策不确定性增加研发创新项目的品牌资产价值增值效应的预期难度。货币政策不确定性较高时：品牌市场的消费水平受到影响，客户群体的稳定性降低，创新带来的新产品的品牌效应被削弱；企业难以对创新项目投入市场的品牌资产价值增值效应进行合理评估。即使企业减少对发明专利项目的研发，转而投资实用新型专利和外观设计专利项目，也会因时滞效应和推广成本等原因，难以获得品牌资产价值增值效应。据此，本书认为，货币政策不确定性会影响策略性创新和实质性创新行为，减弱对企业所拥有品牌资产价值增值的作用。

据此，本章提出以下假设：

H6.1：在其他条件相同的情况下，货币政策不确定性的增加会削弱企业研发创新投入对品牌资产价值的促进作用。

H6.2：在其他条件相同的情况下，货币政策不确定性的增加会削弱企业研发创新专利产出对品牌资产价值的促进作用。

H6.3：在其他条件相同的情况下，货币政策不确定性的增加会削弱企业实质性创新、策略性创新对品牌资产价值的促进作用。

第三节 研 究 设 计

一、样本选择与数据来源

本章研究所用样本和实证方法与前文一致。参考王分棉等（2015）、刘建华等（2019）对品牌资产价值的指标选择方法，结合世界品牌实验室《中国500最具价值品牌》数据库和国泰安数据库，得到研究跨期为2007—2019年的1 742个观测样本。

二、变量设计

（一）被解释变量

本章沿用前文设计，选择世界品牌实验室品牌发布的年度数据作为被解释变量品牌资产价值（Wbl）的衡量指标。该指标能够充分反映企业财务和经营状况、直观判断品牌发展水平。考虑到世界品牌实验室《中国 500 最具价值品牌》数据库以各企业上年度数据作为计算标准，为保持研究口径一致，本章设定：若该企业在上一年度品牌资产价值排行榜上，则变量赋值为对应的品牌资产价值。

（二）解释变量

1. 研发创新投入

本章参考学者研究经验，以企业研发投入金额加 1 的自然对数作为企业研发投入水平（RD）的衡量标准。

2. 研发创新专利产出

本章参考戴维等（2018）的研究思路，以企业当年获得专利授权数量加 1 的自然对数（$PATENT$）作为创新产出水平的衡量标准，整体评价影响未来企业产品生产线的创新成果产出数量和创新水平（David et al.，2018）。同时，为缓解数据的截尾问题，对专利变量的数据加 1 后对数化处理（王姝勋等，2017）。另外，考虑到上市公司所属集团的研发专利成果可能在集团内部实现共享和推广，故本章以集团获批专利授权作为创新成果产出水平的衡量口径。

3. 研发创新动机

本章参考（黎文靖、郑曼妮，2016）的研究区分创新动机：发明专利能够推动企业核心技术进步，能够反映企业实质性创新动机；实用新型专利和外观设计专利所需研发投入相对较少，技术水平相对较低，能够反映企业为追求"量"而进行的策略性创新。具体而言包含以下变量：（1）实质性创新（*INVIG*），以企业当年获批发明专利授权数量加 1 的自然对数作为衡量标准；（2）策略性创新（*Strategy*），以企业当年获批实用新型及外观设计专利数量合计值加 1 的自然对数作为衡量标准。

4. 货币政策不确定性

本章参考孙健等（2017）等学者的研究思路，以上海银行业间同业拆借 7 日利率的年度标准差作为货币政策不确定性的衡量指标（*Shibor*）。以上海银行业间同业拆借利率进行衡量的主要原因是：其一，该指标由中国货币市场上交易活跃、信息披露充分的银行作为报价团成员，能够相对准确地衡量货币政策的变动情况，适合作为价格型货币政策代理变量；其二，该指标定期披露，数据公开、较易获得，能够实时反映货币政策变动情况（Delis and Kouretas，2011）。

（三）控制变量

本章参考相关文献，加入以下与研究内容相关性较强的经济指标作为控制变量。（1）公司特征类指标：独立董事比例（*ID*）、是否亏损（*Loss*）；（2）公司财务类指标：净资产收益率（*ROE*）、资产负债率（*Lev*）、总资产周转率（*TAT*）、资本密集度（*CI*）、银行借款率（*Credit*）；（3）公司经营类指标：营业周期（*OC*）、需求不确定性（*Uncert*）、政府补助（*Subsidy*）；（4）宏观指标：地区经济增长水平（*EG*）。其中，本章参考江伟等（2019）的研究，以近三年企业主营业务收入增长率的标准差作为需求不确定性的衡量方法，以缓解企业因经营情况变动而对研究结论产生影响。

三、模 型 设 定

本章根据理论分析和假设 H6.1、H6.2、H6.3 建立以下模型，如模型（1）至模型（4）。其中，模型的解释变量分别为研发创新投入（*RD*）、研发创新专利授权数量（*PATENT*）、实质性创新（*INVIG*）、策略性创新专利（*Strategy*）以及以上变量与调节变量货币政策不确定性（*Shibor*）的交乘项；被解释变量品牌资产价值（*Wbl*）为企业所拥有品牌的评估价值；*Controls*

为所有控制变量，Ind 和 $Year$ 分别为行业、样本年份的固定效应虚拟变量。本章报告的回归结果均经过按照企业代码聚类的稳健标准误调整。

$$Wbl_{i,t} = \beta_0 + \beta_1 \times RD_{i,t} + \beta_2 \times RD_{i,t} \times Shibor_t + \beta_3 \times Shibor_{i,t} +$$

$$\sum \beta_i \times Controls_{i,t} + \sum Ind + \sum Year + \varepsilon \qquad (6.1)$$

$$Wbl_{i,t} = \beta_0 + \beta_1 \times Patent_{i,t} + \beta_2 \times PATENT_{i,t} \times Shibor_t + \beta_3 \times Shibor_{i,t} +$$

$$\sum \beta_i \times Controls_{i,t} + \sum Ind + \sum Year + \varepsilon \qquad (6.2)$$

$$Wbl_{i,t} = \beta_0 + \beta_1 \times INVIG_{i,t} + \beta_2 \times INVIG_{i,t} \times Shibor_t + \beta_3 \times Shibor_{i,t} +$$

$$\sum \beta_i \times Controls_{i,t} + \sum Ind + \sum Year + \varepsilon \qquad (6.3)$$

$$Wbl_{i,t} = \beta_0 + \beta_1 \times Strategy_{i,t} + \beta_2 \times Strategy_{i,t} \times Shibor_t + \beta_3 \times Shibor_{i,t} +$$

$$\sum \beta_i \times Controls_{i,t} + \sum Ind + \sum Year + \varepsilon \qquad (6.4)$$

第四节　实证结果

一、描述性统计分析

本节对主要变量进行描述性统计，结果如表 6.1 所示。结果说明：品牌资产价值（Wbl）均值为 283.958，最大值为 4 286.520，说明样本间品牌资产价值存在较大差异；货币政策不确定性（$Shibor$）最大值为 1.465，最小值为 0.067，均值为 0.615，说明各年度均存在货币政策不确定性的情况；研发投入（RD）最小值为 0.000，最大值为 25.025，均值为 11.951，说明样本企业的研发投入水平存在差异；发明专利（$INVIG$）最大值为 8.216、均值为 1.833，获得专利总数（$Patent$）最大值为 9.577，均值为 3.198，策略性创新（$Strategy$）最大值为 9.302、均值为 3.114，说明样本间存在一定差异，且整体上获得各类专利授权数量不足，尤其是样本企业发明专利授权数量相对较少。另外，对于控制变量而言：样本企业资产负债率（lev）观测值介于 7.144 ~ 0.060，均值为 0.490；净资产收益率（ROE）最大值为 7.541，最小值为 –5.566，说明观测企业的盈利能力存在差异；经营环境不确定性（Uncert）最大值为 6.989，最小值为 –6.411，均值为 –2.026，说明样本间经营环境存在较大差异；总资产周转率（TAT）最大值为 5.837，最小值为 0.015，均值为 0.892，说明企业资产周转速度较快，整体经营效率较高；资本密集度（CI）最小值为 0.171，最大值为 67.549，均值为 1.690，样本间差异较大；上一年度的财政补贴水平（Subsidy）影响企业的研发投入水平和融资约束水平，该指标最小值为 0.000，最大值为 24.642，均值为 16.587，标准差为 3.378，说明样本企业受到财政补贴的水平存在较大差异；银行借款率（Credit）即企业向银行的贷款水平，反映企业贷款的稳定程度（相比股权质押等贷款方式，银行贷款相对稳定），该指标最大值为 0.844，最小值为 0.000，均值为 0.130，说明存在样本企业向银行贷款比重较大，但整体样本的银行贷款率相对正常；独立董事比例（ID）最大值为 0.800，最小值为 0.091，均值为 0.379，说明整体样本独立董事比例符合"独立董事比例应高于 30%"的要求，但仍存在少数企业的独立董事比例过低的情况；企业市场占比（HHI）最大值为 1.000，最小值为 0.000，均值为 0.031，说明样本企业中存在在行业内市场份额较高的企业；企业营业周期（OC）最大值为 8.680，最小值为 1.968，标准差为 1.036，说明样本企业营业周期存在较大差异；亏损指标（Loss）均值为 0.044，说明存在 4.40% 的样本在观测年度为亏损状态。另外，本章在模型中增加地区经济增长水平（EG），该指标最大值为 19.200，最小值为 –2.500，均值为 9.162，说明各地区经济发展水平存在差异，宏观经济发展对品牌资产价值也存在影响。

表 6.1 　　　　　　　　　　**主要变量描述性统计**

变量	样本数	均值	中位数	标准差	最小值	最大值
Wbl	1 742	283.958	129.500	439.951	6.720	4 286.520
Shibor	1 742	0.615	0.687	0.458	0.067	1.465
RD	1 742	11.951	17.423	9.232	0.000	25.025

变量	样本数	均值	中位数	标准差	最小值	最大值
INVIG	1 742	1.833	1.386	1.919	0.000	8.216
Patent	1 742	3.198	3.178	2.267	0.000	9.577
Strategy	1 742	3.114	2.890	2.023	0.693	9.302
Lev	1 742	0.490	0.490	0.292	0.060	7.144
ROE	1 742	0.115	0.109	0.271	−5.566	7.541
Uncert	1 742	−2.026	−1.996	1.146	−6.411	6.989
TAT	1 742	0.892	0.776	0.580	0.015	5.837
CI	1 742	1.690	1.289	2.043	0.171	67.549
Subsidy	1 742	16.587	17.081	3.378	0.000	24.642
Credit	1 742	0.130	0.100	0.126	0.000	0.844
EG	1 742	9.162	8.200	2.697	−2.500	19.200
ID	1 742	0.379	0.364	0.070	0.091	0.800
HHI	1 742	0.031	0.000	0.130	0.000	1.000
OC	1 742	4.864	4.815	1.036	1.968	8.680
Loss	1 742	0.044	0.000	0.204	0.000	1.000

二、相关性分析

表 6.2 报告了主要企业级变量间的相关系数。由 Pearson 相关性研究结果可知：企业研发投入（RD）、实质性创新（INVIG）、企业获得专利（Patent）、策略性创新（Strategy）与品牌资产价值（Wbl）均呈现显著的正相关关系，说明企业研发创新的各类指标与品牌资产价值之间存在一定的相关性。货币政策不确定性（Shibor）与品牌资产价值（Wbl）呈显著负相关关系，与企业研发投入（RD）、实质性创新（INVIG）、企业获得专利（Patent）、策略性创新（Strategy）呈显著负相关关系，初步支持假设。货币政策不确定性（Shibor）与经营环境不确定性（Uncert）、银行借款率（Credit）、地区经济增长水平（EG）呈显著正相关关系，与政府补助（Subsidy）和独立董事比例（ID）呈显著负相关关系。另外，本章发现，企业资产负债

表 6.2

相关性分析

变量	Wbl	RD	Patent	INVIG	Strategy	Shibor	Lev	ROE	Uncert	TAT	CI	Subsidy	Credit	EG	ID	HHI	OC	Loss
Wbl	1.000																	
RD	0.257***	1.000																
Patent	0.365***	0.456***	1.000															
INVIG	0.423***	0.454***	0.855***	1.000														
Strategy	0.349***	0.395***	0.973***	0.783***	1.000													
Shibor	-0.228***	-0.349***	-0.158***	-0.148***	-0.149***	1.000												
Lev	0.071***	-0.028	0.107***	0.142***	0.111***	0.027	1.000											
ROE	0.000	-0.067***	0.015	-0.012	0.023	0.022	0.025	1.000										
Uncert	-0.036	-0.088***	-0.039	-0.036	-0.022	0.069***	0.095***	0.048***	1.000									
TAT	0.023	-0.068***	0.086***	0.032	0.092***	0.126***	0.106***	0.107***	0.076***	1.000								
CI	-0.055***	-0.087***	-0.163***	-0.118***	-0.157***	-0.032	-0.035	-0.067***	0.030	-0.428***	1.000							
Subsidy	0.276***	0.274***	0.394***	0.409***	0.371***	-0.154***	0.146***	-0.058***	-0.089***	0.012	-0.077***	1.000						
Credit	-0.044*	-0.104***	-0.063***	0.005	-0.078***	0.070***	0.523***	-0.131***	0.130***	-0.089***	0.086***	0.075***	1.000					
EG	-0.263***	-0.525***	-0.261***	-0.288***	-0.233***	0.538***	0.004	0.078***	0.083***	0.154***	-0.059***	-0.314***	0.071***	1.000				
ID	0.130***	0.089***	0.094***	0.130***	0.065***	-0.058***	0.031	0.003	-0.055***	-0.056***	0.014	0.092***	0.010	-0.111***	1.000			
HHI	0.178***	-0.068***	0.018	0.087***	0.013	0.015	0.029	-0.014	0.000	0.047**	-0.010	0.055***	0.008	-0.003	0.020	1.000		
OC	-0.124***	0.062***	-0.052***	-0.078***	-0.054***	-0.020	-0.074***	-0.009	0.051***	-0.476***	0.245***	-0.144***	-0.049***	0.010	0.019	-0.164***	1.000	
Loss	-0.037	-0.009	-0.015	0.001	-0.014	0.030	0.173***	-0.305***	0.022	-0.026	0.106***	0.012	0.154***	-0.013	-0.012	0.001	0.007	1.000

注：***、**、*分别表示在1%、5%和10%水平上显著。

率（*lev*）、政府补助（*Subsidy*）、独立董事比例（*ID*）、市场占有率（*HHI*）、企业营业周期（*OC*）与品牌资产价值呈正相关关系，而资本密集度（*CI*）、银行借款率（*Credit*）、地区经济增长水平（*EG*）和企业营业周期（*OC*）与品牌资产价值呈显著的负相关关系。地区经济增长水平（*EG*）与品牌资产价值呈显著负相关关系的原因可能是：品牌资产规模与地区经济发展水平存在异步性。例如地区品牌资产规模最大的贵州省而言，品牌企业数量较少，且多为茅台等品牌资产规模较大的上市公司。所在省份的品牌企业品牌资产规模均值较高，但地区经济增长水平在全国并非首位。本章将在实证检验中通过对区分企业所在地区样本进行进一步研究。

三、实证结果分析

在前文第四章的研究中，本书分析了研发创新与企业品牌资产价值间关系及影响逻辑。故在本章不再进行重复研究。表6.3的结果（1）至结果（4）分别为货币政策不确定性调节作用下，研发创新投入、研发创新获得专利授权、实质性创新和策略性创新与品牌资产价值间关系的实证检验结果。由调整后的拟合优度（*Adjust R²*）、*F*值可以看出，结论能够较好地拟合变量之间的线性关系。结果（1）检验货币政策不确定性调节作用下，企业研发创新投入与品牌资产价值间的关系，可以看出：货币政策不确定性显著抑制研发创新投入对品牌资产价值的促进作用，在货币政策不确定性较高时，研发投入未能实现对品牌资产价值增值的促进作用。结果（2）检验货币政策不确定性调节作用下，企业获得发明专利授权对品牌资产价值增值的关系，可以看出：货币政策不确定性显著抑制了企业获得专利授权对品牌资产价值增值的影响。结果（3）和结果（4）说明，货币政策不确定性显著抑制企业进行实质性创新和策略性创新对品牌资产价值增值的影响，且对于实质性创新经济效应的削弱作用更显著。以上结论说明：随着货币政策不确定性程度的提高，企业研发创新对品牌资产价值增值的经济效应被显著削弱，尤其是对于发明专利等关键技术的实质性创新影响尤甚。频繁的货币政策变动，对于企业经营管理、融资约束和负债/偿债水平均有较大影响。在对货币政策进行顶层设计时，既不能一项政策"一以贯之"，也不能过度使用货币政策调节经济。

另外，由控制变量的回归结果可知：企业获得财政补贴（*Subsidy*）与品牌资产价值呈显著正相关关系。获得财政补贴，能够为企业的品牌资产价值增值战略提供研发资金、政策支持等，显著提升品牌资产价值；企业银行贷款率（*Credits*）与品牌资产价值呈显著负相关关系，说明过高的银行贷款不利于企业品牌资产价值增值；独立董事比例（*ID*）与品牌资产价值呈显著正相关关系，拥有较多的独立董事，能够为品牌战略提供咨询和建议、为企业研发创新和项目投资提供咨询和监督，更好地促进企业品牌资产价值增值。

表6.3　　　　　　　　　　　　主回归检验结果

变量	（1）*Wbl*	（2）*Wbl*	（3）*Wbl*	（4）*Wbl*
Shibor	−0.413 * （−1.917）	−0.527 ** （−2.419）	−0.636 *** （−2.993）	−0.508 ** （−2.343）
RD	0.234 ** （2.527）			
RD × Shibor	−0.170 ** （−2.205）			
Patent		0.424 *** （4.038）		
Patent × Shibor		−0.264 *** （−3.493）		
INVIG			0.479 *** （4.522）	
INVIG × Shibor			−0.269 *** （−3.529）	
Strategy				0.365 *** （2.967）
Strategy × Shibor				−0.220 *** （−2.674）
Lev	0.091 （1.359）	0.055 （1.241）	0.039 （1.058）	0.057 （1.223）

变量	(1) *Wbl*	(2) *Wbl*	(3) *Wbl*	(4) *Wbl*
ROE	0.001 (0.063)	−0.004 (−0.222)	−0.002 (−0.111)	−0.004 (−0.205)
Uncert	0.018 (0.669)	0.014 (0.515)	0.012 (0.461)	0.013 (0.453)
TAT	−0.011 (−0.277)	−0.006 (−0.145)	0.012 (0.320)	−0.006 (−0.153)
CI	−0.011 (−0.456)	0.001 (0.053)	−0.003 (−0.199)	−0.001 (−0.067)
Subsidy	0.168 *** (3.452)	0.112 *** (2.658)	0.093 ** (2.474)	0.120 *** (2.685)
Credit	−0.089 * (−1.697)	−0.062 (−1.231)	−0.066 (−1.283)	−0.058 (−1.196)
EG	−0.012 (−0.160)	0.011 (0.145)	0.030 (0.412)	0.001 (0.014)
ID	0.095 ** (1.972)	0.084 * (1.720)	0.070 (1.407)	0.091 * (1.885)
HHI	0.148 *** (4.908)	0.129 *** (4.880)	0.117 *** (4.500)	0.133 *** (4.995)
OC	−0.082 (−1.139)	−0.054 (−0.757)	−0.039 (−0.559)	−0.056 (−0.767)
Loss	−0.031 * (−1.696)	−0.026 (−1.424)	−0.023 (−1.301)	−0.027 (−1.483)
Constant	0.238 (1.228)	0.320 (1.399)	0.454 * (1.809)	0.303 (1.356)
Observations	1 742	1 742	1 742	1 742
R²	0.234	0.278	0.308	0.268
Adj R²	0.217	0.262	0.293	0.252
YEAR FE/IND FE	YES	YES	YES	YES
F	8.933	18.62	21.14	17.26

注：括号内为按照企业层面聚类稳健标准误 t 值；***、**、* 分别表示在 1%、5% 和 10% 水平显著。

四、稳健性检验

（一）替换专利变量

参考学者研究经验，考虑到企业的专利从研发、申请到授权、计入资产管理的过程耗时较长，而大部分已形成的技术革新和外观设计均在生产研发中进行测试或使用，故本节按照上市公司所属集团申请专利数量作为研发专利变量的衡量标准，进行稳健性检验（见表6.4）。结果证明，货币政策不确定性抑制企业申请专利对品牌资产价值的增值作用；较高的货币政策不确定性对实质性创新和策略性创新同样存在显著的抑制作用。

表6.4　　　　　　　　　　替换专利变量的稳健性检验

变量	（1）Wbl	（2）Wbl	（3）Wbl
$Shibor$	−0.665 *** （−3.117）	−0.668 *** （−3.046）	−0.689 *** （−3.057）
$INVIG$	0.477 *** （4.359）		
$INVIG \times Shibor$	−0.276 *** （−3.552）		
$Patent$		0.445 *** （4.228）	
$Patent \times Shibor$		−0.277 *** （−3.594）	
$Strategy$			0.385 *** （3.317）
$Strategy \times Shibor$			−0.242 *** （−3.032）
$Constant$	0.457 * （1.880）	0.468 ** （2.018）	0.508 ** （2.145）
$Observations$	1 742	1 742	1 742

变量	（1）Wbl	（2）Wbl	（3）Wbl
R^2	0.300	0.284	0.272
Adj R^2	0.284	0.268	0.256
CONTROLS	YES	YES	YES
YEAR FE	YES	YES	YES
IND FE	YES	YES	YES
F	14.01	17.62	17.62

注：括号内为按照企业代码聚类稳健标准误 t 值；*** 、** 、* 分别表示在1% 、5% 和10% 水平上显著。

（二）替换货币政策不确定性变量衡量标准

相比企业微观数据而言，对货币政策不确定性变量的衡量有更多的选择和思路。本章在主要研究中，选择学者常用的上海银行间同业拆放利率的标准差作为衡量标准，是因为上海银行间同业拆放利率随着国家货币政策的变动而每日动态调整，有较好的可比性和实时性。在此基础上，本章选择香港浸会大学陆尚勤等学者编制的经济政策不确定性系列指标进行稳健性检验（货币政策不确定性指标变量名为：CN_Monetary）。该指标通过按月度统计《人民日报》《广州日报》《南方都市报》《北京新闻》《羊城晚报》等媒体中关于货币政策不确定性新闻报道数量来构建指标，也能够全面地反映中国货币政策不确定性程度。稳健性检验结果如表6.5所示：结果仍能够显著支持假设，说明较高货币政策不确定性对于企业研发投入、获得专利授权、实质性创新和策略性创新存在显著的负面影响，验证了上文结论。

表6.5　　　　　替换货币政策不确定性变量的稳健性检验

变量	（1）Wbl	（2）Wbl	（3）Wbl	（4）Wbl
CN_Monetary	− 0.014 （− 0.868）	− 0.024 （− 1.594）	− 0.030 ** （− 2.039）	− 0.025 * （− 1.727）

续表

变量	（1）*Wbl*	（2）*Wbl*	（3）*Wbl*	（4）*Wbl*
RD	0.456 *** （2.854）			
RD × *CN_Monetary*	−0.002 *** （−2.606）			
Patent		0.651 *** （3.929）		
Patent × *CN_Monetary*		−0.003 *** （−3.486）		
INVIG			0.733 *** （4.312）	
INVIG × *CN_Monetary*			−0.003 *** （−3.646）	
Strategy				0.556 *** （2.980）
Strategy × *CN_Monetary*				−0.002 *** （−2.730）
Constant	1.318 （0.933）	2.252 * （1.717）	2.925 ** （2.244）	2.381 * （1.842）
Observations	1 742	1 742	1 742	1 742
R^2	0.235	0.278	0.309	0.268
Adj R^2	0.219	0.263	0.294	0.252
CONTROLS	YES	YES	YES	YES
YEAR FE	YES	YES	YES	YES
IND FE	YES	YES	YES	YES
F	9.044	17.10	19.73	15.39

注：括号内为按照企业代码聚类稳健标准误 t 值；*** 、** 、* 分别表示在 1% 、5% 和 10% 水平上显著。

（三）调整样本行业

相比其他行业，制造业的智能升级是《中国制造 2025》行动纲领的核心，也是发展实体经济、实现内循环经济发展新格局的重要基础，影响"中国产品向中国品牌转变"。故本章选择制造业企业样本重新回归，进行稳健性检验，结果如表6.6所示。结果发现：制造业企业样本能够较好地支持假设，即较高的货币政策不确定性会抑制企业研发创新投入、获得专利授权对品牌资产的增值作用；货币政策不确定性对实质性创新和策略性创新的品牌资产价值增值作用存在显著的抑制效应。

表6.6　　　　　　　　　调整样本行业的稳健性检验

变量	(1) Wbl	(2) Wbl	(3) Wbl	(4) Wbl
$Shibor$	-0.419 * (-1.814)	-0.524 ** (-2.160)	-0.645 *** (-2.698)	-0.512 ** (-2.132)
RD	0.264 ** (2.023)			
$RD \times Shibor$	-0.209 * (-1.688)			
$Patent$		0.412 *** (3.233)		
$Patent \times Shibor$		-0.293 *** (-3.047)		
$INVIG$			0.438 *** (3.624)	
$INVIG \times Shibor$			-0.268 *** (-2.903)	
$Strategy$				0.342 ** (2.265)
$Strategy \times Shibor$				-0.236 ** (-2.280)
$Constant$	0.368 ** (2.282)	0.407 *** (2.618)	0.510 *** (3.194)	0.422 *** (2.647)
$Observations$	1 324	1 324	1 324	1 324
R^2	0.187	0.224	0.247	0.215
Adj R^2	0.171	0.208	0.232	0.199

续表

变量	(1) Wbl	(2) Wbl	(3) Wbl	(4) Wbl
CONTROLS	YES	YES	YES	YES
YEAR FE	YES	YES	YES	YES
IND FE	YES	YES	YES	YES
F	4.622	5.996	5.913	5.995

注：括号内为按照企业代码聚类稳健标准误 t 值；*** 、** 、* 分别表示在 1%、5% 和 10% 水平上显著。

五、内生性问题

本章研究可能存在样本自选择问题，即品牌资产价值较高的企业可能更关注技术创新、关注研发投入。为了缓解该问题对结果存在的影响，本节选择 Heckman 两阶段法修正研发创新与品牌资产价值关系的模型，如表 6.7 所示。在通过 Heckman 法缓解样本选择偏误内生性问题时，本节以虚拟变量 Invest（企业当年度是否进行研发投入）作为第一阶段的被解释变量，选择企业所在行业平均年获得发明专利授权数量（INVIG_ind）作为排他性约束变量，计算逆米尔斯比值（IMR）。排他性约束变量与虚拟变量（Invest）呈显著正相关关系。进一步，将逆米尔斯比值（IMR）代入第二阶段的回归模型中，结果仍能够支持本章结论。

表 6.7   **Heckman 法修正内生性问题**

变量	(1) Wbl	(2) Wbl	(3) Wbl	(4) Wbl
Shibor	−0.385 * (−1.691)	−0.523 ** (−2.411)	−0.637 *** (−3.044)	−0.494 ** (−2.280)
RD	0.234 ** (2.523)			
RD × Shibor	−0.172 ** (−2.215)			
Patent		0.424 *** (4.031)		

续表

变量	(1) *Wbl*	(2) *Wbl*	(3) *Wbl*	(4) *Wbl*
Patent × Shibor		−0.264 *** (−3.541)		
INVIG			0.479 *** (4.521)	
INVIG × Shibor			−0.269 *** (−3.576)	
Strategy				0.365 *** (2.964)
Strategy × Shibor				−0.221 *** (−2.707)
IMR	−0.054 (−0.383)	−0.006 (−0.049)	0.003 (0.027)	−0.026 (−0.203)
Constant	0.284 (1.199)	0.325 (1.212)	0.451 (1.597)	0.325 (1.220)
Observations	1 742	1 742	1 742	1 742
R^2	0.234	0.278	0.308	0.268
Adj R^2	0.217	0.262	0.292	0.252
CONTROLS	YES	YES	YES	YES
YEAR FE	YES	YES	YES	YES
IND FE	YES	YES	YES	YES
F	8.967	18.18	20.81	17.15

注：括号内为按照企业代码聚类稳健标准误 t 值；*** 、** 、* 分别表示在 1%、5% 和 10% 水平上显著。

六、进一步研究

（一）经济区域异质性分析

考虑到不同经济区域的经济政策监管、区域性政策颁布及执行情况存在差异，京津冀地区、长江三角洲地区、粤港澳大湾区（以下简称"三大经济区域") 作为中国区域经济一体化战略的"领头地区"[1]（崔也光等，2019），经济相对平稳、企业技术创新对品牌资产价值的驱动更为明显。三大经济区域内企业研发投入持续性强，且研发创新支持政策、补贴较多，研发投入对于品牌资产价值的削弱作用得到有效缓解；三大经济区域资本市场相对发达，企业融资渠道和投资项目多元化，对政策环境的感知力和调整速度较高（刘婧等，2019），研发创新决策受经济政策不确定性影响较小。据此，本章详细划分三大经济区样本进行检验。由于在下文异质性分组检验时，存在个别行业样本过少等问题，影响行业固定效应检验，故在下文实证分析时仅控制年度固定效应，并按照企业个体进行聚类。如表 6.8 所示：（1）对于京津冀地区而言，货币政策不确定性对研发投入的影响相对较小，但显著抑制获得专利授权、实质性创新和策略性创新对品牌资产价值增值的作用。（2）在长江三角洲地区，货币政策不确定性对企业研发创新的抑制作用更多体现在研发投入和实质性创新的品牌增值效应上。（3）在粤港澳大湾区，货币政策不确定性对研发创新的影响体现在获得专利授权和策略性创新方面。

表 6.8 区分经济区域的回归结果

Panel A：京津冀经济区				
变量	（1）*Wbl*	（2）*Wbl*	（3）*Wbl*	（4）*Wbl*
Shibor	0.401 (0.788)	0.072 (0.158)	0.083 (0.196)	−0.033 (−0.070)
RD	0.236 ** (2.169)			
RD × *Shibor*	−0.153 (−1.153)			
Patent		0.566 *** (3.504)		
Patent × *Shibor*		−0.274 ** (−2.450)		

---

① 大湾区设立对区域经济发展影响显著。故本书将三大经济区中珠江三角洲地区调整为粤港澳大湾区。但由于数据取得和研究口径限制，尚未在数据中增补香港、澳门企业样本。

	Panel A：京津冀经济区			
变量	(1) *Wbl*	(2) *Wbl*	(3) *Wbl*	(4) *Wbl*
INVIG			0.578 *** (3.491)	
INVIG × Shibor			−0.278 *** (−2.874)	
Strategy				0.586 *** (3.394)
Strategy × Shibor				−0.278 ** (−2.374)
Constant	0.027 (0.085)	0.156 (0.550)	0.121 (0.466)	0.191 (0.647)
Observations	319	319	319	319
R^2	0.382	0.509	0.518	0.521
Adj R^2	0.327	0.465	0.475	0.479
CONTROLS	YES	YES	YES	YES
YEAR FE	YES	YES	YES	YES
F	7.513	14.12	12.08	19.60

	Panel B：长三角经济区			
变量	(1) *Wbl*	(2) *Wbl*	(3) *Wbl*	(4) *Wbl*
Shibor	0.148 (0.264)	−0.092 (−0.149)	−0.405 (−0.689)	−0.068 (−0.118)
RD	0.373 ** (2.254)			
RD × Shibor	−0.286 * (−1.678)			
Patent		0.323 * (1.748)		
Patent × Shibor		−0.232 (−1.510)		
INVIG			0.610 *** (3.082)	

续表

	Panel B：长三角经济区			
变量	（1） Wbl	（2） Wbl	（3） Wbl	（4） Wbl
$INVIG \times Shibor$			−0.393 ** （−2.046）	
$Strategy$				0.097 （0.363）
$Strategy \times Shibor$				−0.040 （−0.192）
$Constant$	−0.001 （−0.003）	0.213 （0.545）	0.368 （0.979）	0.263 （0.698）
$Observations$	425	425	425	425
R^2	0.278	0.281	0.349	0.263
Adj R^2	0.231	0.234	0.307	0.214
CONTROLS	YES	YES	YES	YES
YEAR FE	YES	YES	YES	YES
F	2.538	2.612	3.539	1.834

	Panel C：粤港澳大湾区			
变量	（1） Wbl	（2） Wbl	（3） Wbl	（4） Wbl
$Shibor$	−0.831 （−0.661）	−0.164 （−0.130）	0.620 （0.467）	−0.491 （−0.408）
RD	−0.169 （−1.090）			
$RD \times Shibor$	0.176 （1.580）			
$Patent$		0.514 *** （3.675）		
$Patent \times Shibor$		−0.262 ** （−2.066）		
$INVIG$			0.400 *** （3.218）	
$INVIG \times Shibor$			−0.175 （−1.645）	

	Panel C：粤港澳大湾区			
变量	（1）*Wbl*	（2）*Wbl*	（3）*Wbl*	（4）*Wbl*
Strategy				0.499 *** （3.711）
Strategy × Shibor				− 0.257 ** （− 2.093）
Constant	0.637 （0.990）	− 0.002 （− 0.003）	− 0.281 （− 0.405）	0.150 （0.242）
Observations	220	220	220	220
R^2	0.378	0.556	0.562	0.550
Adj R^2	0.298	0.498	0.505	0.492
CONTROLS	YES	YES	YES	YES
YEAR FE	YES	YES	YES	YES
F	38.72	401.2	74.36	627.1

注：括号内为按照企业层面聚类稳健标准误 *t* 值；***、**、* 分别表示在 1%、5% 和 10% 水平上显著。

出现上述结论的可能原因是：地区产业结构差异。京津冀依靠中关村自主创新示范区、北京市科技创新中心，且国有企业、大型集团总部数量较多，品牌企业多以制造业为主，对发明专利的依赖度较高；长三角地区轻型制造业和服务业较多，且背靠上海市国际金融、贸易中心，其研发投入受到货币政策的影响较大。而在产业结构影响下，获得专利授权、策略性创新对品牌资产价值的作用受到货币政策不确定性的影响较小。粤港澳大湾区背靠香港、澳门金融中心，且广州市、东莞市等小商品制造业、贸易流通行业发达，深圳市科技创新中心有完善的政策优惠体系，拥有品牌资产的企业较少因为受到货币政策不确定性的影响而减少研发投入和实质性创新，相比之下更会降低策略性创新行为，减少不必要的创新投资。

（二）高端制造业样本

相比其他行业，制造业企业的研发创新对于企业品牌资产价值增值更为

关键。制造业的智能升级是《中国制造 2025》行动纲领的核心，也是发展
实体经济的重要基础。而在制造业中的高端制造业更是国之重器，其所掌握
关键核心技术影响"中国产品向中国品牌转变"。基于此，本节结合第四章
的研究框架，选定电气机械和器材制造业，计算机、通信和其他电子设备制
造业，专用设备制造业，铁路、船舶、航空航天和其他运输设备制造业，通
用设备制造业，汽车制造业，医药制造业等高端制造行业，探究高端制造业
企业样本的特殊性。由表 6.9 可知：货币政策不确定性对研发投入产出与品
牌资产间关系的影响较小，但对于高端制造业获得专利授权、实质性创新和
策略性创新均有显著的抑制作用。这同时也反映出，由于国家对于发展中国
高端制造业品牌的长期投入和政策支持，能够弱化高端制造业研发创新投入
受到货币政策变动的冲击；但在政策制定和执行过程中也应该充分考虑引导
企业，真正发挥已获得授权的研发专利的品牌资产价值效应。

表 6.9　　　　　　　　　　　　高端制造业样本回归结果

变量	（1） Wbl	（2） Wbl	（3） Wbl	（4） Wbl
Shibor	−0.423 （−1.498）	−0.424 （−1.378）	−0.472* （−1.691）	−0.397 （−1.327）
RD	0.325* （1.742）			
RD × Shibor	−0.218 （−1.243）			
Patent		0.584*** （3.353）		
Patent × Shibor		−0.385*** （−2.979）		
INVIG			0.638*** （3.727）	
INVIG × Shibor			−0.367*** （−3.100）	
Strategy				0.536*** （3.394）

续表

变量	(1) *Wbl*	(2) *Wbl*	(3) *Wbl*	(4) *Wbl*
Strategy × *Shibor*				−0.357 *** (−3.019)
Constant	0.357 (1.347)	0.229 (1.039)	0.208 (1.032)	0.238 (1.119)
Observations	628	628	628	628
R^2	0.278	0.338	0.381	0.337
Adj R^2	0.247	0.309	0.354	0.308
CONTROLS	YES	YES	YES	YES
YEAR FE	YES	YES	YES	YES
F	4.558	7.062	7.043	6.977

注：括号内为按照企业层面聚类稳健标准误 t 值；***、**、* 分别表示在 1%、5% 和 10% 水平上显著。

（三）企业财务杠杆水平的分组检验

企业的财务杠杆水平与企业经营风险紧密相连。在"去杠杆""稳杠杆""降杠杆"等政策引导下，企业财务杠杆的动态调整更成为企业经营的目标之一。企业合理的财务杠杆水平说明上市公司信用良好、融资渠道畅通，能够充分发挥财务杠杆效应。而较高的财务杠杆率，则说明本身经营存在危机、有较高的偿债风险。此时，货币政策不确定性的增高，会放大企业财务风险，影响本来计划用于投资创新项目、新专利开发使用投产的资金使用。可以说，货币政策不确定性对于财务杠杆水平较高企业的影响较大。

据此，本节依据企业资产负债率的中位数划分财务杠杆水平高、低两个子样本进行进一步研究，结果如表 6.10 中 Panel A 和 Panel B 所示。研究发现：对于低杠杆水平企业而言，货币政策不确定性对于企业研发创新与品牌资产价值关系的作用仅限于实质性创新项目；对于高杠杆水平企业而言，货币政策不确定性显著抑制了研发投入、专利获得、实质性创新项目和策略性创新对品牌资产价值增值的影响。由此可见，在对货币政策不确定性合理评估的前提下，适度调整企业财务杠杆水平，降低企业财务杠杆水平，对于促进企业研发、发挥品牌资产价值的作用具有重要意义。

表 6.10 　　　　　　　　　**区分企业财务杠杆水平的回归结果**

	Panel A：低杠杆率样本			
变量	（1） *Wbl*	（2） *Wbl*	（3） *Wbl*	（4） *Wbl*
Shibor	0.599 ** （−2.449）	−0.560 ** （−2.281）	−0.694 *** （−2.890）	−0.551 ** （−2.258）
RD	0.034 （0.599）			
Shibor × RD	−0.043 （−0.473）			
Patent		0.282 ** （2.015）		
Shibor × Patent		−0.140 （−1.410）		
INVIG			0.390 ** （2.543）	
Shibor × INVIG			−0.177 * （−1.834）	
Strategy				0.273 * （1.799）
Shibor × Strategy				−0.120 （−1.119）
Constant	0.470 ** （2.295）	0.401 * （1.960）	0.524 ** （2.405）	0.396 * （1.933）
Observations	872	872	872	872
R^2	0.221	0.257	0.285	0.256
Adj R^2	0.197	0.234	0.263	0.234
CONTROLS	YES	YES	YES	YES
YEAR FE	YES	YES	YES	YES
F	4.041	5.256	5.582	4.857

续表

变量	(1) *Wbl*	(2) *Wbl*	(3) *Wbl*	(4) *Wbl*
Shibor	−0.232 (−0.964)	−0.340 (−1.335)	−0.408 * (−1.664)	−0.314 (−1.273)
RD	0.348 *** (2.873)			
Shibor × RD	−0.246 ** (−2.194)			
Patent		0.447 *** (3.135)		
Shibor × Patent		−0.318 *** (−2.885)		
INVIG			0.466 *** (3.446)	
Shibor × INVIG			−0.295 *** (−2.664)	
Strategy				0.374 ** (2.243)
Shibor × Strategy				−0.256 ** (−2.137)
Constant	0.424 ** (2.444)	0.460 *** (2.638)	0.506 *** (3.029)	0.469 ** (2.594)
Observations	870	870	870	870
R^2	0.243	0.282	0.306	0.269
Adj R^2	0.219	0.260	0.285	0.247
CONTROLS	YES	YES	YES	YES
YEAR FE	YES	YES	YES	YES
F	4.841	6.221	6.713	6.279

Panel B：高杠杆率样本

注：括号内为按照企业层面聚类稳健标准误 t 值；***、**、* 分别表示在 1%、5% 和 10% 水平上显著。

（四）企业产权性质的分组检验

企业产权性质不同，受政策影响情况和研发创新决策也存在差异。相比国有企业而言，非国有企业在经营中受政治目标和政策约束较少，更关注研发创新项目对品牌资产价值增值的实际效应。相对于回报周期长、研发难度大的发明专利项目及基础学科的研究来说，也更关注能够为企业带来较高边际收益的实用型创新项目。在受到货币政策变动的影响时，更倾向于提高研发质量、充分发挥研发成果的经济价值。据此，本节区分国有企业与非国有企业样本进行企业性质的异质性检验。

结果如表 6.11 中 Panel A 和 Panel B 所示。研究发现：对于国有企业而言，货币政策不确定性显著抑制了获得专利授权、实质性创新与策略性创新对品牌资产价值的增值作用，而对于研发投入的负向影响不显著；而对于非国有企业而言，货币政策不确定性对于研发投入、企业获得专利授权、实质性创新和策略性创新的抑制作用相对更大。

表 6.11   **区分企业产权性质的回归结果**

变量	（1）Wbl	（2）Wbl	（3）Wbl	（4）Wbl
	Panel A：非国有组样本			
$Shibor$	-0.297 （-1.384）	-0.446^{**} （-2.301）	-0.576^{***} （-3.518）	-0.432^{**} （-2.195）
RD	0.295^{**} （2.165）			
$RD \times Shibor$	-0.211^{*} （-1.845）			
$Patent$		0.381^{**} （2.345）		
$Patent \times Shibor$		-0.278^{**} （-2.440）		
$INVIG$			0.458^{**} （2.592）	

Panel A：非国有组样本				
变量	（1） *Wbl*	（2） *Wbl*	（3） *Wbl*	（4） *Wbl*
INVIG × *Shibor*			−0. 321 ** （−2. 385）	
Strategy				0. 341 ** （1. 977）
Strategy × *Shibor*				−0. 238 ** （−2. 170）
Constant	0. 222 （1. 652）	0. 330 ** （2. 362）	0. 443 *** （3. 206）	0. 328 ** （2. 267）
Observations	837	837	837	837
R^2	0. 171	0. 212	0. 250	0. 204
Adj R^2	0. 145	0. 187	0. 226	0. 178
CONTROLS	YES	YES	YES	YES
YEAR FE	YES	YES	YES	YES
F	4. 798	5. 047	5. 487	4. 956

Panel B：国有组样本				
变量	（1） *Wbl*	（2） *Wbl*	（3） *Wbl*	（4） *Wbl*
Shibor	−0. 732 ** （−2. 180）	−0. 805 ** （−2. 230）	−0. 859 ** （−2. 415）	−0. 788 ** （−2. 205）
RD	0. 222 ** （2. 486）			
RD × *Shibor*	−0. 133 （−1. 397）			
Patent		0. 457 *** （3. 743）		
Patent × *Shibor*		−0. 270 *** （−3. 095）		
INVIG			0. 450 *** （3. 752）	
INVIG × *Shibor*			−0. 208 ** （−2. 469）	

续表

变量	（1）*Wbl*	（2）*Wbl*	（3）*Wbl*	（4）*Wbl*
Strategy				0.409 *** （2.683）
Strategy × Shibor				− 0.224 ** （− 2.253）
Constant	0.771 *** （2.631）	0.752 ** （2.425）	0.787 ** （2.532）	0.758 ** （2.469）
Observations	905	905	905	905
R^2	0.298	0.352	0.366	0.345
Adj R^2	0.277	0.333	0.347	0.325
CONTROLS	YES	YES	YES	YES
YEAR FE	YES	YES	YES	YES
F	4.491	6.114	6.730	6.374

Panel B：国有组样本

注：括号内为按照企业层面聚类稳健标准误 *t* 值；***、**、* 分别表示在 1%、5% 和 10% 水平上显著。

第五节　本 章 小 结

本章基于货币政策视角，检验经济政策不确定性对企业研发创新与品牌资产价值间关系的调节作用。在对货币政策不确定性的衡量时，本章参考学者研究经验，选定上海银行业间同业拆借 7 日利率的年度标准差作为衡量指标。结果发现：（1）货币政策不确定性显著抑制研发创新投入对品牌资产价值增值的促进作用。在货币政策不确定性较高时，研发投入未能带来较高的品牌资产价值收益。（2）货币政策不确定性显著抑制企业获得专利授权对品牌资产价值增值的影响。在货币政策不确定性较高时，企业研发创新获得专利授权未能带来较高的品牌资产价值收益。（3）货币政策不确定性显著抑制企业实质性创新和策略性创新对品牌资产价值增值的影响，且对于实质性创新效应的削弱作用更显著。可见，频繁的货币政策波动，对于企业研发创新和品牌资产管理有较大的影响。相关部门在选择货币政策调节经济运行时，既需要考虑经济变动带来的经济效应，也需要考虑政策变动可能给微观企业带来的不利影响。本章通过替换专利变量衡量标准、替换货币政策不确定性变量衡量标准、调节行业样本等方法进行稳健性检验，并通过 Heckman 两阶段法修正内生性问题，结果仍然支持本书结论。

在以上研究结论基础上，本章进一步从宏观地区、行业和微观企业财务杠杆水平、企业产权性质等角度考虑货币政策不确定性的影响。结果发现：（1）货币政策不确定性对于三大经济区内企业的影响存在差异。对于京津冀地区而言，货币政策不确定性对研发投入与品牌资产价值间关系影响较小，但显著抑制获得专利授权、实质性创新和策略性创新的品牌效应；对于长江三角洲地区而言，货币政策不确定性对企业研发创新的抑制作用更多体现在研发投入和实质性创新的品牌资产价值效应；对于粤港澳大湾区，货币政策不确定性对研发创新的影响集中于获得专利授权和策略性创新方面。（2）货币政策不确定性显著抑制高端制造业获得专利授权、实质性创新和策略性创新的品牌资产价值效应实现。（3）本章区分企业财务杠杆水平，检验货币政策不确定性对不同类型企业的影响，发现对于低杠杆水平企业而言，货币政策不确定性影响企业实质性创新与品牌资产价值间关系；对于高杠杆水平企业而言，货币政策不确定性显著抑制研发投入、获得专利授权、实质性创新和策略性创新对品牌资产价值增值的影响。（4）对于国有企业而言，货币政策不确定性对研发创新与品牌资产价值增值间的抑制作用不显著；而对于非国有企业而言，货币政策不确定性对于研发投入、研发产出和各类动机下研发创新行为的抑制作用均相对显著。

第七章 财政政策不确定性、企业技术创新与品牌资产价值

第一节 引 言

当今世界面临百年未有之大变局,加上 2020 年新冠疫情的暴发,全球经济社会发展处于不确定性状态,迫切需要在"变局中开新局、在深化改革中促发展"。2020 年 7 月 30 日,习近平总书记在中共中央政治局会议上强调:"加快形成以国内大循环为主体、国内国际双循环相互促进的新发展格局。"2020 年国务院政府工作报告指出:"要让积极的财政政策更加积极有为,围绕做好六稳工作、落实六保任务,重点解决减税降费、调整优化支出结构、扩大政府投资规模等问题";2021 年国务院政府工作报告中,更是明确提出:"积极的财政政策要提质增效、更可持续","优化和落实减税政策"等。可见,经济的稳步发展需要稳定的财政政策作为支撑,其宏观调控效应受学术界和实务界的广泛关注。学者研究认为,财政政策包含税收政策、政府支出两类(姚东旻、严文宏,2020);或将税收优惠、税率调整、补贴、奖励、转移支付和债务管理纳入财政政策的研究范畴(刘尚希,2019)。

自 1998 年亚洲金融危机以来,我国开启了两轮积极的财政政策,开创了我国反周期财政政策的先河(胡久凯、王艺明,2020)。可以说,合理的财政政策在稳定经济增长、缓解经济波动压力、促进我国产业结构转型、经

济发展质量提升作用显著。

具体而言，合理的财政政策对宏微观经济发展存在以下促进作用：其一，通过财政补贴激励政策，充实企业等相关经济主体的现金流，直接增加相关收入；其二，在调解政府与市场、社会以及政府部门和政府层级之间关系中发挥基础性作用（刘尚希等，2018）；其三，通过结构性减税刺激个人消费和企业投资，拉动内需（张程，2019）；其四，在宏观调控过程中，相比货币政策的总量调控角色，财政政策更突出关注经济结构调整（贾康、孟艳，2008）。财政是国家治理的基础和重要支柱，财政政策是两大宏观调控政策之一。财政政策的制定与执行必须科学合理、适时适当、有力落实，否则就会扩大财政政策自身的不确定性，对宏观经济和微观主体产生影响。

中国政府在2008年四季度以来坚持积极的财政政策，推出了一系列政策措施，包括但不限于："四万亿"投资计划（2008年）、"营改增"政策（2012~2016年）、规范管理地方政府债务政策（2014年至今）、减税降费政策（2018年至今）、中美经贸摩擦相关的关税政策（2018~2019年）、疫情期间针对小微企业和特定行业的阶段性税费优惠（2020年至今）、发行抗疫特别国债（2020年）等。这些财政政策是政府财政消减宏观经济不确定性、注入确定性的有效手段，对于实现经济稳定增长、平抑周期波动和结构调整升级都发挥了巨大作用，随着财税体制改革深入推进，近年来积极的财政政策不断提质增效，财政政策的制定和执行都越来越科学合理。但财政政策在制定和执行的过程中也不可避免地伴生政策不确定性，主要体现为政策时滞期间，市场经济主体对财政政策制定情况的不确定性，以及各类财政政策执行结果的不确定性。

由于研发活动投入高、周期长（崔也光等，2020），在进行决策时需要企业战略决策者充分判断项目在未来带来的经济收益，并充分考虑相关财政政策提供的优惠政策。财政政策对技术创新的激励包括：（1）事前激励，即政府补贴、专项技术投资基金、鼓励金融机构加大贷款等；（2）事后激励，即政府采购或组织引导其他企业进行采购等。第一，合理的财政政策能够为企业研发创新提供丰富的现金流，缓解企业应创新投入风险带来的融资约束问题；第二，财政政策和税收优惠政策能够冲减企业因研发活动带来的经营风险，降低企业研发的"试错成本"（李香菊、杨欢，2019）；第三，传递积极的市场信号，向企业投资者、消费者提供企业创新能力和生产质量等信息，促进企业发展。另外，积极的财政政策能够撬动经济发展、促进消费，改善企业的经营环境，为企业成功的创新项目投产、经济与品牌效益转化提供条件。

当然，相关部门在通过财政政策对宏微观经济进行调控时，存在多目标间的相互切换，对政策松紧力度和组合进行充分调整，从而产生一定的不确定性，限制了财政政策经济效应的发挥。而在风险社会，防范政策风险即防止政策不确定性的事件转化为确定的负面结果（刘尚希等，2018）。财政政策不确定性使企业对未来经济发展趋势判断不足，增加了企业未知的财务风险，导致企业在进行研发决策时，倾向于减少投资、规避风险。由于财政政策涉及范围广、调整力度大，较高的财政政策不确定性，会给国家战略和企业发展带来制约因素。已有研究证实，财政政策不确定性会对宏观经济和微观企业行为增长造成消极影响。但较少有研究针对财政政策在企业研发创新和品牌资产价值的论题上展开讨论。在不同财政政策情境下，企业创新行为对品牌资产价值增值的促进作用也存在差异。国家有关部门的财政政策变化影响品牌战略布局和企业创新动机，影响创新的品牌效应。诸多政策变动，提高了对研发创新进行经济价值评估的难度，尤其是增加了企业新产品投产后品牌效益的不确定性。

各类市场主体都会面对经济政策不确定性。财政政策作为政府宏观调控的重要手段，其不确定性是经济政策不确定性的重要组成部分，贝克等（2016）发现1985～2011年40%的美国经济政策不确定性是由财政政策不确定性带来的。目前，学界对财政政策不确定性的关注集中在两个方面：一是财政政策不确定性指数的构建。贝克等（2013）首次构建了按月发布的各国经济政策不确定性指数（EPU），为该领域的实证研究提供了数据支撑，在此基础上，贝克等（2016）进一步构建了美国财政政策不确定性指数。朱军（2017）基于中文报刊首次构建了中国财政政策不确定性指数及细分项目指数，发现财政支出政策的不确定性高于税收政策。黄和卢克（Huang and Luk，2019）优化了贝克等的指数构建方法和稳健性检验手段，构建了中国财政政策、货币政策等的不确定性指数。二是财政政策不确定性对宏观经济的影响。朱军（2020）发现，财政政策不确定性升高会对消费、投资等产生抑制作用，进而对经济增长产生负面影响。陈丹和李优树（2021）发现，中国财政政策不确定性对对外直接投资的影响在金融危机前后作用迥异。张玉鹏和王子贤（2021）进一步区分了正向财政政策不确定性和负向财政政策不确定性对政府债务水平的影响。也有研究表明在政策制定过程中产生的财政政策不确定性可能通过增加环境不确定性的方式加剧企业投资决策过程中的信息不对称，造成投资推迟或提前、投资思路或投资方向转变等效果，影响企业投资水平，导致企业投资不足或投资过度的改善或加剧。在政策执行过程中产生的财政政策不确定性可能通过财政收入、财政支出和公债等政策工具与政策本意的偏差，影响企业的收入、成本、净利润和现金流，影响企业对投资项目的未来现金流预测准确性，进而影响企业非效率投资程度。

基于以上思考，本章引入财政政策不确定性视角，从企业研发创新投入、研发创新专利产出和创新动机视角探究企业创新行为对品牌资产价值增值的促进作用。本章研究发现：财政政策不确定性对企业研发创新的抑制作用，对策略性创新和实质性创新与品牌资产价值提升间关系影响显著。本章通过替换变量、调整样本选择范围、Heckman 检验等方法对结论进行稳健性检验和内生性检验。另外，本章通过经济区域视角、行业特征视角（高端制造业、高新技术企业）和企业特征视角（产权性质）等进行拓展研究，并进一步借助 HP 滤波法衡量财政政策波动对企业研发创新与品牌资产价值增值之间关系的影响。

第二节　理论分析与研究假设

在研究财政政策不确定性的调节作用之前，需要厘清财政政策对于企业研发创新和品牌资产价值增值之间的关系。

首先，对于财政政策与企业研发创新的关系。学者认为，财政政策调控是政府对于财政收支规模、内部结构的调整，并影响社会供需关系的经济手段（范子英、田彬彬，2013）。以积极的财政政策为例，财政政策调控过程中，对于企业研发创新活动存在以下作用：一是通过税收优惠、政府购买等行为促进企业投资，拉动内需、带动国内经济循环，为企业发展提供便利（赵志耘等，2007）；二是通过财政补贴等方式激励高新技术企业或掌握关键技术的企业增加研发投入、提高研发水平；三是拉动居民消费，通过产品市场机制刺激企业进行创新（吕敏康，2017）。

其次，对于财政政策与品牌资产价值增值之间的关系问题，较少有研究针对财政政策与品牌资产价值间关系进行直接讨论，但诸多学者从以下几个方面为讨论财政政策与品牌资产价值间关系提供理论支撑。其一，政府扶持、地方政府行为与自主品牌资产价值增值。（1）政府对企业的研发自主、融资扶持和税收优惠等，刺激企业增加研发投入，通过新产品提升品牌知名度（刘德胜、张玉明，2010）；（2）通过政策引导和银行支持等，为企业提供良好的市场融资环境（黄永春等，2015）。其二，财政政策与区域性品牌资产价值增值。地区政府通过战略规划、基础设施建设、产业发展专项基金、制定行业标准等方式为企业打造品牌资产提供资源，但其作用受到政府主观偏好、创新精神、品牌管理质量等方面的综合影响（孙丽辉，2009）。其三，财政政策与企业品牌资产价值。研究发现，地方政府能够通过财政政策驱动区域内企业参与区域品牌资产的打造和价值增值（赵卫宏、孙茹，2018）。总之，财政政策对于企业研发创新和品牌资产价值增值之间有重要的影响。

频繁爆发的金融危机推动财政政策不确定性的研究逐渐深入。联邦公开市场委员会和国际货币基金组织报告指出，美国和欧洲各国的财政不确定性、监管失职和货币政策波动引发2008年、2009年经济危机（李香菊、祝丹枫，2018）。现有文献关于财税激励政策（张同斌、高铁梅，2012）、外部环境（李香菊、杨欢，2019）、制度压力（赵卫宏、孙茹，2018）等因素对于企业研发创新和品牌资产价值增值的影响研究较多，但较少有学者讨论财政政策不确定性的影响。研究认为，财税政策不确定性的根本原因是财政政策和税收政策规则缺少动态稳定机制（龚旻等，2020）。实际上，企业行为与财政政策之间是相互依存的，良好的市场环境离不开稳定的财税政策（龚旻等，2020），财税政策反复变化可能对企业产生严重的负面影响。

具体而言：其一，影响企业研发创新项目进展和品牌资产结构设置，造成资源错配。财政政策（包含税收政策）作为调节短期经济发展趋势的政策工具，影响企业生产决策。财政政策不确定性会导致企业在生产决策和研发创新过程中，无法准确预测未来收益情况，导致决策倾向于谨慎、保守，高质量的研发创新资源得不到有效开发、利用、整合，造成资源错配（Fernandez – Villaverde et al.，2015）。加之不确定性因素冲击时，企业可能调整生产成本，导致产出水平下降（龚旻等，2020）。其二，影响需求侧消费水平。品牌资产的增值过程，离不开市场中消费者的认可度和忠诚度提升。而财政政策不确定性，会影响市场当期物价水平和进出口贸易（龚旻等，2020），进而直接影响研发创新形成新产品对品牌推广的促进作用，影响品牌资产价值提升。其三，干预企业的创新路径。品牌市场的充分饱和要求企业寻找新的研发项目，对品牌产品进行更新换代，对生产技术进行研发创新，通过较长的研发投资周期和大规模研发创新维持市场占有率。在扩张的财政政策影响下，企业会倾向于寻求有财政补贴和税收优惠的产业进行投资；在紧缩的财政政策下，企业可能重新加固原有相对落后产品的价格优势和市场地位（李香菊、祝丹枫，2018）。反复变化的财政政策带来较高的财政政策不确定性，不仅影响企业家的研发创新和品牌资产价值增值决策，也会增加对变动的政策信号信息判断失误的风险，降低企业家信心，由依据财税政策积极调整经营战略向"不求变"的消极战略转变。可见，财政政策不确定性会抑制企业研发创新对品牌资产价值增值的影响。

另外，本章讨论财政政策不确定性调节作用下，不同研发创新动机、创新产出质量的创新活动对品牌资产价值增值的影响情况。正如前文的理论分析内容，在学者研究中，常将企业研发专利产出中的发明专利与非发明专利进行区分研究。一方面，二者体现不同的研发创新质量。另一方面，二者体现不同的研发创新动机。发明专利所需投资规模大、投资时间长，一旦进行则意味着较大的投资风险，需要较强的创新意识和企业家创新精神，目标即为实质性地提升品牌竞争力和企业核心实力的创新，属于实质性创新项目。而非发明专利（如实用新型专利和外观设计专利）更倾向于投资较少、收益快的项目，是对现有生产技术和产品外观的修正与完善。另外，学者研究认为，由于创新政策实施过程中的逆向选择问题，企业进行非发明专利的投资，存在获取产业政策和税收政策优惠、释放企业创新实力等目标，即"专利泡沫"现象（张杰、郑文平，2018），属于企业进行的策略性创新行为（黎文靖、郑曼妮，2016）。

故而，在本章中将策略性创新和实质性创新对品牌资产价值增值作用受到的财政政策不确定性调节作用的情况进行分别检验。其一，财政政策不确定性会抑制市场消费与企业投资（Barro，1991），影响创新成果对品牌资产价值增值的作用。由于缺少对财政与税收政策变动信息的充分了解，企业不确定现有研发创新项目是否能够得到政策的持续支持。在决策中更可能减少对创新项目的投资，降低新产品投产意愿，转而投资风险小、见效快的高收益项目，或者延迟投资、观望投资（Bernanke，1983）。其二，财政政策不确定性较高时，可能扭曲市场机制，造成企业决策者难以对复杂的财政与税收政策环境进行判断，只能通过垄断定价、索取政策资源等方式维持经营（李香菊、祝丹枫，2018），影响品牌资产培育和新产品的流通，影响创新成果对品牌资产价值增值的作用。其三，滋生寻租行为，刺激企业家投机"政策门槛"和"创新惰性"，影响实质性创新对品牌资产价值增值的作用。本书认为：策略性创新和实质性创新对品牌资产价值增值的作用会受到财政政策不确定性的影响。

据此，本章提出以下假设：

H7.1：在其他条件相同的情况下，财政政策不确定性的增加会削弱企业研发创新投入对品牌资产价值的促进作用。

H7.2：在其他条件相同的情况下，财政政策不确定性的增加会削弱企业研发创新专利产出对品牌资产价值的促进作用。

H7.3：在其他条件相同的情况下，财政政策不确定性的增加会削弱企业实质性创新、策略性创新对品牌资产价值的促进作用。

第三节 研 究 设 计

一、样本选择与数据来源

本章沿用前文的样本选择和数据来源，参考王分棉等（2015）、刘建华等（2019）学者的样本选择方法，结合世界品牌实验室《中国 500 最具价值品牌》数据库和国泰安数据库，得到研究跨期为 2007～2019 年的 1 742 个观测样本。

二、变量设计

（一）被解释变量

本章选择世界品牌实验室品牌发布的年度数据作为被解释变量品牌资产价值（Wbl）的衡量指标。该指标能够充分反映企业财务和经营状况、直观判断品牌发展水平。考虑到世界品牌实验室《中国 500 最具价值品牌》数据库以各企业上年度数据作为计算标准，为保持研究口径一致，本章设定：若该企业在上一年度品牌资产价值排行榜上，则变量赋值为对应的品牌资产价值。

（二）解释变量

1. 研发创新投入

本章参考学者研究经验，以企业研发投入金额加 1 的自然对数作为企业研发投入水平（RD）的衡量标准。

2. 研发创新专利产出

本章参考戴维等（2018）的研究思路，以企业当年获得专利授权数量加 1 的自然对数（*PATENT*）作为创新产出水平的衡量标准，整体评价影响未来企业产品生产线的创新成果产出数量和创新水平（David et al.，2018）。同时，为缓解数据的截尾问题，对专利变量的数据加 1 后对数化处理（王姝勋等，2017）。另外，考虑到上市公司所属集团的研发专利成果可能在集团内部实现共享和推广，故本章以集团获批专利授权数量作为创新成果产出水平的衡量口径。

3. 研发创新动机

本章参考黎文靖、郑曼妮（2016）的研究区分创新动机：发明专利能够推动企业核心技术进步，能够反映企业实质性创新动机；实用新型专利和外观设计专利所需研发投入相对较少，技术水平相对较低，能够反映企业为追求"量"而进行的策略性创新。包含以下变量：（1）实质性创新（*IN-VIG*），以企业当年获批发明专利授权数量加 1 的自然对数作为衡量标准；（2）策略性创新（*Strategy*），以企业当年获批实用新型及外观设计专利数量合计值加 1 的自然对数作为衡量标准。

4. 财政政策不确定性

本章参考朱军、蔡恬恬（2018）、贝克等（2016）的研究，选择香港浸会大学陆尚勤等学者编制的指标衡量财政政策不确定性。该指数通过统计《人民日报》《广州日报》《南方都市报》《北京新闻》《羊城晚报》等媒体中关于"财政政策""不确定性"等内容的新闻报道资料构建指标体系，衡量政策不确定性水平。本章按照各月度指数的算术平均值将指标调整为年度指数。

（三）控制变量

本章参考相关文献，加入以下与研究内容相关性较强的经济指标作为控制变量。（1）公司特征类指标：独立董事比例（*ID*）、是否亏损（*Loss*）；（2）公司财务类指标：净资产收益率（*ROE*）、资产负债率（*Lev*）、总资产周转率（*TAT*）、资本密集度（*CI*）、银行借款率（*Credit*）；（3）公司经营类指标：营业周期（*OC*）、需求不确定性（*Uncert*）、政府补助（*Subsidy*）；（4）宏观指标：地区经济增长水平（*EG*）。其中，本章参考江伟等（2019）

研究，以近 3 年企业主营业务收入增长率的标准差作为需求不确定性的衡量方法，以缓解企业因经营情况变动而对研究结论产生影响。

三、模型设定

本章根据理论分析和假设 H7.1、H7.2、H7.3 建立以下模型，如模型（1）至模型（4）。其中，模型的解释变量分别为研发创新投入（RD）、研发创新专利授权数量（$PATENT$）、实质性创新（$INVIG$）和策略性创新专利（$Strategy$）及各变量与财税政策不确定性变量（$Fiscal$）的交乘项；被解释变量品牌资产价值（Wbl）为企业所拥有品牌的评估价值；$Controls$ 为所有控制变量，Ind 和 $Year$ 分别为行业、样本年份的固定效应虚拟变量。本章报告的回归结果均经过按照企业代码聚类的稳健标准误调整。

$$Wbl_{i,t} = \beta_0 + \beta_1 \times RD_{i,t} + \beta_2 \times RD_{i,t} \times Fiscal_t + \beta_3 \times Fiscal_{i,t} +$$
$$\sum \beta_i \times Controls_{i,t} + \sum Ind + \sum Year + \varepsilon \qquad (7.1)$$

$$Wbl_{i,t} = \beta_0 + \beta_1 \times Patent_{i,t} + \beta_2 \times PATENT_{i,t} \times Fiscal_t + \beta_3 \times Fiscal_{i,t} +$$
$$\sum \beta_i \times Controls_{i,t} + \sum Ind + \sum Year + \varepsilon \qquad (7.2)$$

$$Wbl_{i,t} = \beta_0 + \beta_1 \times INVIG_{i,t} + \beta_2 \times INVIG_{i,t} \times Fiscal_t + \beta_3 \times Fiscal_{i,t} +$$
$$\sum \beta_i \times Controls_{i,t} + \sum Ind + \sum Year + \varepsilon \qquad (7.3)$$

$$Wbl_{i,t} = \beta_0 + \beta_1 \times Strategy_{i,t} + \beta_2 \times Strategy_{i,t} \times Fiscal_t + \beta_3 \times Fiscal_{i,t} +$$
$$\sum \beta_i \times Controls_{i,t} + \sum Ind + \sum Year + \varepsilon \qquad (7.4)$$

第四节 实 证 结 果

一、描述性统计分析

本节对主要变量进行描述性统计，结果如表 7.1 所示。结果说明：品牌资产价值（*Wbl*）均值为 283.958，最大值为 4 286.520，说明样本间品牌资产价值存在较大差异；财政政策不确定性（*Fiscal*）最大值为 219.375，最小值为 87.022，均值为 138.470，标准差为 36.517，说明各年度均存在财政政策不确定性的情况，且年度间差异较大；研发投入（*RD*）最小值为 0.000，最大值为 25.025，均值为 11.951，说明样本企业的研发投入水平存在差异；发明专利（*INVIG*）最大值为 8.216、均值为 1.833，获得专利总数（*Patent*）最大值为 9.577、均值为 3.198，策略性创新（*Strategy*）最大值为 9.302、均值为 3.114，说明样本间存在一定差异，且整体上获得各类专利授权数量不足，尤其是发明专利授权数量相对较少。另外，关于控制变量的描述性统计已于前文进行分析，故不再赘述。

表 7.1　　　　　　　　　　　主要变量描述性统计

变量	样本数	均值	中位数	标准差	最小值	最大值
Wbl	1 742	283.958	129.500	439.951	6.720	4 286.520
Fiscal	1 742	138.470	135.700	36.517	87.022	219.375
RD	1 742	11.951	17.423	9.232	0.000	25.025
INVIG	1 742	1.833	1.386	1.919	0.000	8.216
Patent	1 742	3.198	3.178	2.267	0.000	9.577
Strategy	1 742	3.114	2.890	2.023	0.693	9.302
Lev	1 742	0.490	0.490	0.292	0.060	7.144
ROE	1 742	0.115	0.109	0.271	−5.566	7.541
Uncert	1 742	−2.026	−1.996	1.146	−6.411	6.989
TAT	1 742	0.892	0.776	0.580	0.015	5.837
CI	1 742	1.690	1.289	2.043	0.171	67.549
Subsidy	1 742	16.587	17.081	3.378	0.000	24.642
Credit	1 742	0.130	0.100	0.126	0.000	0.844
EG	1 742	9.162	8.200	2.697	−2.500	19.200
ID	1 742	0.379	0.364	0.070	0.091	0.800
HHI	1 742	0.031	0.000	0.130	0.000	1.000

变量	样本数	均值	中位数	标准差	最小值	最大值
OC	1 742	4.864	4.815	1.036	1.968	8.680
Loss	1 742	0.044	0.000	0.204	0.000	1.000

二、相关性分析

表7.2报告了主要变量间的相关系数。由 Pearson 相关性研究结果可知：企业研发投入（*RD*）、实质性创新（*INVIG*）、企业获得专利（*Patent*）、策略性创新（*Strategy*）与品牌资产价值（*Wbl*）均呈现显著的正相关关系，说明企业研发创新的各类指标与品牌资产价值之间存在一定的相关性。财政政策不确定性（*Fiscal*）与企业研发投入（*RD*）、实质性创新（*INVIG*）、企业获得专利（*Patent*）、策略性创新（*Strategy*）等研发创新指标呈显著负相关关系，初步支持本书假设。财政政策不确定性（*Fiscal*）与经营环境不确定性（*Uncert*）、总资产周转率（*TAT*）、地区经济增长水平（*EG*）呈显著正相关关系，与资本密集度（*CI*）呈显著负相关关系。另外，本书发现，企业资产负债率（*lev*）、获得政府补贴（*Subsidy*）、独立董事比例（*ID*）、市场占有率（*HHI*）、企业营业周期（*OC*）与品牌资产价值呈正相关关系，而资本密集度（*CI*）、银行借款率（*Credit*）、地区经济增长水平（*EG*）和企业营业周期（*OC*）与品牌资产价值呈显著的负相关关系。地区经济增长水平（*EG*）与品牌资产价值呈显著负相关关系的原因可能是：品牌资产规模与地区经济发展水平存在异步性。

三、实证结果分析

在前文第五章的研究中，本书分析了在货币政策不确定性背景下，企业研发创新投入、研发创新产出与研发动机对品牌资产价值的关系及影响逻辑。在本章，重点研究财政政策不确定性背景下，企业研发创新与品牌资产价值间关系及作用机理。表7.3的结果（1）至结果（4）分别为财政政策

表 7.2

相关性分析

变量	WbI	RD	Patent	INVIG	Strategy	Fiscal	Lev	ROE	Uncert	TAT	CI	Subsidy	Credit	EG	ID	HHI	OC	Loss
WbI	1.000																	
RD	0.257***	1.000																
Patent	0.365***	0.456***	1.000															
INVIG	0.423***	0.454***	0.855***	1.000														
Strategy	0.349***	0.395***	0.973***	0.783***	1.000													
Fiscal	-0.168***	-0.373***	-0.107***	-0.109***	-0.101***	1.000												
Lev	0.071***	-0.028	0.107***	0.142***	0.111***	0.034	1.000											
ROE	0.000	-0.067***	0.015	-0.012	0.023	0.060**	0.025	1.000										
Uncert	-0.036	-0.088***	-0.039	-0.036	-0.022	0.096***	0.095***	0.048**	1.000									
TAT	0.023	-0.068***	0.086***	0.032	0.092***	0.102***	0.106***	0.107***	0.076***	1.000								
CI	-0.055**	-0.087***	-0.163***	-0.118***	-0.157***	-0.051**	-0.035	-0.067***	0.030	-0.428***	1.000							
Subsidy	0.276***	0.274***	0.394***	0.409***	0.371***	0.002	0.146***	-0.058***	-0.089***	0.012	-0.077***	1.000						
Credit	-0.044*	-0.104***	-0.063***	0.005	-0.078***	0.043*	0.523***	-0.131***	0.130***	-0.089***	0.086***	0.075***	1.000					
EG	-0.263***	-0.525***	-0.261***	-0.288***	-0.233***	0.304***	0.004	0.078***	0.083***	0.154***	-0.059***	-0.314***	0.071***	1.000				
ID	0.130***	0.089***	0.094***	0.130***	0.065***	0.004	0.031	0.003	-0.055***	-0.056***	0.014	0.092***	0.010	-0.111***	1.000			
HHI	0.178***	-0.068***	0.018	0.087***	0.013	0.004	0.029	-0.014	0.000	0.047**	-0.010	0.055**	0.008	-0.003	0.020	1.000		
OC	-0.124***	0.062***	-0.052**	-0.078***	-0.054**	-0.007	-0.074***	-0.009	0.051**	-0.476***	0.245***	-0.144***	-0.049***	0.010	0.019	-0.164***	1.000	
Loss	-0.037	-0.009	-0.015	0.001	-0.014	0.004	0.173***	-0.305***	0.022	-0.026	0.106***	0.012	0.154***	-0.013	-0.012	0.001	0.007	1.000

注：***、**、* 分别表示在 1%、5% 和 10% 水平上显著。

不确定性调节作用下，研发创新投入、研发创新获得专利授权、实质性创新和策略性创新与品牌资产价值间关系的实证检验结果。由调整后的拟合优度（$Adjust\ R^2$）、F 值可以看出，结论能够较好地拟合变量之间的线性关系。结果（1）检验财政政策不确定性调节作用下，企业研发创新投入与品牌资产价值间的关系，可以看出：财政政策不确定性显著抑制研发创新投入对品牌资产价值的促进作用，在财政政策不确定性调节效应下，研发投入对品牌资产的价值增值的作用显著弱化。结果（2）检验财政政策不确定性调节作用下，企业获得发明专利授权对品牌资产价值增值的关系，可以看出：财政政策不确定性显著抑制了企业获得专利授权对品牌资产价值增值的影响。结果（3）和结果（4）说明，财政政策不确定性显著抑制企业进行实质性创新和策略性创新对品牌资产价值增值的影响。以上结论反映出：随着财政政策不确定性程度的提高，企业研发创新对品牌资产价值增值的经济效应被显著削弱，尤其是对于发明专利等关键技术的实质性创新影响尤甚。频繁的财政政策变化，影响企业对研发项目投资、投产的战略规划，进而影响企业的品牌资产价值增值。根据实物期权理论，在财政政策不确定性较高时，企业对未来收益的判断存在疑虑和不确定性，进而暂缓对当前创新项目的选择，而是等相关财政政策"落地"后再进行决策（郝威亚等，2016）。故而，在对财政政策进行顶层设计时，既不应"一刀切"大幅度缩减或增加财政投资，也不能过度通过财政补贴等方式调节经济。

表 7.3　　　　　　　　　　　主回归检验结果

变量	（1）*Wbl*	（2）*Wbl*	（3）*Wbl*	（4）*Wbl*
Fiscal	0.357 (1.108)	0.498 * (1.655)	0.610 ** (2.046)	0.535 * (1.799)
RD	0.124 ** (2.250)			
RD × *Fiscal*	− 0.068 ** (− 2.127)			
Patent		0.258 *** (3.893)		

变量	(1) Wbl	(2) Wbl	(3) Wbl	(4) Wbl
Patent × Fiscal		− 0. 101 *** (− 3. 721)		
INVIG			0. 322 *** (4. 628)	
INVIG × Fiscal			− 0. 114 *** (− 3. 901)	
Strategy				0. 227 *** (2. 892)
Strategy × Fiscal				− 0. 082 *** (− 2. 879)
Lev	0. 090 (1. 358)	0. 056 (1. 224)	0. 040 (1. 058)	0. 057 (1. 203)
ROE	0. 002 (0. 077)	− 0. 007 (− 0. 370)	− 0. 006 (− 0. 340)	− 0. 006 (− 0. 316)
Uncert	0. 020 (0. 768)	0. 016 (0. 613)	0. 016 (0. 620)	0. 014 (0. 521)
TAT	− 0. 013 (− 0. 337)	− 0. 009 (− 0. 224)	0. 009 (0. 240)	− 0. 008 (− 0. 205)
CI	− 0. 007 (− 0. 306)	0. 004 (0. 238)	0. 001 (0. 035)	0. 001 (0. 060)
Subsidy	0. 171 *** (3. 474)	0. 118 *** (2. 795)	0. 101 *** (2. 695)	0. 123 *** (2. 762)
Credit	− 0. 092 * (− 1. 746)	− 0. 064 (− 1. 275)	− 0. 072 (− 1. 394)	− 0. 059 (− 1. 207)
EG	− 0. 014 (− 0. 197)	0. 004 (0. 054)	0. 026 (0. 360)	− 0. 005 (− 0. 068)
ID	0. 096 ** (1. 989)	0. 082 * (1. 651)	0. 068 (1. 361)	0. 089 * (1. 834)
HHI	0. 147 *** (4. 874)	0. 129 *** (4. 953)	0. 116 *** (4. 561)	0. 132 *** (4. 981)
OC	− 0. 085 (− 1. 175)	− 0. 059 (− 0. 821)	− 0. 041 (− 0. 588)	− 0. 059 (− 0. 816)

续表

变量	（1）*Wbl*	（2）*Wbl*	（3）*Wbl*	（4）*Wbl*
Loss	−0.030* （−1.670）	−0.025 （−1.385）	−0.022 （−1.265）	−0.027 （−1.472）
Constant	0.422 （1.516）	0.569* （1.948）	0.736** （2.399）	0.576** （1.984）
Observations	1 742	1 742	1 742	1 742
R²	0.233	0.274	0.304	0.265
Adj R²	0.216	0.258	0.289	0.249
YEAR FE/IND FE	YES	YES	YES	YES
F	8.669	16.24	18.86	14.64

注：括号内为按照企业层面聚类稳健标准误 *t* 值；***、**、* 分别表示在 1%、5% 和 10% 水平上显著。

另外，由控制变量的回归结果可知：企业获得财政补贴（*Subsidy*）与品牌资产价值呈显著正相关关系。获得财政补贴，能够为企业的品牌资产价值增值战略提供研发资金、政策支持等，显著提升品牌资产价值；企业银行贷款率（*Credit*）与品牌资产价值呈显著负相关关系，说明过高的银行贷款不利于企业品牌资产价值增值；独立董事比例（*ID*）与品牌资产价值呈显著正相关关系，拥有较多的独立董事，能够为品牌战略提供咨询和建议、为企业研发创新和项目投资提供咨询和监督，更好地促进企业品牌资产价值增值；市场占有率（*HHI*）与品牌资产价值呈显著正相关关系。控制变量与品牌资产价值的关系，与前文结论基本一致。

四、稳健性检验

（一）替换专利变量

参考学者研究经验，考虑到企业的专利从研发、申请到授权、计入资产管理的过程耗时较长，而大部分已形成的技术革新和外观设计均在生产研发中进行测试或使用，故本章按照上市公司所属集团申请专利数量作为研发专利变量的衡量标准，进行稳健性检验（见表7.4）。结果证明，财政政策不确定性抑制企业申请专利，以及进行实质性创新和策略性创新对品牌资产价值的增值作用。

表7.4　　　　　　　　　　替换专利变量的稳健性检验

变量	（1）Wbl	（2）Wbl	（3）Wbl
Fiscal	0.671 ** (2.258)	0.686 ** (2.293)	0.764 ** (2.527)
INVIG	0.304 *** (4.460)		
INVIG × Fiscal	− 0.098 *** （− 3.481）		
Patent		0.268 *** (4.169)	
Patent × Fiscal		− 0.093 *** （− 3.402）	
Strategy			0.234 *** (3.160)
Strategy × Fiscal			− 0.082 *** （− 2.782）
Constant	0.766 ** (2.512)	0.784 *** (2.648)	0.858 *** (2.795)
Observations	1 742	1 742	1 742
R^2	0.293	0.277	0.267
Adj R^2	0.278	0.261	0.251
CONTROLS	YES	YES	YES
YEAR FE	YES	YES	YES
IND FE	YES	YES	YES
F	15.12	17.88	14.99

注：括号内为按照企业代码聚类稳健标准误 t 值；*** 、** 、* 分别表示在1%、5%和10%水平上显著。

（二）调整样本行业

相比其他行业，制造业的智能升级是《中国制造2025》行动纲领的核心，也是发展实体经济、实现内循环经济发展新格局的重要基础，影响"中国产品向中国品牌转变"。故本章选择制造业品牌企业重新回归，进行稳健性检验，结果如表7.5所示。结果发现：制造业企业样本能够较好地支持假设，即较高的财政政策不确定性会在一定水平下抑制企业研发创新投入、获得专利授权对品牌资产的增值作用；相比策略性创新而言，财政政策不确定性对实质性创新的品牌资产价值增值作用的抑制更明显。

表7.5　　　　　　　　　　调整样本行业的稳健性检验

变量	（1） Wbl	（2） Wbl	（3） Wbl	（4） Wbl
$Fiscal$	0.413 （1.190）	0.424 （1.271）	0.554 （1.647）	0.481 （1.478）
RD	0.110** （2.021）			
$RD \times Fiscal$	−0.042 （−1.041）			
$Patent$		0.230*** （2.997）		
$Patent \times Fiscal$		−0.118*** （−3.358）		
$INVIG$			0.283*** （3.648）	
$INVIG \times Fiscal$			−0.119*** （−3.123）	
$Strategy$				0.194** （2.096）
$Strategy \times Fiscal$				−0.094*** （−2.699）
$Constant$	0.619** （2.023）	0.592** （1.998）	0.738** （2.450）	0.640** （2.167）

续表

变量	（1）Wbl	（2）Wbl	（3）Wbl	（4）Wbl
Observations	1 324	1 324	1 324	1 324
R^2	0.187	0.223	0.247	0.214
Adj R^2	0.169	0.206	0.230	0.197
CONTROLS	YES	YES	YES	YES
YEAR FE	YES	YES	YES	YES
IND FE	YES	YES	YES	YES
F	4.717	5.709	5.764	5.957

注：括号内为按照企业代码聚类稳健标准误 t 值；***、**、* 分别表示在 1%、5% 和 10% 水平上显著。

五、内生性问题

本章研究可能存在样本自选择问题，即品牌资产价值较高的企业可能更关注技术创新、关注研发投入。为了缓解该问题对结果存在的影响，本章选择 Heckman 两阶段发修正研发创新与品牌资产价值关系的模型，如表 7.6 所示。在通过 Heckman 法缓解样本选择偏误内生性问题时，本章以虚拟变量 Invest（企业当年度是否进行研发投入）作为第一阶段的被解释变量，选择企业所在行业平均年获得发明专利授权数量（INVIG_ind）作为排他性约束变量，计算逆米尔斯比值（IMR）。排他性约束变量与虚拟变量（Invest）呈显著正相关关系。进一步，将逆米尔斯比值（IMR）代入第二阶段的回归模型中，结果仍能够支持本书的结论。

表 7.6   **Heckman 法修正内生性问题**

变量	（1）Wbl	（2）Wbl	（3）Wbl	（4）Wbl
Fiscal	0.316 (0.931)	0.513* (1.711)	0.636** (2.164)	0.530* (1.783)

续表

变量	(1) Wbl	(2) Wbl	(3) Wbl	(4) Wbl
RD	0.123 ** (2.267)			
RD × Fiscal	-0.069 ** (-2.147)			
Patent		0.258 *** (3.866)		
Patent × Fiscal		-0.101 *** (-3.732)		
INVIG			0.322 *** (4.601)	
INVIG × Fiscal			-0.113 *** (-3.929)	
Strategy				0.226 *** (2.875)
Strategy × Fiscal				-0.082 *** (-2.883)
IMR	-0.055 (-0.392)	0.021 (0.158)	0.034 (0.268)	-0.007 (-0.052)
Constant	0.450 (1.531)	0.558 * (1.800)	0.720 ** (2.234)	0.580 * (1.871)
Observations	1 742	1 742	1 742	1 742
R^2	0.233	0.274	0.304	0.265
Adj R^2	0.216	0.257	0.289	0.248
YEAR FE	YES	YES	YES	YES
IND FE	YES	YES	YES	YES
F	8.486	15.80	18.69	14.30

注：括号内为按照企业代码聚类稳健标准误 t 值；*** 、** 、* 分别表示在1%、5%和10%水平上显著。

六、进一步研究

（一）经济区域异质性分析

结合前文分析，不同经济区域的经济政策监管、区域性政策颁布及执行情况存在差异。京津冀地区、长江三角洲地区、粤港澳大湾区，经济相对平稳，研发创新支持政策、补贴较多，企业融资渠道和投资项目多元化，对政策环境的感知力和调整速度较快。但三大经济区之间也存在一定差异。据此，本章详细划分三大经济区样本进行检验，如表 7.7 所示。（1）对于京津冀地区企业样本而言，财政政策不确定性对研发投入的影响相对较小，但显著抑制获得专利授权、实质性创新和策略性创新对品牌资产价值增值的作用。（2）在长江三角洲地区样本中，财政政策不确定性对企业研发创新的抑制作用更多体现在研发投入、研发专利产出和实质性创新的品牌增值效应上。（3）在粤港澳大湾区，财政政策不确定性对研发创新的影响集中于获得专利授权方面。

表 7.7　　　　区分经济区域的回归结果

Panel A 京津冀经济区			
变量	（1） *Wbl*	（2） *Wbl*	（3） *Wbl*	（4） *Wbl*
Fiscal	−0.609 （−0.853）	−0.426 （−0.681）	−0.342 （−0.592）	−0.306 （−0.470）
RD	0.144* （1.910）			
RD × Fiscal	−0.092 （−1.647）			
Patent		0.396*** （3.935）		
Patent × Fiscal		−0.096** （−2.158）		

	Panel A 京津冀经济区			
变量	（1） Wbl	（2） Wbl	（3） Wbl	（4） Wbl
INVIG			0.413 *** (3.598)	
INVIG × Fiscal			−0.102 ** (−2.498)	
Strategy				0.414 ***
Strategy × Fiscal				−0.088 * (−1.949)
Constant	−0.211 (−0.330)	−0.105 (−0.189)	−0.068 (−0.132)	−0.020 (−0.034)
Observations	319	319	319	319
R^2	0.384	0.501	0.511	0.512
Adj R^2	0.329	0.457	0.468	0.469
CONTROLS	YES	YES	YES	YES
YEAR FE	YES	YES	YES	YES
F	5.829	12.68	10.46	19.26

	Panel B 长三角经济区			
变量	（1） Wbl	（2） Wbl	（3） Wbl	（4） Wbl
Fiscal	−0.626 (−0.792)	−0.275 (−0.346)	−0.123 (−0.155)	−0.075 (−0.098)
RD	0.189 *** (2.960)			
RD × Fiscal	−0.116 * (−1.904)			
Patent		0.178 (1.529)		
Patent × Fiscal		−0.128 ** (−2.234)		
INVIG			0.381 *** (3.299)	

续表

Panel B 长三角经济区				
变量	(1) *Wbl*	(2) *Wbl*	(3) *Wbl*	(4) *Wbl*
INVIG × Fiscal			−0.189** (−2.483)	
Strategy				0.072 (0.464)
Strategy × Fiscal				−0.060 (−0.803)
Constant	−0.306 (−0.448)	0.017 (0.023)	0.191 (0.265)	0.183 (0.255)
Observations	425	425	425	425
R²	0.277	0.283	0.348	0.264
Adj R²	0.230	0.237	0.305	0.216
CONTROLS	YES	YES	YES	YES
YEAR FE	YES	YES	YES	YES
F	2.106	1.768	2.457	1.529

Panel C 粤港澳大湾区				
变量	(1) *Wbl*	(2) *Wbl*	(3) *Wbl*	(4) *Wbl*
Fiscal	5.601 (0.716)	1.236 (0.162)	−3.403 (−0.423)	3.105 (0.419)
RD	−0.045 (−0.416)			
RD × Fiscal	0.065 (1.207)			
Patent		0.337*** (4.326)		
Patent × Fiscal		−0.100* (−1.714)		
INVIG			0.292*** (4.110)	
INVIG × Fiscal			−0.085 (−1.599)	

		Panel C 粤港澳大湾区		
变量	(1) *Wbl*	(2) *Wbl*	(3) *Wbl*	(4) *Wbl*
Strategy				0.327 *** (4.308)
Strategy × Fiscal				−0.094 (−1.580)
Constant	4.918 (0.737)	1.040 (0.159)	−2.844 (−0.414)	2.619 (0.415)
Observations	220	220	220	220
R^2	0.377	0.547	0.562	0.539
Adj R^2	0.296	0.489	0.506	0.480
CONTROLS	YES	YES	YES	YES
YEAR FE	YES	YES	YES	YES
F	82.46	54.67	31.04	80.24

注：括号内为按照企业层面聚类稳健标准误 t 值；***、**、*分别表示在 1%、5% 和 10% 水平上显著。

出现上述结论的可能原因是：地区产业结构差异。京津冀依靠中关村自主创新示范区、北京市科技创新中心，且国有企业、大型集团总部数量较多，品牌企业多以制造业为主，对发明专利的依赖度较高；长三角地区轻型制造业和服务业较多，且背靠上海市国际金融、贸易中心，其研发投入受到财政政策的影响较大。而在产业结构影响下，获得专利授权、策略性创新对品牌资产价值的作用受到财政政策不确定性的影响较小。粤港澳大湾区背靠香港、澳门金融中心，且广州市、东莞市等小商品制造业、贸易流通行业发达，深圳市科技创新中心有完善的政策优惠体系，拥有品牌资产的企业受到财政政策不确定性的影响相对较小。

（二）高端制造业企业分析

相比其他行业，制造业企业的研发创新对于企业品牌资产价值增值更为关键。制造业的智能升级是《中国制造 2025》行动纲领的核心，也是发展实体经济的重要基础。制造业企业进行研发创新、掌握关键核心技术，是国之重器，影响"中国产品向中国品牌转变"。基于此，本章沿用前文的研究思路，选定：电气机械和器材制造业，计算机、通信和其他电子设备制造业，专用设备制造业，铁路、船舶、航空航天和其他运输设备制造业，通用设备制造业，汽车制造业，医药制造业等高端制造行业，探究高端制造业企业样本的特殊性。由表 7.8 可知：财政政策不确定性对研发投入产出与品牌资产间关系的影响较小，但对于高端制造业获得专利授权、实质性创新有显著的抑制作用。

表 7.8   高端制造业样本回归结果

变量	(1) *Wbl*	(2) *Wbl*	(3) *Wbl*	(4) *Wbl*
Fiscal	0.035 (0.057)	0.447 (1.007)	0.577 (1.456)	0.592 (1.413)
RD	0.301** (2.394)			
RD × Fiscal	−0.124 (−1.467)			
Patent		0.295** (2.481)		
Patent × Fiscal		−0.167* (−1.839)		
INVIG			0.349*** (2.664)	
INVIG × Fiscal			−0.184** (−2.137)	
Strategy				0.219 (1.599)
Strategy × Fiscal				−0.110 (−1.241)
Constant	0.261 (0.592)	0.589* (1.677)	0.765** (2.352)	0.712** (1.989)

变量	(1) *Wbl*	(2) *Wbl*	(3) *Wbl*	(4) *Wbl*
Observations	641	641	641	641
R^2	0.234	0.270	0.305	0.249
Adj R^2	0.202	0.239	0.275	0.217
CONTROLS	YES	YES	YES	YES
YEAR FE	YES	YES	YES	YES
F	3.801	3.661	3.481	4.119

注：括号内为按照企业层面聚类稳健标准误 t 值；***、**、* 分别表示在 1%、5% 和 10% 水平上显著。

（三）高新技术企业样本的检验

相比其他企业，高新技术企业有更高的研发创新需求，更加重视创新的价值创造和打造品牌资产的作用（许玲玲，2018）。而在财政政策的优惠政策、补贴政策中，政府更倾向于向高新技术企业倾斜。在财政政策不确定性较高时，高新技术企业的研发活动受到影响相对较大。故而，本章针对该样本进行实证检验。

由于企业样本集中于软件制作等高新技术行业，为避免共线性，本章保留对样本年份和企业的固定效应进行检验，未控制行业固定效应。结果如表 7.9 所示。研究发现：在高新技术企业样本中，财政政策不确定性对研发创新与品牌资产价值的关系主要集中于获得专利授权（*Patent*）和实质性创新（*INVIG*）上。由此可见，充分发挥财政政策对企业研发创新的撬动作用，对于促进企业研发、发挥品牌资产价值的作用具有重要意义。

表7.9　　　　　　　　高新技术企业样本回归结果

变量	(1) *Wbl*	(2) *Wbl*	(3) *Wbl*	(4) *Wbl*
Fiscal	0.035 (0.057)	0.447 (1.007)	0.577 (1.456)	0.592 (1.413)

续表

变量	(1) Wbl	(2) Wbl	(3) Wbl	(4) Wbl
RD	0.301** (2.394)			
RD × Fiscal	−0.124 (−1.467)			
Patent		0.295** (2.481)		
Patent × Fiscal		−0.167* (−1.839)		
INVIG			0.349*** (2.664)	
INVIG × Fiscal			−0.184** (−2.137)	
Strategy				0.219 (1.599)
Strategy × Fiscal				−0.110 (−1.241)
Constant	0.261 (0.592)	0.589* (1.677)	0.765** (2.352)	0.712** (1.989)
Observations	641	641	641	641
R^2	0.234	0.270	0.305	0.249
Adj R^2	0.202	0.239	0.275	0.217
CONTROLS	YES	YES	YES	YES
YEAR FE	YES	YES	YES	YES
F	3.801	3.661	3.481	4.119

注：括号内为按照企业层面聚类稳健标准误 t 值；***、**、*分别表示在 1%、5% 和 10% 水平上显著。

（四）企业产权性质的分组检验

企业产权性质不同，受政策影响情况和研发创新决策也存在差异。相比国有企业而言，非国有企业在经营中受政治目标和政策约束较少，更关注研发创新项目对品牌资产价值增值的实际效应。相对于回报周期长、研发难度大的发明专利项目及基础学科的研究来说，也更关注能够为企业带来较高边际收益的实用型创新项目。在受到财政政策变动的影响时，更倾向于提高研发质量、充分发挥研发成果的经济价值。据此，本章区分国有企业与非国有企业样本进行企业性质的异质性检验。

结果如表 7.10 中 Panel A 与 Panel B 所示。研究发现：对于非国有企业而言，财政政策不确定性显著抑制了研发投入、获得专利授权、实质性创新与策略性创新对品牌资产价值的增值作用，对企业创新研发的品牌资产价值效应造成较大影响；而对于国有企业而言，财政政策不确定性对于获得专利授权、实质性创新和策略性创新的抑制作用相对更大，而对于研发投入的影响相对较小。

表 7.10   区分企业产权性质的回归结果

变量	Panel A：非国有组样本			
	(1) *Wbl*	(2) *Wbl*	(3) *Wbl*	(4) *Wbl*
Fiscal	0.025 (0.055)	0.252 (0.760)	0.409 (1.393)	0.327 (1.010)
RD	0.172** (2.299)			
RD × *Fiscal*	−0.100* (−1.803)			
Patent		0.208** (2.047)		
Patent × *Fiscal*		−0.120*** (−2.617)		
INVIG			0.271** (2.456)	
INVIG × *Fiscal*			−0.130** (−2.503)	
Strategy				0.192* (1.756)

续表

Panel A：非国有组样本				
变量	（1） *Wbl*	（2） *Wbl*	（3） *Wbl*	（4） *Wbl*
Strategy × Fiscal				−0. 102 ** （−2. 331）
Constant	0. 213 （0. 624）	0. 428 （1. 607）	0. 595 ** （2. 513）	0. 472 * （1. 738）
Observations	837	837	837	837
R^2	0. 172	0. 209	0. 243	0. 201
Adj R^2	0. 145	0. 183	0. 219	0. 175
CONTROLS	YES	YES	YES	YES
YEAR FE	YES	YES	YES	YES
F	5. 071	4. 927	5. 795	4. 955

Panel B：国有组样本				
变量	（1） *Wbl*	（2） *Wbl*	（3） *Wbl*	（4） *Wbl*
Fiscal	0. 879 * （1. 911）	0. 957 * （1. 952）	1. 009 ** （2. 032）	0. 976 ** （2. 020）
RD	0. 131 ** （2. 397）			
RD × Fiscal	−0. 045 （−1. 126）			
Patent		0. 284 *** （3. 645）		
Patent × Fiscal		−0. 094 *** （−3. 165）		
INVIG			0. 325 *** （4. 061）	
INVIG × Fiscal			−0. 091 *** （−2. 783）	
Strategy				0. 266 *** （2. 719）
Strategy × Fiscal				−0. 075 ** （−2. 354）

	Panel B：国有组样本			
变量	（1） *Wbl*	（2） *Wbl*	（3） *Wbl*	（4） *Wbl*
Constant	1.214 ** (2.439)	1.239 ** (2.322)	1.279 ** (2.368)	1.253 ** (2.371)
Observations	905	905	905	905
R^2	0.297	0.348	0.364	0.341
CONTROLS	YES	YES	YES	YES
YEAR FE	YES	YES	YES	YES
Adj R^2	0.277	0.328	0.346	0.321
F	4.646	5.198	5.401	5.297

注：括号内为按照企业层面聚类稳健标准误 *t* 值；*** 、** 、* 分别表示在1%、5% 和10% 水平上显著。

（五）财政政策波动的影响情况检验

相比货币政策不确定性的多方面指标衡量而言，现阶段学者对于财政政策不确定性的衡量以借鉴贝克等学者采用新闻报道数量进行研究为主（朱军等，2020）。基于新闻资料的变量衡量方法能够充分论证财政政策不确定性对于企业经营的影响，但财政政策的变动对企业研发创新与品牌资产价值间关系如何，仍未可知。故而，本章参考李香菊、祝丹枫（2019）的研究经验，根据 DSGE 模型，应用 HP 滤波法对年度国家财政支出进行趋势项和波动项的分离，并以二者之比作为财政政策波动的衡量指标。该指标越大，说明当年度相关部门越倾向于积极的财政政策，即财政支出在年度趋势基础上向上波动。本章按照各省份 2000~2019 年财政支出总额的各年度平均值以及 HP 滤波法下各省份财政支出的波动趋势进行统计如图 7.1 所示（变量为 *hp_Fiscal*）。可见，各省份的财政支出差异较大。

财政政策波动水平对企业研发创新和品牌资产价值之间关系调节作用的检验结果如表 7.11 所示。财政政策波动正向促进研发创新品牌资产价值之间的关系，在企业研发获得专利和实质性创新方面显著。结果说明：财政政策越宽松，企业专利产出、实质性创新对品牌资产价值增值的促进作用越显著，而积极地财政支出并未显著促进研发创新投入、策略性创新对品牌资产价值增值的作用。

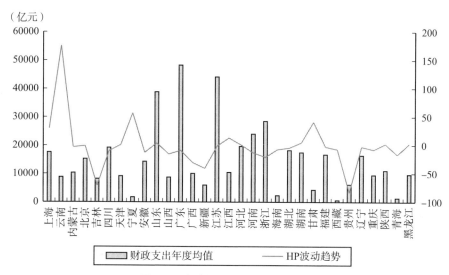

图7.1 各省份财政支出波动情况

表7.11   财政政策波动的影响情况检验

变量	（1）*Wbl*	（2）*Wbl*	（3）*Wbl*	（4）*Wbl*
hp_Fiscal	0.009 (0.382)	0.041 (1.149)	0.041 (1.354)	0.030 (0.873)
RD	0.113 ** (2.165)			
$RD \times hp\_Fiscal$	0.031 (1.180)			
Patent		0.260 *** (3.916)		
$Patent \times hp\_Fiscal$		0.081 ** (2.239)		
INVIG			0.330 *** (4.627)	

变量	(1) Wbl	(2) Wbl	(3) Wbl	(4) Wbl
INVIG × hp_Fiscal			0.101 *** (2.698)	
Strategy				0.230 *** (2.901)
Strategy × hp_Fiscal				0.047 (1.216)
Constant	−0.135 (−0.443)	−0.128 (−0.324)	−0.200 (−0.502)	−0.174 (−0.484)
Observations	1 742	1 742	1 742	1 742
R^2	0.231	0.269	0.302	0.260
Adj R^2	0.214	0.253	0.286	0.244
CONTROLS	YES	YES	YES	YES
YEAR FE	YES	YES	YES	YES
F	9.776	8.210	11.68	9.035

注：括号内为按照企业代码聚类稳健标准误 t 值；*** 、 ** 、 * 分别表示在 1% 、5% 和 10% 水平上显著。

第五节　本章小结

　　财政政策重点关注经济结构调整，在宏观调控政策中发挥着重要作用。本章主要考察了财政政策不确定性调节作用下，企业研发创新与品牌资产价值之间的关系变化。本章研究发现：财政政策不确定性对企业研发创新的品牌资产价值增值作用实现存在显著的抑制作用。其一，财政政策不确定性显著抑制研发创新投入对品牌资产价值的促进作用，在财政政策不确定性较高时，研发投入越多，品牌资产的价值增值水平越低。其二，财政政策不确定性显著抑制了企业获得专利授权对品牌资产价值增值的影响。其三，财政政策不确定性对实质性创新和策略性创新的经济效应存在显著影响。本章通过替换变量、调整样本选择范围、Heckman 检验等方法对结论进行稳健性检验和内生性检验，仍然支持以上结论。

另外，本章进一步研究发现：（1）财政政策不确定性的作用存在地区差异。对于京津冀地区而言，财政政策不确定性对研发投入的影响相对较小，但显著抑制获得专利授权、实质性创新和策略性创新对品牌资产价值增值的作用。在长江三角洲地区，财政政策不确定性对企业研发创新的抑制作用更多体现在研发投入、研发专利产出和实质性创新的品牌增值效应上。在粤港澳大湾区，财政政策不确定性对研发创新的影响相对较小，主要体现在获得专利授权方面。（2）高端制造业企业样本中，财政政策不确定性对研发投入与品牌资产价值间关系的影响较小，但对获得专利授权、实质性创新和策略性创新均有显著的抑制作用。（3）财政政策不确定性对于高新技术企业获得专利授权和实质性创新存在一定削弱作用。（4）财政政策不确定性对非国有企业样本研发创新的品牌资产价值增值作用影响较大，而对于国有企业研发创新投入方面的影响较小。（5）财政政策波动对企业研发创新与品牌资产价值增值间关系存在影响。财政政策越宽松，企业获得专利授权、实质性创新对品牌资产价值增值的促进作用越明显。

第八章 技术创新对品牌资产价值 增值作用的典型案例

第一节 引 言

品牌资产价值管理中，需要首先解决创新动因和创新策略的问题，即品牌资产为何创新、如何创新，也应该根据品牌资产的不同类型进行研发创新的策略调整。品牌的科技实力、掌握的核心技术和品牌形成发展过程中积淀的历史文化禀赋决定企业所拥有品牌资产的价值。一方面，科技创新型品牌资产形成过程中的研发创新、掌握核心技术是企业发展的增值动力和力量源泉，能够提高企业品牌资产的价值，提升企业无形资产质量，促进企业内生发展、提高核心竞争力。例如，格力电器作为高新科技公司，掌握多项世界领先的专利技术，通过科技创新打造品牌资产。华为技术有限公司通过持续性的知识产权成果产出，取得了在分布式基站、生态系统等诸多领域颠覆性创新成果，连续多年专利合作条约（PCT）申请量全球第一。另一方面，传统工艺型品牌资产所蕴含的历史和文化底蕴是重要的特殊的无形资产，决定企业的发展方向和制定战略的核心价值观。一系列带有传统文化烙印的企业，其掌握的品牌资产的质量决定了企业的消费群体和发展方向。例如，"贵州茅台"品牌资产的定位为高端白酒消费。这些企业在保留传统生产工艺和经营理念的同时，积极融入现代消费理念和市场环境，对产品外观、经营方法等进行创新。总之，品牌资产价值增值需要创新动力，在增值过程中，也存在不同类型企业对研发策略的选择，即通过研发促进销售和通过研发提高核心竞争力的战略选择问题。

品牌资产价值的增长路径上存在通过营销手段拓展市场和通过研发创新提升竞争力两种路径，而品牌资产内涵的文化禀赋和创新禀赋上学界也存在一定争论，针对保留文化底蕴深厚企业的"原汁原味"和依据市场环境的变化进行创新的选择问题进行讨论。其一，从整体企业研究对象而言，认为企业创新能够促进品牌资产价值增值。创新能够提高企业生产效率，促进销售（吴延兵，2006），同时重塑品牌形象，提高品牌资产所带来的未来经济效益。该结论是站在公司治理或资产管理视角，将品牌资产作为无形资产或企业战略的组成部分，对创新经济效益的分析。其二，从企业特征角度，区分普通现代化企业和带有浓厚历史文化价值品牌资产的传统工艺型老字号企业，对老字号企业的品牌资产是以创新作为主要驱动力还是以突出历史文化价值作为驱动因素的争论。该类研究是将企业所拥有的品牌作为拓展市场的重要组成部分，从公司战略角度进行讨论。在该话题下，有学者认为，老字号企业兼具优良的生产质量和优质服务，有稳定的客户群体和鲜明的经营特色，应该保证品牌纯正，突出其历史文化价值（Rose，2015）和品牌形象（许晖等，2018），与现代化企业追求全面创新的经营战略相区别。过分宣扬对品牌资产原有特色和增值模式的创新，会弱化品牌资产影响力，阻碍文化传承。也有学者通过回顾企业经营实践证明，老字号企业技术创新能够促进品牌活化，通过由内而外的创新行为，充分发挥品牌这一重要无形资产的"撬动作用"，实现品牌资产竞争实力的成长和资产价值增值。尤其是社会化媒体的流行和快速发展，使企业品牌建设和营销战略面临新的挑战（袁胜军等，2018）。若仅坚持固有生产模式和产品分布，品牌资产的增值动力会逐渐弱化，无法适应新的市场环境和消费理念。那么，创新作为品牌资产的重要驱动因素，是否能够在各类企业中均充分发挥作用？创新对企业品牌资产价值增值的作用是如何实现的？这些问题是针对品牌无形资产价值增值的会计问题，也是针对企业发展战略的营销和管理问题，受到学术界和实务界的广泛关注。结合企业案例，部分企业忽略传承与创新的平衡关系，或过分注重传承，或过分谋求创新，继而造成企业品牌资产增值"难"的问题。

品牌资产价值增值的过程中，既要考虑充分发挥创新的驱动效应，也要考虑设计适合企业品牌资产特征的增值路径。

据此，本章结合前文的理论分析和实证研究结论进行进一步拓展研究，区分科技创新型品牌资产和传统工艺型品牌资产[①]，选定两家聚焦品牌资产发展、品牌资产价值较高的代表性上市企业，即"格力电器"和"贵州茅台"作为双案例研究的对象，讨论企业创新对各类品牌资产的作用，从品牌资产价值增值的角度考虑研发创新的必要性，探索是否对于各类品牌资产价值提升均需要研发创新的问题。格力电器和贵州茅台作为代表性的企业研究对象，为本书深入探讨品牌资产的创新赋能和文化赋能驱动作用研究提供了宝贵的研究情景。在对两家品牌企业分析的基础上，进一步厘清企业研发创新与品牌资产价值增值的关系。

第二节　品牌资产价值来源的理论分析

品牌资产的价值来源于商品的特殊价值和"消费者剩余"[②]，受生产者高质量、创造性的劳动投入与消费者市场认可共同作用，是企业异质性资源带来的收入溢价。学者研究从企业研发创新和文化禀赋两个方面对品牌资产价值的影响进行深入探讨，针对不同企业应该关注技术创新还是结合市场发展趋势和品牌文化进行策略性创新进行讨论，例如，王肇和王成荣（2020）、徐伟等（2020）、牟宇鹏等（2020），既拓展了研发创新与品牌资产价值增值的研究框架，也对企业是否应该关注创新问题进行回答。但较少有研究深入分析研发创新与品牌资产价值增值的关系逻辑和实际效应，结合企业实际案例和数据资料从无形资产视角探究创新研发对品牌资产价值的作用效应。据此，本节对品牌资产价值两类来源的相关研究资料进行整理，为下文的案例研究提供理论支持。

[①] 如归属于中华老字号企业的品牌资产。
[②] 消费者消费一定数量的某种商品愿意支付的最高价格与这些商品的实际市场价格之间的差额。

一、企业研发创新与品牌资产价值

企业需要通过产品和技术创新适应外部消费环境，解决形象老化、生产技术滞后、包装老旧等问题，提高品牌资产价值，弥补品牌资产价值增值动力不足的短板。有学者发现：研发投入实现经济价值的作用是缓释的（颉茂华等，2014），在短期内可能会限制品牌资产的发展，影响企业绩效的实现，但对于企业长期发展作用关键。研发创新对品牌资产价值增值的促进作用已在前文进行整理，具体包括以下几个方面：提高企业生产效率，实现销售收入（吴延兵，2006），进而提高品牌资产价值；传递积极的消费信号。企业的创新行为能够向消费者提供积极的创新信号，提升消费者对该品牌的信心和购买意向（李颖灏、张苗，2013）。故在此处不再过多讨论。

二、企业品牌营销与品牌资产价值

除技术创新外，企业也能够通过对品牌资产特色的营销，从品牌战略、品牌定位、品牌特征等方面提升品牌资产价值。正如 Aaker 品牌资产评估体系中的品牌个性、品牌联想力等指标所示，部分具有传统文化个性的企业（如"国家非物质文化遗产""中华老字号"品牌等），具有较高的历史价值和文化意义。在品牌经济和市场经济引导下，企业研发创新成果与企业文化背景的发展，均只有转化为市场价值、提升品牌资产价值，才能得到市场认可（王成荣等，2012）。对所有利益相关者而言，企业的品牌文化是企业价值观的外部体现（Davidson，2002）。无论是强力型企业文化、灵活适应型企业文化还是策略合理型企业文化，均能够吸引有共同价值观的利益相关者价值认同，获得品牌支持和品牌资产价值提升（科特、赫斯克特，2004）。品牌资产蕴含的企业文化元素能够促进品牌资产的价值增值（张燚等，2013）。

具体而言：其一，获得有共同价值观消费者的品牌认同，进而获得稳定的消费者群体。例如，"中华老字号"品牌企业发展过程中，通过培育高质量产品的核心生产能力和高质量服务口碑，获得较高的消费者认同。其二，具有明显文化特征的品牌资产，需要用文化的扩散效应提升其资产价值，打造有特色的文化品牌（牟宇鹏等，2020）。该类企业的发展过程中，虽然可以通过产品创新和外观设计等创新行为更好地融入市场、吸引消费者（许军、梅姝娥，2014），但除提升研发创新水平与现代管理方法外，也需要保留传统工艺如"非物质文化遗产"的原有生存状态，通过市场营销方式提升资产价值。该类品牌资产的增值路径中，更倾向于强调产品与消费之间的情感纽带，带有浓厚的文化、地域色彩。相比其他类企业的品牌资产而言，这类企业更是产品艺术性和文化属性的外在体现，需要融合创新驱动与文化元素（许晖等，2018），探索不同于一般企业的品牌资产价值增值路径（卢泰宏、高辉，2007）。例如，通过品牌的复兴与活化（陶骏、李善文，2012；江红艳等，2016）、改变商业模式和文化融合等方法提升品牌资产价值（刘洪深等，2013）。可见，品牌资产价值增值的过程中，既要考虑充分发挥创新的驱动效应，也要考虑设计适合企业品牌资产特征的增值路径。据此，本章对案例企业展开分析。

第三节 案例背景及企业介绍

一、品牌企业概况

（一）科技创新型企业代表——格力电器

珠海格力电器股份有限公司（以下简称"格力电器"）作为多元化、科技性的全球工业集团，产业覆盖空调、生活电器、通信设备等多领域，以生产销售空调器、自营空调器出口业务及其相关零配件的进出口业务为主营业务，旗下拥有格力、TOSOT、晶弘三大消费品牌及凌达、凯邦、新元等工业品牌。"格力电器"以"缔造全球先进工业集团，成就格力百年世界品牌"

为企业目标，恪守"一个没有创新的企业是没有灵魂的企业；一个没有核心技术的企业是没有脊梁的企业；一个没有精品的企业是没有未来的企业"的经营理念，重视研发创新和企业品牌资产的保护与增值。

格力电器坚持"核心技术自主研发"，秉持"按需投入不设上限"的理念，搭建了多层次、高水平的研发平台体系，形成了"以企业为主，以市场为导向，产学研相结合"的技术创新体系。格力电器围绕相关核心技术共建立 16 个研究院，152 个研究所、1 411 个实验室以及 1 个国家重点实验室，并且拥有全球最大的空调研发中心。截至目前，格力电器已成为家电行业内唯一连续 7 年进入中国发明专利授权量前 10 位的家电企业。格力电器专利数量和质量稳步增长，创新发展动能持续增强，前瞻性的技术布局保证公司的产品力始终位居行业前列。

在强大核心技术、注重创新能力的同时，格力电器进行产业一体化布局，全面提升核心竞争力。格力电器在家用电器、智能家居与工业制造等稳健发展的同时，通过收购及自研等方式，积极布局以光伏储能、锂电池、新能源车为主的绿色能源板块，产业链已拓展至智能装备、数控机床、机器人、精密模具、新能源、冷链、物流、通信、小家电等领域，并向智能化、精细化、高端化、品质化方向发展。同时公司拥有 6 个再生资源基地，覆盖了上游生产到下游回收全产业链，实现了绿色、循环、可持续发展。

2020 年世界品牌实验室公布的中国 500 最具价值品牌中，格力电器以 1 732.15 亿元人民币的品牌资产价值位列第 27 名、家电行业第 1 名；2019 年在《财富》世界 500 强中，位列榜单 414 位，且在上榜中国企业中净资产收益率排名第一，空调市场占有率稳居行业龙头。① 2023 年，公司凭借突出的综合实力再次上榜《福布斯》"全球企业 2 000 强"，位居第 331 名。"2023 中国品牌价值评价信息"中，公司在轻工业组以 1 628.83 亿元品牌价值位居家电行业第一。公司在中国品牌价值评价榜上多年蝉联家电行业第一名。故该企业的实际资料对于本书研究创新与品牌资产价值增值的关系有

---

① 2019 年中央空调市场份额达到 14.7%，家用空调线下零售额占比 36.83%。资料来源：2019 年格力电器年度报告。

较高的相关性和代表性。

本章选择格力电器进行案例分析的主要原因，即格力电器满足以下几点特征：其一，行业属性为现代制造业企业，且属于高新技术企业（非食品加工、服装制造等传统制造行业）；其二，管理层关注品牌资产的价值增值，并有相应战略支撑；其三，品牌资产评估价值在国内企业中排名靠前；其四，有较高的研发投入强度和专利产出水平；其五，本身为上市公司且受市场关注度较高，数据资料容易获取。

（二）传统工艺型企业代表——"贵州茅台"

中国贵州茅台酒厂（集团）有限责任公司（以下简称"贵州茅台"）为中华老字号品牌，掌握国家级非物质文化遗产"茅台酒酿制技艺"，其前身为茅台镇"成义""荣和"及"恒兴"三大烧房。早在 2006 年，茅台酒的酿造工艺便进入第一批国家级非物质文化遗产名录①。由于茅台酒的特殊工艺和历史背景，通过高质量生产和良好的营销战略，"贵州茅台"拥有较高的品牌资产价值和经济效益。历经百年，茅台酒已从 1915 年无人问津的土特产，成长为"单品营收过千亿、市值上万亿"的全球烈性酒第一品牌。

1999 年 11 月 20 日，贵州茅台正式成立，总部位于贵州省仁怀市，董事长为丁雄军。贵州茅台集团围绕"酒的制造、销售及相关配套产品制造和服务，综合金融服务（产业金融方向），酒旅融合产业"三大主业谋发展，以贵州茅台酒股份有限公司为核心子公司，拥有全资、控股和参股公司 36 家。其以茅台酒及系列酒的生产与销售为主要业务，涉足产业包括白酒、保健酒、葡萄酒、金融、文化旅游、教育、酒店、房地产及白酒上下游等。其主导产品贵州茅台酒历史悠久、源远流长，具有深厚的文化内涵，1915年荣获巴拿马万国博览会金奖，与法国科涅克白兰地、英国苏格兰威士忌一起并称"世界三大（蒸馏）名酒"，是我国大曲酱香型白酒的鼻祖和典型代表，是绿色食品、有机食品、地理标志产品，其酿制技艺入选国家首批非物

---

① "茅台酒酿制技艺"（"非遗"编号：Ⅷ–57，传统技艺类）在 2006 年入选第一批国家级非物质文化遗产，保护单位为中国贵州茅台酒厂（集团）有限责任公司。资料来源：中国非物质文化遗产网。

质文化遗产代表作名录，是一张香飘世界的"国家名片"，其营销网络覆盖国内市场及五大洲 64 个国家和地区。

贵州茅台以"酿造高品位的生活"为使命，以"健康永远，国酒永恒"为愿景，坚持"天贵人和，厚德致远"的核心价值观，践行"稳健经营，持续成长，光大民族品牌"的经营理念。多年来，贵州茅台始终以对产品品质的极致追求，坚持"质量是生命之魂"，坚守"五匠"质量观，恪行"崇本守道，坚守工艺，贮足陈酿，不卖新酒"的质量理念，实施从"良种"到"美产品"的全生命周期质量严管控，对酿造生态的精心呵护，对传统工法的传承创新，对企业文化的赓续发展，持续为企业赋能，推动企业高质量发展、现代化建设。

2020 年世界品牌实验室公布的中国 500 最具价值品牌中，茅台品牌以 2 855.23 亿元位列第 17 名，食品饮料行业第 1 名。"2023 中国品牌价值评价信息"中，贵州茅台酒以 3 379.82 亿元品牌价值，名列轻工领域第一。截至 2020 年 12 月 31 日，该公司股票收盘价达到 1 998.00 元/股，总市值超过 3 万亿元人民币，成为中国第一大股。可见，"贵州茅台"作为白酒行业的代表企业，在市场中占有较高的地位和较好的营销效果。"贵州茅台"申请人的发明专利共 226 件、获得授权 201 件，同时拥有各类商标 563 件，作为有较高品牌资产价值且和传统生产工艺结合的企业，对通过研发创新进行品牌营销、进行品牌资产价值管理的企业有一定代表性。

二、企业品牌资产管理现状分析

（一）格力电器品牌资产

1. 格力电器品牌资产管理现状

格力电器重视自主创新和品牌战略。格力电器通过研发创新，在家电行业和高端装备制造业领域发展较快，获得"中国世界名牌""最具市场竞争力品牌""全国质量奖""出口免验企业""中国品牌创新奖"等荣誉。2019 年，世界品牌实验室《中国 500 最具品牌价值企业》排行榜中，格力空调位列第 33 位，"格力电器"品牌资产价值达到 1 536.74 亿元；在 2019 年《财富》世界 500 强企业中，格力电器位列 414 位，且在所有上榜企业中净资产收益率位居第一位；在上海举行的"2019 中国品牌价值评价信息发布暨中国品牌建设高峰论坛"上，格力电器在轻工行业排名第二位，家电行业位居第一位；2019 年，由人民日报社发起并编制的人民日报"中国品牌发展指数"中，格力电器以 917.73 的总指数位列全榜单第七名，居家电行业之首。而格力电器打造品牌资产的过程中，产品质量和领先科技是最关键的部分。

格力电器品牌资产管理过程中，研发创新发挥了较大的品牌资产价值增值驱动力作用，也体现出品牌资产价值增值战略与创新的契合。在经营过程中，企业通过以下方式提升品牌资产的附加价值：其一，通过技术创新、掌握核心技术推动节能环保、中高端产品的市场占比；其二，通过销售渠道创新，拓展销售链条；其三，通过产品创新，集中塑造品牌形象、进行品牌资产管理，提升品牌竞争力。①

"格力电器"重点通过加大研发创新投入方式提升品牌资产价值。通过长期研发创新投入，已拥有全球最大的空调研发中心、4 个国家级研发中心、15 个研究院，900 多个实验室，1.4 万多名研发人员。格力电器的 4 个国家级研发中心如"空调设备及系统运行节能国家重点实验室"等，同时被认定为"国家级消费品标准化示范基地"和"国家高端装备制造业标准化试点"企业。另外，格力电器已建立"电机与控制"院士工作站，并先后获批建立博士后科研工作站和广东省博士工作站。2019 年，格力获批筹建"广东省高性能伺服系统企业重点实验室""广东省智能化模具技术创新中心""广东省能源互联网创新中心""广东省小家电智能制造区域创新中心"。截至 2019 年年底，公司约有 9 万名员工，其中科技研发人员 1.4 万余人，技术工人 3 万余人；累计申请专利 63 956 项，其中发明专利 31 500 项；2019 年专利申请总量为 15 259 项，其中发明专利申请 8 860 项。参考表 8.1，

① 参考格力电器 2018 年年度报告中对于"提升品牌价值，进一步拓展产品营销渠道"等问题的说明。

为格力电器聘请的各类型高科技人才情况。相比同行业龙头竞争者①，格力电器有相对更高的研发规模、成果产出和人才储备。

表 8.1　　　　　　　　　格力电器各类高科技人才情况

人才类型	人数（人）
自主培养国家万人计划科技创新领军人才	2
国家突出贡献中青年专家	1
享受国务院政府特殊津贴专家	3
"南粤突出贡献奖"人才	1
广东省特支计划杰出人才	1
珠海市高层次人才	62

2. 品牌资产的价值管理

品牌不仅是一种符号，更是企业核心价值的重要载体。品牌资产作为承载品牌的重要无形资产，在格力电器的经营管理中有较多体现。其一，对品牌资产的重视和保护、积极发展自主品牌。格力电器注重对于品牌资产的保护，培育在特定领域中的重点品牌如"格力""TOSOT""晶弘"等，同时对各年度各品牌所带来的经济收益进行考核；其二，重视品牌资产在企业战略中的作用，关注品牌资产的价值管理与增值工作，并在经营管理中重视提高品牌影响力。例如，参与并在年报中披露权威机构如世界品牌实验室、人民日报社的品牌资产评估价值。② 当然，在相关资料中，还是以披露通过第三方品牌资产评估机构的评估结果为主，未通过价值核算方法对品牌资产进行计量。③ 值得一提的是，参考《2019 年格力电器年度报告》：格力电器在

---

① 例如，同为行业龙头企业，美的电器同样重视通过技术创新提升品牌资产价值，如 2019 年研发投入超过 100 亿元，在全球范围内设立 28 个研究中心、研究人员数量超过 1 万人，当年度 25 项科技成果被认定为"国际领先"，申请国内外专利 13 525 件（资料来源：2019 年美的集团年度报告）。

② 资料来源：格力电器企业年度报告。

③ 相比之下，诸多企业通过无形资产评估方法对品牌资产进行界定和估值管理，例如：1993 年全聚德集团成立时，便委托北京嘉诚资产评估有限公司对"全聚德"品牌进行无形资产价值评估，确认"全聚德"品牌以 1994 年 1 月 1 日为基准日的社会公允价值为 2.6949 亿元人民币。

收购南京华新有色金属有限公司时，已经开始综合考虑标的公司的资产状况、品牌影响等因素，并充分考虑无形资产中账外可变识资产如客户关系、商标使用权的评估增值。这说明格力电器已经在并购业务开展时对品牌资产价值因素进行考量，或通过对商标的评估代替品牌资产管理工作。

3. 外界不确定性因素对品牌资产价值增值的影响

以 2018 年为例，格力电器与 160 多个国家和地区海外市场保持合作关系，在品牌战略上积极开拓海外市场。虽然品牌资产价值提升较快，但也易受经济政策不确定性的影响，尤其是在新冠疫情暴发、贸易壁垒增多、部分地区"逆全球化"背景下，企业经营受到较大影响。一方面，不确定性会增加海外市场的运营成本，影响产品出口和对于品牌的客户忠诚度；另一方面，汇率波动造成公司汇兑损失，产生更高的财务成本，削弱品牌资产的附加值。

另外，格力电器品牌资产价值可能受财政政策、货币政策和产业支持政策的影响。财政政策方面，格力电器受到的财政政策支持主要体现在政府直接补贴、政策性优惠贷款贴息和税收优惠等方面。第一，收到计入当期损益的政府补助，如财政奖励项目、开发项目资金补助、技改补助和人力资源补助等（以 2019 年为例，格力电器计入当期损益的政府补助达到 9.35 亿元）。第二，格力电器属于高新技术企业，该公司及诸多子公司（如珠海凌达压缩机有限公司）等均按照 15% 的税率计缴企业所得税。财政政策尤其是财政补贴的不确定，可能影响格力电器研发项目的资金投入，直接影响企业现金流和经营损益。在货币政策方面，贷款利率变化可能增加格力电器的财务风险和信贷成本。例如，2019 年格力电器短期借款期末余额为 159.44 亿元人民币，所适用利率区间为 1.09% ~ 3.18% 的浮动利率，存在有息负债因市场利率变动而增加偿债压力的风险。同时，公司持有外币金融资产（2019 年合计 184.651 亿元人民币）和外币金融负债（2019 年合计值为 59.898 亿元人民币）可能因汇率变动而产生波动。另外，产业政策变动直接影响铜、钢、铝和塑料等原材料的购买成本，生产要素成本挤占利润空间，影响品牌的附加价值提升。

（二）"贵州茅台"品牌资产

1. "贵州茅台"品牌管理现状

"贵州茅台"在经营和战略制定过程中，以"将茅台酒打造成'世界蒸馏酒第一品牌'"为目标。[①] 虽然"贵州茅台"关注品牌的增值和战略制定，但仍然未将"茅台"品牌作为一项单独的无形资产进行评估和管理，而是通过第三方品牌评估平台进行披露和估值。

当然，在"贵州茅台"发展过程中，十分重视对无形资产中商标权、品牌资产的保护。其一，针对"茅台"商标和有关其他商标，在全球范围内进行申请注册，扩大对"贵州茅台"驰名商标保护的地域范围。截至2021年2月1日，国家知识产权局商标局显示，中国贵州茅台酒厂（集团）有限责任公司共申请获得563件商标，涉及各类茅台产品[②]。其二，针对与"贵州茅台"生产和销售相关的酒瓶、生产技术等，进行研发创新，申请外观设计专利和发明专利，并成立专门的保密委员会保护生产工艺技术。截至2021年2月1日，国家知识产权局披露以"贵州茅台酒股份有限公司"为申请人的发明专利共226件，获得授权201件。[③] 其三，扩大酱香系列白酒的生产规模，通过合理的品牌定位拓展国际市场，保证品牌资产能够带来较高的经济附加值。其四，模仿其他现代型企业，在品牌资产的延伸、品牌传播途径拓展等方面进行创新。通过以上方式，既保护品牌资产的权益，也保障了企业通过"贵州茅台"品牌资产获得稳定收益的权益。

另外，"贵州茅台"公司通过市场营销方式驱动品牌资产价值增值：（1）推动"文化茅台"建设。通过多维度的"文化茅台"宣传平台提升该品牌资产的影响力和文化内涵。例如宣传茅台的文化理念、茅台的历史沿革和故事（如荣获1915年巴拿马金奖的故事）等。（2）通过积极履行社会责任，开展公益助学、制定综合生态环境治理方案等方式，提升品牌的社会影响力。（3）在人才培养、酿造工艺和产品质量管理等方面进行推广，形成

---

① 资料来源：茅台企业官网。
② 资料来源：国家知识产权局商标局网站。
③ 资料来源：国家知识产权局中国及多国专利审查信息查询网站。

茅台学院（应用型本科高校）、研究院和博士后工作站等研究资源，搭建产学研系统发展的系统①。

2. 品牌资产的价值管理

相比格力电器而言，"贵州茅台"更关注品牌的营销价值，而非品牌资产本身的价值，在经营管理过程中也表现出通过市场营销方式进行品牌推广的特点。例如，其一，通过"贵州茅台"品牌拓展其他品牌（如茅台王子酒、汉酱酒、茅台啤酒等），实现品牌资产的营销价值和品牌延伸；其二，通过履行社会责任、建设茅台研究院和茅台学院等方式提高社会认可度。结合世界品牌实验室公布的数据资料，"贵州茅台"品牌的品牌资产价值在2004 年为202.63 亿元，2020 年达到 2 855.23 亿元，由中国品牌价值500 强排行榜中第 25 位升至第 17 位，食品饮料行业第 1 名，有较高的品牌价值和影响力。在 2021 年 Brand Finance 品牌评估机构公布的《2021 年全球品牌价值500 强报告》中，"贵州茅台"品牌价值达到 453.33 亿美元，位列世界第 27 名，连续多年蝉联全球烈酒第一品牌。可见，"贵州茅台"品牌不仅有行业领先的品牌，也通过品牌资产实现较高的经济效益。

3. 外界不确定性因素对品牌资产价值增值的影响

作为食品饮料生产企业，"贵州茅台"的经营受到宏观经济发展状况、重大社会活动的影响较大。本节从以下几个方面分析不确定性因素对"贵州茅台"品牌资产管理的影响。

其一，经济政策变化的影响。相比格力电器，"贵州茅台"更加重视对潜在不确定风险的管理。一方面，"贵州茅台"享受财政政策支持和货币政策支持较少，减少因为经济政策不确定性带来的风险。以 2019 年为例，当年度适用企业所得税税率为 25%，无税收优惠；财政补助仅上海市浦东新区经济发展财政扶持一项，金额为 88.4 万元人民币。在货币政策方面，"贵州茅台"2019 年无短期借款和长期借款，所持有外汇金额较小（以2019 年为例，期末所持有外币余额仅有欧元，折合 1.067 千万元人民币），受到货币政策变动的影响不大。另一方面，通过调整经营方式减少不确定性

①　资料来源：茅台集团官网、"贵州茅台"企业年度报告和相关文献资料。

因素的影响。例如，保证充足的现金，控制短期和长期资金需求，销售以预收款项方式进行，交易信用风险小。

其二，消费环境变化的影响。"贵州茅台"作为白酒生产企业，在2020年新冠肺炎疫情、2009年禽流感等传染性疾病暴发时期，消费环境变化较大，存在品牌资产价值短期下滑的情况。另外，"贵州茅台"受到国家消费政策的变化影响较大。例如，国家对腐败行为如公款吃喝的监管力度加大，以及"禁酒令"等政策的实施推行，可能在短期内影响产品的销量。

第四节　企业研发创新现状分析

一、格力电器品牌研发创新内容

表8.2统计了格力电器自上市之后13年间的研发创新和品牌资产价值发展情况（2007~2019年）。由表8.2可见，格力电器的创新研发投入水平每年度均值为10.2亿元人民币，获得发明专利和外观设计专利数量最多的年份有2 383件专利，年度均值为457件；获得实用新型专利最多的年份有3 822件专利，年度均值为1 352件。

表8.2　　　　　　　　　　**格力电器研发投入情况**

统计变量	观测年度	均值	中位数	标准差	最小值	最大值
品牌资产价值（亿元）	2007~2019	679.21	425.86	595.34	100.62	1732.15
研发人员数量	2007~2019	2 005.00	0.00	4 918.00	0.00	14 251.00
研发投入（亿元）	2007~2019	10.20	0.00	25.10	0.00	72.68
发明专利数	2007~2019	457.00	88.00	748.00	0.00	2 383.00
实用新型专利数	2007~2019	1 352.00	1 084.00	1 240.00	0.00	3 822.00
外观设计专利数	2007~2019	374.00	390.00	222.00	0.00	731.00

资料来源：国泰安数据库、CNRD数据库、世界品牌实验室。

在对格力电器研发情况整体情况分析的基础上，本节进一步手工整理近4年企业的研发情况和无形资产水平，如表8.3所示（格力电器未披露2015年以前年度的研发和无形资产资料）。2016～2019年4年中，格力电器的研发人员数量逐渐增加、研发人员占比增多，现已超过1万名研发人员；研发投入数量由2016年的46.25亿元增至72.68亿元，研发投入逐渐增加。在2019年由于受国际贸易摩擦、新冠肺炎疫情和其他宏微观经济因素影响，研发水平有所下降。格力电器在披露无形资产时，将专利技术及非专利技术、电脑软件、著作权等进行合并。由表8.3可知，相对土地使用权而言，专利权及其他类型无形资产占比仍然较少，但企业研发投入呈波动增长趋势，且获得专利数量较多。这说明格力电器的研发投入水平和成果产出水平相对较高，研发创新既符合企业品牌发展战略，也符合格力电器所在高新技术行业的行业要求。

表8.3　　　　　　　格力电器研发情况（2016～2019年）

统计变量	2016年	2017年	2018年	2019年
研发人员数量	7 729	9 155	11 808	14 251
研发人员占比（%）	10.79	10.74	13.30	16.04
研发投入金额（亿元）	46.25	57.67	72.68	60.11
研发投入占营业收入比例（%）	4.27	3.89	3.67	3.03
研发投入资本化金额（亿元）	—	—	2.80	1.20
无形资产期末余额（亿元）	33.55	36.04	52.05	53.06
土地使用权	33.48	35.95	43.87	51.75
专利技术及其他	0.07	0.10	8.18	1.31

资料来源：国泰安数据库、CNRD数据库、世界品牌实验室。

截至目前，格力电器累计申请专利数量突破10万件，成为家电行业内唯一连续7年进入中国发明专利授权量前10位的家电企业，拥有39项"国际领先"技术，并获得中国专利金奖6项、日内瓦发明展金奖12项、纽伦堡发明展金奖9项，获得国家级、省部级、行业级的重要奖励106项。2022

年，格力电器共申请国内外专利 12 520 件，其中发明专利申请 7 508 件，获得发明专利授权 3 270 件，自主产权优势凸显。根据知识产权产业媒体 IPR-daily 公布的"2022 全球智慧家庭发明专利 Top100 排行榜"，格力电器位居全球四强，格力电器在智能家居方面的研发实力再次获得专业认可。

格力电器深化技术创新，其生产的高效无稀土磁阻电机，已进入公司布局的各个领域和渠道。格力电器研发的无稀土磁阻主驱电机系统实现了无稀土化，具有性价比高的特点，在综合能效、可靠性方面达到或超过稀土永磁主驱系统水平，对新能源汽车驱动系统行业摆脱稀土资源限制，实现健康、平稳、可持续的发展有重要促进作用；并开发了行业首款 200kW 无稀土磁阻主驱电机系统，后在新能源公交车推广应用。目前格力电器已开发推出 5 个大类、24 个系列、1 000 多个品种规格的产品，拥有国家专利 2 235 件，自主研发的无稀土客车磁阻主驱电机系统获得"国际领先"技术鉴定；高效率、低噪声永磁辅助同步磁阻电机荣获美国匹兹堡国际发明展 2 项金奖、新型高效无稀土磁阻电机的研发及其在变频压缩机和空调中的应用荣获广东省科学技术特等奖等，收获了丰硕的专业科技研发成果。从变频空调到新能源商用车、物流车主驱电机系统、工程机械用电机，凯邦系列产品在国内多家客户端获得广泛应用与认可，目前年产能 8 000 余万台，跻身全国同行业前列。

2022 年，格力钛新能源"一种钛酸锂复合材料及其制备方法、负极片及锂离子电池"成功入选第二十三届中国专利奖金奖，摘得新能源领域锂离子电池行业内的发明专利"首金"，也是新能源行业首次并唯一入选的锂电池产品技术。格力钛通过金奖专利技术，首创一种新型的高导电率钛酸锂复合材料，采用获奖专利技术制备的格力钛圆柱电池，从本质上提升电池的安全性能，同时突破大倍率充放电与长循环寿命不可兼顾的技术瓶颈，对扩大锂电池产品在新能源领域的应用范围，具有重要意义及显著社会效益。格力钛自主研发的氢钛动力总成技术获评"国际领先"的高安全大倍率储能系统关键技术。成功入驻全球首个光伏储能实证实验平台，为储能系统稳定应用于高海拔、超低温地区的可再生资源电力开发消纳场景，提供有效科学解决方案，并已进入青海、新疆油站等光储项目。截至 2022 年年底，格力钛累计申请专利3 463项，并实现由知识产权优势企业到示范企业的跨越，成功入选"国家知识产权示范企业"。

二、茅台品牌研发创新内容

国家出台了《关于发挥品牌引领作用推动供需结构升级的意见》等重要文件，鼓励老字号企业"守正创新"，既保持老字号的传承，又鼓励对传统技艺、企业体制机制进行创新，重塑品牌形象，发挥品牌资产的盈利作用。在此背景下，"贵州茅台"对企业品牌资产所拥有的历史文化资源进行剖析，在突出历史文化价值的基础上，进行适度创新，找准旗下品牌的发展方向，推进品牌创新发展。表8.4统计了2007～2019年"贵州茅台"的研发创新和品牌资产发展情况。由表8.4可见："贵州茅台"的研发投入水平每年度均值为3.261亿元人民币，获得发明专利数年均不足2项，而发明的重点主要集中在外观设计专利上。事实上，2007～2011年，"贵州茅台"的研发投入为0，而从2012年开始研发投入逐年增加，研发创新形成专利授权也是从开始逐年增加。自2009～2020年，贵州茅台酒股份有限公司共获得授权发明专利33项、实用新型专利32项、外观设计专利136项。[①] 由此可见，与格力电器不同的是，"贵州茅台"为提升品牌资产价值而进行的研发创新中，以外观设计专利为主，而以发明专利的研发为辅。

表8.4　　　　　　　　　贵州茅台品牌资产及研发创新情况

统计变量	观测年度	均值	中位数	标准差	最小值	最大值
品牌资产价值（亿元）	2007～2019	1 058.200	972.450	796.128	227.340	2 855.230
研发人员数量	2007～2019	491.769	0.000	762.427	0.000	1 945.000
研发投入（亿元）	2007～2019	3.261	3.858	2.960	0.000	6.572
发明专利数	2007～2019	1.923	1.000	3.226	0.000	11.000

---

① 资料来源：国家知识产权局网站（以"贵州茅台酒股份有限公司"为申请人）。囿于资料限制，未统计集团在其他国家申请的专利信息。

统计变量	观测年度	均值	中位数	标准差	最小值	最大值
实用新型专利数	2007~2019	2.308	1.000	4.151	0.000	14.000
外观设计专利数	2007~2019	4.154	2.000	5.871	0.000	18.000

在对贵州茅台研发情况整体情况分析的基础上，本节进一步手工整理近四年贵州茅台的研发情况和无形资产水平，如表8.5所示。2016~2019年4年中，贵州茅台的研发人员数量逐渐减少、研发投入比例逐年降低；研发投入数量由2016年的6.096亿元降至2019年的2.205亿元，研发投入占营业收入比例较低。另外，在所披露的无形资产类型中，专利权的占比较低，而占比最大的部分为土地使用权。这说明贵州茅台的研发水平和所拥有的核心技术类无形资产相对较低，并未实现对特殊生产工艺的保护。但是，贵州茅台的品牌资产仍然逐年上升。究其原因，一方面是贵州茅台的品牌资产价值增值战略是以市场营销为主，研发创新项目也是围绕市场进行的，针对性较强；另一方面是贵州茅台作为传统工艺性酒类生产企业，其主要竞争者之间生产原料、生产技术存在差异，客户的消费习惯存在较强的地方特性和消费倾向，消费者对特定高档白酒消费的需求弹性较低。加之"贵州茅台"主要生产的酱香型白酒随着储存时间增加，产品也随之升值，受到消费水平的影响不大。可见，格力电器和贵州茅台作为不同类型的企业，其研发创新对品牌资产价值增值的作用存在一定差异。

表8.5 **贵州茅台研发情况（2016~2019年）**

统计变量	2016年	2017年	2018年	2019年
研发人员数量	1 945.000	1 679.000	551.000	459.000
研发人员占比（%）	9.160	6.990	2.070	1.830
研发投入金额（亿元）	6.096	4.349	3.858	2.205
研发投入占营业收入比例（%）	1.570	0.750	0.520	0.260
研发投入资本化金额（亿元）	0.000	0.000	0.000	0.000

统计变量	2016 年	2017 年	2018 年	2019 年
无形资产期末余额（亿元）	3.532	3.459	3.499	4.728
土地使用权	3.526	3.456	3.496	4.717
软件开发权	0.006	0.002	0.003	0.011

贵州茅台虽然是一家传统酒企，但科技含量也很重要，直接关系到公司的未来成长性。2021 年，企查查大数据研究院推出《企查查白酒专利 20 强企业榜单》，报告分为四个部分：专利 20 强企业总榜、发明专利 20 强企业榜单、实用新型专利 20 强企业榜单、外观设计专利 20 强企业榜单。贵州茅台、舍得酒业、洋河酒厂分别位列 "发明专利 TOP20 白酒企业榜单" 的前三名，发明专利数量分别是 33 件、32 件、30 件。在贵州茅台的 33 件发明型专利中，包括酿酒微生物的研究、封窖泥质量鉴别方法、测定白酒中 100种农药残留的方法等。此外，贵州茅台的实用新型专利有 32 件，包括一种曲粉装料系统、碳纤维锹棒及酿酒工具、一种白酒厂房结构等，大多与白酒生产相关。

2018 年，贵州茅台集团曾经在向国家知识产权局申请了一项发明专利，发明专利名为：一种利用芥末与生姜增强酒精烈度的配制酒配方及调制工艺的制作方法。在该发明专利的申请文件中，如下介绍该专利：研究人员从配制酒的口感入手，对现有技术和市面产品进行研究与探讨，并通过反复试验，试图为增强饮料酒的酒精烈度提供了一种新思路。这项发明提供一种配制酒，其配方包括如下重量份数的原料混合制成：芥末提取物 0.1 ~ 10 份、生姜提取物 0.1 ~ 10 份，基酒 3 ~ 60 份，加入适量的纯净水和果汁等，酒精度调整为 0.5% ~ 40% vol。简而言之，贵州茅台创造性的在酿酒时加入了芥末和生姜。这一发明专利提供的配制酒配方独特，不但在低酒精度的条件下增强了酒精的烈度感觉，同时又具有不容易醉的特点。

2020 年 11 月 6 日，贵州茅台酒股份公司公开了一项碳纤维锹棒的酿酒工具专利。茅台酿酒工艺中的投水润粮、晾堂操作等关键工序，以及制曲生产，员工劳作离不开锨、铲、扫帚、拖把等工具。贵州茅台员工用碳纤维锹棒制作的新工具作业，仅工具重量就比以往减轻了 1/3 左右。并且碳纤维锹棒的发明，可以替代制酒、制曲生产所需的锹、铲、扫帚、拖把的木质手柄，有效解决木质手柄笨重、吃力、易变形等弊端。在轻便省力的同时，使用碳纤维锹棒也能满足食品安全。除此之外，由于强度、韧性高，耐腐蚀性强，碳纤维锹棒相较于木质手柄的更换频率，使用周期明显更长，从长远看不仅能降低成本，还有利于林木保护。

2023 年 1 月 31 日，贵州茅台公布了名为"一种提升酱香型白酒基酒产质量的方法"的专利。该专利所述方法包括：根据不同发酵轮次物料特性的不同，将酿酒年度所需的总谷壳用量按照不同发酵轮次进行不同比例的添加。该发明所提供的方法显著提升了各轮次基酒的质量，进一步提升了酱香型白酒的总产量，对酱香型白酒轮次酒品质控制具有较强的实际指导意义。

第五节　研发创新对品牌资产价值增值的作用

基于上述分析，格力电器与"贵州茅台"均进行研发创新，且获得品牌效益。但二者的研发创新策略存在差异。格力电器的战略目标中，无论是在传统大家电制造行业还是在新兴的高端装备制造及通信设备行业，均突出了创新的作用。格力电器重点关注对产品核心技术的创新，所以研发创新以发明专利为主。截至 2019 年年末，格力电器累计申请专利 63 956 项、发明专利 31 500 项，格力电器旗下的格力智能装备公司累计申请专利 2 501 项。表 8.6 对"贵州茅台"与格力电器企业部分创新成果的品牌效应进行对比分析。如表 8.6 中创新成果实例所示（格力电器实际上共获得 28 项"国际领先"技术，囿于篇幅，以 2018 年所获两项有代表性的专利技术为例进行分析），格力电器通过创新成果的投产使用，形成"专注创新"的品牌资产特征，资产价值得到快速增长。通过研发创新，格力电器不仅掌握国际领先的技术，也形成"行业标准"、技术领先的品牌形象，获得较好的品牌资产价值增值效果。

表8.6　"贵州茅台"与格力电器企业部分创新成果的品牌资产增值效应

Panel A：格力电器

研究时间	创新成果实例	成果应用	品牌效应	品牌资产增值情况
2018 年	GMV6 多联机	全球首款人工智能多联式空调机组	同时可实现 –30℃ ~ 55℃宽广的运行范围，是行业内运行工况跨度最大的多联机产品，宣传格力电器"国际领先"的品牌目标	2018 年格力电器品牌资产价值 1 536.74 亿元，相比 2017 年品牌资产价值 1 324.37 亿元增长 212.37 亿元
	格力晶弘冰箱	–3℃嫩冻、–5℃瞬冻、–33℃深冻三大保鲜技术，推出魔法系列冰箱	获得"中国家电好产品"奖和"2018 年度人民匠心产品奖"；晶弘冰箱同比增长50.3%，增长率行业第一，总销量行业第九①。提升市场认可度、参与行业保鲜标准制定，树立品牌形象	

Panel B：贵州茅台

研究时间	创新成果实例	成果应用	品牌效应	品牌资产增值情况
2020 年	外观设计：酒瓶（茅台王子酒 500ML）	作为贵州茅台王子酒品牌的包装酒瓶	为茅台王子酒品牌的推广提供支持	2019 年品牌资产价值 2 185.15 亿元，2020 年品牌资产价值 2 855.23 亿元，增值 670.08 亿元
	发明专利：一种利用酱香型白酒酒糟发酵有机肥的生产工艺	解决酱香型白酒丢糟处理关键问题	节能环保，解决白酒丢糟所造成的废渣环境污染问题，展示企业的环境意识和环保责任	

　　相比之下，"贵州茅台"掌握高质量、传统的生产工艺，且有相对稳定的消费群体和品牌认可度，所以该企业的创新研发以扩大产品的市场认可度、促进品牌资产在各领域的延伸提供支持。所以研发创新的项目集中于外观设计专利和实用新型专利，而对于生产技术的创新（发明专利）也集中于对原有生产工艺的保护，以及结合相关政策和市场消费理念变化而进行的调整，是以"消费市场"为中心进行的研发创新。例如：在2020 年所形成的外观设计专利，茅台王子酒的酒瓶，为茅台王子酒的品牌推广提供支持，能够形成迎合消费者消费心理的产品外观，有助于"贵州茅台"品牌由

---

① 产业在线数据显示：冰箱行业全年内销量同比下降3.9%。

"茅台飞天"产品向其他产品延伸,同时进行品牌推广。所形成的发明专利即"利用酱香型白酒酒糟发酵有机肥的生产工艺",能够解决产品生产过程中酒糟废渣的垃圾处理,缓解生产带来的环境污染问题,是在原有生产工艺的基础上进行革新,减少废渣污染,促进产品生产过程中的"绿色化"和生态保护。该项专利既能够提高产品生产的质量,又能够塑造"绿色生产"的品牌形象,提升品牌价值。

第六节　品牌资产价值增值战略优势与可能存在的问题

一、格力电器品牌资产价值增值

相比"贵州茅台"而言,作为科技创新型电器制造业企业,格力电器的品牌资产增值战略中更突出了对核心技术研发创新的作用:其一,主打关键技术和创新品牌。格力电器关注品牌资产的培育和知识产权保护,通过营造"科技创新、高质量"的品牌形象,获得行业领先关注度,有稳定的客户群体。另外,格力电器坚持研发创新、不断突破国际领先的核心技术,掌握28项国际领先的核心技术、拥有万名研发人员团队及几万项专利技术,是品牌资产价值增值的动力根源。其二,网络式经销渠道。格力电器广泛拓展专卖店和经销网点,为品牌营销和宣传提供售前咨询、售中服务和售后追踪等服务基础,打造品牌资产的盈利基础。其三,借助核心技术拓展国际化合作。格力电器的家用空调市场份额在全球市场保持领先,并积极拓展海外业务、承包空调安装等业务。参考日本经济新闻"全球主要商品与服务市场份额调查",格力空调以21.90%的市场占有率位居全球第一(马静,2019)。其四,扁平式品牌管理。

虽然格力电器拥有较高的行业地位和创新水平,但在品牌资产管理中,仍然存在一定问题,关注品牌资产价值而未对品牌资产进行管理。其一,品牌特性不突出。虽然格力电器拥有行业领先的技术创新水平，但消费者对格力电器的品牌存在模糊认知，相比同行业竞争中如海尔等，并未突出品牌特性。其二，产品特性不突出。格力电器的产品范围较广，由电灯、手机、空调到智能机器人等，未能突出空调的领先地位。而现有市场占有率较高的主要原因是销售网点、售后服务带来的，仍未充分发挥创新驱动的品牌资产价值增值优势。

二、"贵州茅台"品牌资产价值增值

作为食品饮料生产企业和具有历史文化背景的代表性企业，"贵州茅台"品牌资产增值速度快、品牌影响力大，其培育和品牌资产价值增值的过程中，更突出对于产品生产线和外观设计的研发创新。其一，经营管理方式的创新和传统生产工艺的保护相结合。在"贵州茅台"的研发创新过程中，仍然明确品牌定位、清晰品牌战略规划，保持高质量的品牌形象和生产质量，充分发挥品牌资产对企业销售、盈利的带动作用。在对"贵州茅台"年报及其他资料的分析中，可以清晰了解到，该品牌以对品牌资产的营销为主，注重对品牌资产的培育与经营，和对传统生产工业的保护。通过中华老字号评选、国家非物质文化遗产评选等方式对传统生产工艺进行保护和推广，同时建立茅台研究所和茅台学院对生产技术进行研发创新。其二，以市场为中心进行研发创新。该企业的研发创新是以提升消费者认可度和品牌延伸为主，研发创新的项目选择也倾向于策略性创新。例如，为提高生产过程中对环境的保护，研发创新降低工业废渣排放的技术；为提高品牌资产的附加价值，对原有品牌进行拓展，并结合市场消费者的消费心理，对外观设计进行研发创新；为保证品牌资产的合法权益，对原有防伪技术进行创新等。其三，企业在经营管理过程中，能够充分保护企业品牌资产和生产技术的合法权益不受侵害，通过注册商标、申请国家级非物质文化遗产、申请专利等方式保护品牌资产价值。推进"文化茅台"建设，完善营销体制和直营渠道，提高对市场的调控能力，保证产品有较高的品牌影响力和文化带动力。形成特色的营销文化，为品牌资产的价值增值拓展空间。

在品牌资产的管理和战略定位中，"贵州茅台"充分发挥品牌优势，建立起产学研用协同创新的管理制度，并形成较好的产品营销体系，获得较高的品牌资产附加值与较好的收益。但在品牌资产的管理和推广过程中，也存在一些值得思考的问题。例如，产业链分布较广，部分产品定位不够明确。企业在发展规模经济的过程中，借助"贵州茅台"品牌的影响力进行延伸，形成各层次产品，在拓宽经营领域的同时冲击高端产品所带来的高品牌资产附加值。

第七节 本 章 小 结

本章选择以历史文化底蕴深厚的"贵州茅台"和以科技创新作为品牌资产价值增值主要动力的"格力电器"进行对比，探究研发创新在各类企业品牌资产价值增值过程中的实际驱动作用，发现：无论是传统工艺型企业品牌资产还是技术创新型企业品牌资产，研发创新均能够对品牌资产价值增值产生驱动作用。对于现代制造业企业而言，通过创新能够快速、大幅度提升品牌资产价值，但需要有前期研发资金、研发人员投入作为基础；对于拥有深厚历史文化背景的传统工艺型企业而言，在探求创新的基础上，也可以参考"贵州茅台"的品牌战略，借助有针对性地研发创新形成以独特传统文化为代表的软营销方式。根据以上案例分析内容，本章研究认为：品牌资产的保值增值需要研发创新。品牌资产的历史文化背景能够保证企业的发展方向；而创新研发是品牌资产价值增值的根本动力。无论是"贵州茅台"还是"格力电器"，在品牌资产价值增值过程中，研发创新都发挥了关键的作用。"贵州茅台"根据消费市场、相关环保政策的要求，保护品牌资产的合法权益，形成多元的品牌战略，提升品牌资产价值；"格力电器"更是通过研发创新，形成自己的品牌资产，并通过掌握核心技术对品牌资产进行保值增值。故而，企业进行品牌资产管理时，应针对宏观经济形势和企业实际发展情况进行研发创新，而非盲目研发，均应在制定品牌资产增值战略时，考虑文化继承与创新的均衡。

第九章　政策建议与展望

本章旨在对研究内容进行梳理和总结。首先，本章介绍本书的主要研究结论，并根据研究结论提出相应的政策建议；其次，结合研究过程的困难和局限性，指明未来研究方向，供他人研究探讨。

第一节　研究主要结论

本书使用 2007~2019 年 A 股上市公司数据资料，结合品牌资产价值数据，探究企业研发创新对品牌资产价值增值的作用机理，以及不同经济政策不确定性影响下，企业研发创新对品牌资产价值增值的影响。

第一，本书结合文献回顾和理论分析，整理企业研发创新对品牌资产价值增值的影响机理，以及经济政策不确定性的经济后果。（1）从品牌资产价值的影响因素、核算与评估方法等角度入手探讨品牌资产价值管理问题，对品牌资产价值管理进行全面梳理。（2）对企业研发创新的动因、经济效应和企业研发创新与品牌资产价值间关系进行回顾，为本书实证研究提供理论支撑。（3）对经济政策不确定性的分类方法、衡量标准和经济后果进行分析，讨论在国家一系列发展战略和经济政策变动的影响下，企业研发创新和品牌发展战略的趋势，为本书实证章节的研究搭建基础框架。（4）对中国品牌资产相关政策演进脉络进行梳理和国际比较，并通过描述统计分析我国品牌资产发展现状，对中国品牌资产价值形成全面了解。

第二，本书对企业研发创新与品牌资产价值之间关系进行研究和检验，区分研发创新投入、研发创新产出和研发创新动机等视角，探索企业研发创新与品牌资产价值增值的影响效应。研究发现：（1）研发创新投入方面，企业研发投入水平越高，其掌握的品牌资产价值也相对越高。（2）研发创新产出方面，企业获得专利授权能够提升品牌资产价值。（3）研发创新动机方面，本书发现实质性创新对品牌资产价值的促进作用更明显。本书通过调整样本选择范围、调整回归方法、替换变量、替换样本等方法进行稳健性检验，通过 Heckman 两阶段法和工具变量法缓解内生性问题，仍然支持本书结论。

基于以上研究发现，本书对研究进行进一步拓展：（1）区分研发创新支出的资本化研发支出和费用化研发支出，发现资本化研发支出和费用化研发支出均会提升品牌资产价值。（2）研发创新对品牌资产价值的提升作用在高端制造业样本下仍然显著，说明高端制造业的品牌发展需要有持续的研发创新作为支撑。（3）在国家自主创新示范区政策调节作用下，实质性创新对品牌资产价值的提升作用更显著。

第三，本书基于货币政策的不确定性因素进行分析，检验货币政策不确定性对企业研发创新与品牌资产价值间关系的调节作用。结果发现：（1）货币政策不确定性显著抑制研发创新投入对品牌资产价值增值的促进作用。在货币政策不确定性较高时，研发投入未能带来较高的品牌资产价值收益。（2）货币政策不确定性显著抑制企业获得专利授权对品牌资产价值增值的影响。在货币政策不确定性较高时，企业研发创新获得专利授权未能带来较高的品牌资产价值收益。（3）货币政策不确定性显著抑制企业进行实质性创新和策略性创新对品牌资产价值增值的影响。可见，在货币政策顶层设计时，需要考虑频繁变动带来的不确定性对微观企业研发创新和品牌资产管理的不利影响。

本书通过替换专利变量衡量标准、替换货币政策不确定性变量衡量标准、调节行业样本等方法进行稳健性检验，并通过 Heckman 两阶段法修正内生性问题，结果仍然支持本书结论。本书基于以上研究结论进行进一步分析，从企业所属经济区域、高端制造业行业样本等宏观视角和企业财务杠杆水平、企业产权性质等微观视角进行拓展，考虑货币政策不确定性对研发创新与品牌资产价值增值之间关系的作用，结果发现：货币政策不确定性的调节作用在不同经济区域、不同财务杠杆水平企业和不同产权性质企业样本中存在差异。另外，货币政策不确定性显著抑制高端制造业获得专利授权、实质性创新和策略性创新的品牌资产价值效应实现。

第四，本书引入财政政策不确定性视角，从企业研发创新投入、研发创新专利产出和创新动机视角探究企业创新行为对品牌资产价值增值的促进作用。本书研究发现：财政政策不确定性对企业研发创新投入、研发创新获得专利授权、实质性创新和策略性创新均存在显著的抑制作用。本书通过替换变量、调整样本选择范围、Heckman 检验等方法对结论进行稳健性检验和内生性检验，仍然支持以上结论。另外，本书进一步研究发现：（1）财政政策不确定性对于不同经济区域企业样本、不同产权性质企业样本的影响存在差异。（2）高端制造业企业样本中，财政政策不确定性对研发投入与品牌资产价值间关系的影响较小，但对获得专利授权、实质性创新和策略性创新均有显著的抑制作用。（3）高新技术企业样本中，财政政策不确定性对于企业获得专利授权和实质性创新存在一定削弱作用。（4）本书在研究设计基础上，进一步探究财政政策波动对企业研发创新与品牌资产价值增值间关系的影响，发现财政政策越宽松，企业获得专利授权、实质性创新对品牌资产价值增值的促进作用越明显。

第五，本书选择对贵州茅台和格力电器的双案例对比分析，研究研发创新在传统工艺型企业品牌资产和科技创新型企业品牌资产增值过程中发挥的具体作用。根据案例研究，本书发现：（1）科技创新型和传统工艺型两类不同类型企业的品牌资产价值增值驱动策略存在较大的差异。但两类企业在发展过程中，都需要有针对性地进行研发创新，对生产技术不断改良升级或结合市场环境对外观设计进行更新。（2）案例企业对于品牌资产价值的管理尚为未成体系，缺少基于资产负债表观下的品牌资产管理体系建设，缺少对企业品牌资产的价值动态评估和管理。（3）经济政策不确定性对案例企业的影响较大。企业品牌资产增值过程中，易受到政策变动的影响，但能够通过日常经营管理化解潜在的不确定性风险，降低不确定性。

第二节　政　策　建　议

在新发展格局下，推动中国经济高质量发展、建设全国统一大市场、拓展国际市场的背景中，中国品牌发展仍然任重道远。民族品牌众多，但科技含量低、文化附加值低，满足高端需求的品牌少，具有国际竞争力的品牌少，品牌资产仍相对较低。多年来，中国企业在品牌资产培育工作上，普遍缺乏科学的管理，影响了品牌事业的健康发展。目前，中国的产业结构调整、经济增长方式转变、技术升级和企业改造已经进入关键阶段，在此情况下，重视品牌资产的保护，完成从"中国制造"到"中国创造"的转变，对于中国未来的发展具有重要的战略意义。

研发创新是品牌资产价值增值的重要驱动因素，针对企业特征设计有针对性的研发创新计划，能够显著提升企业品牌资产价值。但在企业经营过程中，可能因经济政策不确定性的影响，研发创新并没有产生应有的作用，给企业造成巨大的损失，同时影响市场活力的激发和要素市场流通。在"加快形成以国内大循环为主体、国内国际双循环相互促进"的新发展格局背景下，通过缓解经济政策不确定性，以提升研发创新对品牌资产价值的促进作用，通过制度创新引导企业技术创新，激发品牌经济的市场活力有重要意义。据此，本节从政策制定和管理方面等提出建议。

第一，在宏观经济政策制定过程中，应增强政策的连续性稳定性和可持续性，避免政策"急转弯"和"朝令夕改"，更加精准地防治和化解经济转型过程中，经济政策不确定性事件向确定性负面结果转化风险的发生，尽可能缓解不确定性对宏观经济和微观企业发展造成的不利影响，给企业（尤其是高端制造业企业、高新技术企业）留足稳定的研发创新投入时间，在适度范围内通过政策调整缓解经济波动性，根据现实情况适时调整完善，以实现经济"行稳致远"。

在货币政策制定和实施过程中，相关部门应加强对人民币贷款规模、市场利率等基本面预期的改善，结合政策实施情况对市场进行精准、高效的干预，把握经济周期特征，重视逆周期调节。在货币政策管理过程中，应加强对不确定性的监测，及时化解潜在的不确定性风险，建立多层次、多领域的金融资源反馈机制和资本市场管理体系，稳定企业资金来源，提高对政策实施节奏和力度的监督，避免因货币政策频繁、较大幅度变动而衍生出其他金融风险，充分发挥资本要素市场化手段在落实货币政策、推进实体经济发展方面的积极作用。

在财政政策制定和实施过程中，相关部门应避免政策刺激过度现象的发生，增强对财政政策精准预期、执行监督和效果评价，慎用大规模财政刺激计划而选用更为平滑的调控政策，将政策重点聚焦在提供预期性的、规则性的、承诺一致的财政政策以稳定宏观经济增长，增强财政政策与其他宏观政策的配合，增强财政政策与货币政策的动态搭配和组合协调，提升宏观经济政策实施的综合效果，打好政策组合拳。在政策实施过程中，应依据企业特征分类引导、划片管理，增强对高新技术企业、高端制造业等类型企业研发创新的激励和引导。

第二，充分发挥研发创新推动经济高质量发展的作用，发挥创新在提升中国品牌影响力、品牌资产价值中的驱动作用。企业发展离不开制度创新、技术创新，掌握核心技术是提升品牌资产价值和品牌竞争力的关键手段。故有关部门在进行政策制定过程中，应该激发企业主动创新的意愿和活力，借助市场化机制鼓励企业创新，尤其是引导高端制造业、高新技术企业建设高质量实验室和创新基地，针对"卡脖子工程"进行攻坚克难，健全科技成果产权激励机制，通过搭建政府、研究机构与企业的联动创新平台，推动我国企业品牌资产的发展和增值，更好地实现创新驱动发展作用。

引导企业结合品牌资产特征有针对性地适度创新，不盲目"跟风"。科技创新型企业的品牌资产需要不断进行核心技术研发、形成国际领先的发明专利，以实现品牌资产保值增值；传统工艺型企业的品牌资产需要在适度创新的同时保证传统工艺的"原汁原味"和历史文化底蕴。相关部门在对企业进行管理时，应引导企业针对宏观经济形势和企业实际发展情况进行研发创新。

第三，相关部门应加强基于资产负债表观的品牌资产管理体系建设及动态价值确认方法，出台针对品牌资产经营管理、品牌资产价值绩效评价和品牌资产信息披露等方面的管理制度，引导企业在经营过程中注意监督和管理品牌资产的保值增值。例如，要求企业财务部门将品牌资产作为表外无形资产进行管理，在报表附注中对品牌资产的价值、资产价值弱化情况及原因、品牌资产名称、品牌战略（是否存在品牌延伸、品牌资产拆解）等信息进行合理披露。

引导企业加强对品牌资产的价值管理。在品牌资产价值增值战略制定过程中，引导企业明确品牌定位和经营目标，找到适合企业特征的品牌资产增值路径。对于历史文化内涵丰富的中华老字号企业、餐饮服务业等，需要挖掘企业品牌资产的文化内涵，挖掘品牌无形资产独特的盈利途径；对于现代制造业企业而言，需要掌握核心竞争力和关键技术，不断突破创新，通过技术引领实现品牌资产的保值增值。

第四，政府监管部门应针对不同类型的品牌资产制定具体的政策措施。例如，对于研发投入，可以给予税收优惠或财政补贴等奖励，对于人才培养和技能提升方面，可以扶持鼓励企业的员工培训计划等。此外，监管部门也应建立对品牌资本投资政策的评估机制，及时跟进政策实施效果，以便进行调整和改进。货币政策可以考虑对企业品牌资产投资的影响，甚至考虑非传统的货币政策来适应品牌资产的独特性质，从而达到更优的政策效果。最后，进一步细化研究品牌资产的租金分配问题，可以阐明市场垄断力量与品牌资产的具体关系，特别是通过专利、版权和其他制度赋予品牌资产部分排他性。这些权利的分配可能揭示不平等现象加剧的根源，进而能使科技型骨干企业发挥应有的行业支撑作用，营造有利于中小企业成长的良好环境。

政府对企业研发支出给予税收优惠能显著提升经济整体研发强度，鼓励企业创新。另外，由于品牌资产折旧率高、难以抵押等特点，传统货币政策通过信贷传导渠道难以影响品牌资产投资，因此，央行也可以考虑直接干预市场流动性的非传统货币政策。最后，由于品牌资产也会影响市场结构和垄断格局，相关产业政策应侧重于加强竞争监管和知识产权执法，鼓励品牌资产市场的发展，给予相关税收优惠来激发企业的投资动机进而促进企业创新等。品牌资产难以纳入传统的税收体系，为了更好地度量无形资本为公司带来的价值，税收政策应做出相应调整。在考虑企业品牌资产投资时，最优税收政策应当是征收股息税而非资本利得税。

第五，紧密结合中国具体国情和实践经验，修改和完善品牌资产法律制度。当前，应抓紧时间完善和进一步落实《专利法》《著作权法》《商标法》《反不正当竞争法》等，包括改进外观设计专利的审查和授权方式，完善实用新型检索报告制度，明晰侵权金额的认定标准。出台"商业秘密保护法"等单行法，制定"民间文学艺术保护条例"等行政法规，对民间文学艺术表达和传统知识等优势领域实现国内立法的综合保护。落实有关滥用品牌资产以及许可贸易中限制竞争行为的规定，注意防范滥用品牌资产的行为，建立中国对滥用品牌资产行为界定、约束和惩处的机制。

考虑到品牌资产积累会加强市场集中度和行业垄断势力，政策制定者应出台一些产业政策和反垄断法案来确保拥有更高品牌资产的企业不会利用其市场力量从事反竞争。为了更好地激励企业品牌资产投资，应当出台逆周期的宏观调控政策并放松产品市场相关管制，促进竞争。在市场监管框架方面，政府应引入竞争政策为企业改善运营管理提供激励，从而增加其对组织资本的投资，而知识产权保护立法也被证明能显著刺激品牌资产的投资。

第六，政府应该加大力度支持品牌资产质押融资。无形资本密集型企业的外部融资需求更低，对传统银行借款的依赖性更低，这使传统商业银行部门的资产端从大量企业贷款的结构转向以个人住房抵押贷款和金融市场其他流动性资产相结合的结构。银行资产端的企业贷款减少也使银行在其他资产端提高风险承担水平以期获得回报补偿，如寻求个人住房抵押市场中的边际借款者。整体而言，这导致了银行贷款收入比和不良贷款率显著上升，综合收入下降。如果没有适当的监管和足够的资本缓冲，这些共同的风险暴露会降低整个金融系统的复原能力和抗风险能力。无形资本密集型企业更多地向非银金融部门借款，从而催生了影子银行的企业贷款业务。这一趋势也使这类企业对面向银行信贷的传统货币政策反应不敏感，容易滋生系统性风险。研究发现，拥有更多品牌资产的上市企业股价和投资量对货币政策冲击的反应均更弱。这是因为，品牌资产难以作为抵押物以及其投资对利率不敏感，因此，通过信贷渠道影响企业投资这一传导路径的传统货币政策效果明显减弱。政策制定者还可以鼓励金融中介商提升无形资本的可抵押性，例如支持以知识产权为抵押的贷款形式。鼓励初创企业和中小企业进行研发等相关品牌资产投资的另一种方式是政府提供有针对性的直接融资支持，例如法国创立了支持初创企业流动资金的基金，德国针对初创企业实施的援助计划，英国为面临财务困难的创新型企业提供共同融资基金等。

第七，规划国家品牌资产战略，建立以品牌资产为导向的公共政策体系。国家品牌资产战略是一种全局性、长期性和国策性的发展战略，它要体现国家以制度配置为基础，对市场主体自主创新的推动和引导，因此需要集中政府、企业、行业、社会等主体的力量，形成合力，并使之形成一个协调、配合的战略体系。在国家品牌资产战略的指引下，品牌资产制度应与国家的产业政策、科技政策、外贸政策、文化政策、教育政策、投资政策相互配合，并在有关政策出台时增加品牌资产条款。在产业政策方面，应着力调整产业结构，促进智力成果产业化；在科技政策方面，应加大对发明创造者的保护力度，注重科技成果的产权化、产业化；在外贸政策方面，应转变对外贸易增长方式，优化进出口商品结构，扩大具有自主品牌资产、自主品牌的商品出口；在文化政策、教育政策方面，应鼓励文化创新，推动文化的版权化、市场化；在投资政策方面，应加强创新资金扶持，加大研发的财政投入。

第八，紧密结合国际品牌资产制度变革的最新动向，积极加强品牌资产国际事务的交流与合作。中国作为一个在全球有重大政治影响力的发展大国，应当与其他国家、国际组织及外商投资企业在品牌资产领域广泛开展对话和沟通。一是加强传统资源（包括传统知识、遗传资源）和地理标志的法律保护。推动在传统中医药、民间文学艺术表达形式、遗传资源、生物多样性、地理标志等领域对中国具有优势的品牌资产资源的国际保护，争取降低我国处于劣势的知识产品的保护水平。二是重视保持发展中国家与发达国家之间的利益平衡。要在国际品牌资产体系的建构中考虑发展中国家的科技、经济和社会发展的阶段，增加与发展中国家成员有切身利益关系的技术转化与援助，使其有利于发展中国家的经济社会发展。三是促进品牌资产与人权的协调发展。将品牌资产国际保护与实现其他人权紧密结合，实现品牌资产保护与作者精神权利、公众表达自由、公民隐私权、公众健康权、发展权等的协调发展。

第三节 研究展望

本书的研究综合了会计学、工商管理学、市场营销学和微观经济学等研究领域，对品牌资产价值管理、研发创新与品牌资产价值间关系、经济政策不确定性经济效应等问题的研究取得了一定进展，但由于个人水平和资料限制，仍有较大的提升空间，可以通过未来研究进一步拓展和深化。

其一，在现有研究基础上，进一步扩大研究样本，参考不同研究视角和统计口径，对我国企业所掌握的品牌资产价值水平和管理模式进行充分统计，探索品牌资产价值管理的科学方法和逻辑框架，并探讨如何通过会计学方法对品牌资产进行信息披露。另外，尽可能通过实地调研等方式，对重点企业品牌资产的实际情况进行了解和评估。

其二，进一步探索品牌资产价值增值的实现机制。本书研究重点讨论在经济政策不确定性条件下研发创新对品牌资产价值增值的促进作用。在该视角基础上，计划进一步深入探讨品牌资产价值增值的其他路径和方法，例如双元化创新的品牌资产价值实现路径，为中国品牌的价值增值提供思路。

其三，拓展经济政策不确定性的研究视角。本书选定货币政策和财政政策两个主要经济政策进行研究，主要是考虑到本书逻辑框架完整性和实证研究的数据可获得性等原因。在未来的拓展研究中，计划进一步探索国际环境变动、贸易政策等对于中国企业研发创新与品牌资产价值增值间关系的影响。

参 考 文 献

［1］Aaker D. A. 创建强势品牌［M］. 北京：中国铁道出版社，2012.

［2］Aaker D. A. 管理品牌资产［M］. 北京：机械工业出版社，2012.

［3］Knight F. H. 风险、不确定性与利润［M］. 北京：商务印书馆，2009.

［4］Marshall A. 经济学原理：珍藏本［M］. 北京：华夏出版社，2012.

［5］艾丰. 中国品牌价值报告［M］. 北京：经济科学出版社，1997.

［6］安贺新，李喆. 中华老字号顾客体验管理问题研究［J］. 管理世界，2013（2）：182-183.

［7］安志，路瑶，张郁. 技术创新、自主品牌与本土企业出口参与［J］. 当代经济科学，2018，40（06）：91-97.

［8］白彦壮，李婉喆. 研发投入强度、专利产出与自主知识产权品牌资产的关系研究［J］. 现代财经（天津财经大学学报），2015，35（03）：78-88.

［9］曹洪军，高松，庄晖. 我国中小企业品牌资产发展路径研究［J］. 中国工业经济，2008（12）：124-133.

［10］陈承，王宗军，叶云. 信号理论视角下企业社会责任信息披露对财务绩效的影响研究［J］. 管理学报，2019，16（03）：408-417.

［11］陈德球，金雅玲，董志勇. 政策不确定性、政治关联与企业创新效率［J］. 南开管理评论，2016，19（04）：27-35.

［12］陈虹，徐融. 中美上市公司国际竞争力研究——基于高端制造业和信息技术业的实证分析［J］. 国际金融研究，2016（04）：49-61.

［13］陈姝，王正斌，刘伟，等. 感知产品创新性对品牌资产的影响机

制研究 [J]. 预测, 2015, 34 (03): 21 - 27.

[14] 陈曦, 刘尚希. 经济学关于不确定性认知的变迁 [J]. 财政研究, 2020 (07): 3 - 13.

[15] 成中英. 易学本体论 [M]. 北京: 北京大学出版社, 2006.

[16] 程亚, 陈名婕, 张春. 女性高管、利率市场化与企业创新 [J]. 经济师, 2019 (11).

[17] 程桢. 品牌创新的动因及策略 [J]. 管理现代化, 2004 (06): 39 - 40.

[18] 崔淑雅. 媒介新格局下专业财经媒体的品牌资产构建探析 [D]. 中央财经大学, 2022.

[19] 崔也光, 姜晓文, 齐英. 现金流不确定性、研发投入与企业价值 [J]. 数理统计与管理, 2019, 38 (03): 495 - 505.

[20] 崔也光, 张悦, 王肇. 创新驱动国策下公司研发指数的构建研究——公司研发综合实力的会计评价方法 [J]. 会计研究, 2020 (02): 16 - 25.

[21] 邓创, 曹子雯. 中国货币政策不确定性测度及其宏观经济效应分析 [J]. 吉林大学社会科学学报, 2020, 60 (01): 50 - 59.

[22] 邓创, 赵珂, 吴超. 中国政策不确定性会加剧经济与金融不确定性吗? [J]. 系统工程理论与实践, 2022, 42 (03): 559 - 574.

[23] 丁剑平, 刘璐. 中国货币政策不确定性和宏观经济新闻的人民币汇率效应 [J]. 财贸经济, 2020, 41 (05): 19 - 34.

[24] 杜小飞. 经济政策不确定性和融资约束对企业加成率的影响研究 [D]. 大连理工大学, 2020.

[25] 杜勇, 鄢波, 陈建英. 研发投入对高新技术企业经营绩效的影响研究 [J]. 科技进步与对策, 2014, 31 (02): 87 - 92.

[26] 范小倩. 即墨老酒品牌战略创新与发展 [D]. 青岛科技大学, 2017.

[27] 范秀成, 冷岩. 品牌价值评估的忠诚因子法 [J]. 科学管理研究, 2000 (05): 50 - 56.

[28] 范子英，田彬彬．税收竞争、税收执法与企业避税 [J]．经济研究，2013，48（09）：99－111．

[29] 冯婷．从熊彼特创新理论看中国供给侧结构性改革 [J]．时代金融，2019（03）：83－84．

[30] 高金窑．奈特不确定性与非流动资产定价：理论与实证 [J]．经济研究，2013，48（10）：82－97．

[31] 高良谋，马文甲．开放式创新：内涵、框架与中国情境 [J]．管理世界，2014（06）：157－169．

[32] 龚旻，张帆，甘家武．财税政策不确定性的衡量——基于适应性学习预期的分析框架 [J]．财贸经济，2020，41（05）：35－50．

[33] 顾夏铭，陈勇民，潘士远．经济政策不确定性与创新——基于我国上市公司的实证分析 [J]．经济研究，2018，53（02）：109－123．

[34] 郭洪，薛大东，杜青龙，等．我国品牌资产价值证券化分析 [J]．中国软科学，2012（06）：113－119．

[35] 郭金．财政政策不确定性对企业非效率投资的影响研究 [D]．中国财政科学研究院，2022．

[36] 郭豫媚，戴赜，彭俞超．中国货币政策利率传导效率研究：2008—2017 [J]．金融研究，2018（12）：37－54．

[37] 国际会计准则委员会．国际会计准则第38号——无形资产 [J]．会计研究，1999（08）：3－5．

[38] 韩刚．品牌资产的使用价值与价值 [J]．西安政治学院学报，1999（03）．

[39] 韩光军．品牌策划 [M]．北京：经济管理出版社，1997．

[40] 郝威亚，魏玮，温军．经济政策不确定性如何影响企业创新？——实物期权理论作用机制的视角 [J]．经济管理，2016，38（10）：40－54．

[41] 何德旭，张雪兰，王朝阳，等．货币政策不确定性、银行信贷与企业资本结构动态调整 [J]．经济管理，2020，42（07）：5－22．

[42] 何佳讯，秦翕嫣，杨清云，等．创新还是怀旧？长期品牌管理

"悖论"与老品牌市场细分取向——一项来自中国三城市的实证研究［J］.管理世界，2007（11）：96-107.

［43］侯建，陈恒.外部知识源化、非研发创新与专利产出——以高技术产业为例［J］.科学学研究，2017，35（03）：447-458.

［44］胡国柳，赵阳，胡珊.D&O保险、风险容忍与企业自主创新［J］.管理世界，2019（08）：121-135.

［45］胡久凯，王艺明.我国财政政策的调控效果分析——基于政策不确定性视角［J］.财政研究，2020（01）：59-73.

［46］胡元木，纪端.董事技术专长、创新效率与企业绩效［J］.南开管理评论，2017，20（03）：40-52.

［47］黄宁，郭平.经济政策不确定性对宏观经济的影响及其区域差异——基于省级面板数据的PVAR模型分析［J］.财经科学，2015（06）：61-70.

［48］黄群慧，李晓华.创新发展理念：发展观的重大突破［J］.经济管理，2016，38（11）：1-10.

［49］黄永春，李伟，余菲菲.政府扶持中小企业自主品牌成长的作用机制解析——价值链视角下的PLS-SEM实证分析［J］.软科学，2015，29（02）：19-23.

［50］季伟伟，陈志斌，赵燕.货币政策与企业财务风险变化［J］.上海经济研究，2014（05）：27-37.

［51］贾康，孟艳.关于财政政策与货币政策协调配合的简要认识［J］.财政研究，2008（06）：24-27.

［52］贾燕冉.企业R&D投入对创新绩效的影响研究［D］.河北经贸大学，2022.

［53］贾玉成，张诚.经济周期、经济政策不确定性与跨国并购：基于中国企业跨国并购的研究［J］.世界经济研究，2018（05）：65-79.

［54］简传红，任玉珑，罗艳蓓.组织文化、知识管理战略与创新方式选择的关系研究［J］.管理世界，2010（02）：181-182.

［55］江红艳，王宇，吉峰，等.社会排斥对老字号品牌激活策略效果的

影响——时间取向的中介作用 [J]. 管理评论, 2016, 28 (11): 95 – 105.

[56] 江伟, 孙源, 胡玉明. 客户集中度与成本结构决策——来自中国关系导向营商环境的经验证据 [J]. 会计研究, 2018 (11): 70 – 76.

[57] 蒋廉雄, 冯睿, 滕海波, 等. 不同品牌化情境下的新产品采用: 消费者创新性和品牌依恋的影响 [J]. 南开管理评论, 2015, 18 (06): 71 – 80.

[58] 蒋廉雄, 战男, 朱辉煌, 等. 企业创新活动如何转化为品牌效应: 类别化认知的主导机制 [J]. 外国经济与管理, 2017, 39 (03): 61 – 78.

[59] 颉茂华, 王瑾, 刘冬梅. 环境规制、技术创新与企业经营绩效 [J]. 南开管理评论, 2014 (06): 106 – 113.

[60] 靳庆鲁, 孔祥, 侯青川. 货币政策、民营企业投资效率与公司期权价值 [J]. 经济研究, 2012, 47 (05): 96 – 106.

[61] 凯勒. 战略品牌管理 [M].3 版. 北京: 中国人民大学出版社, 2009.

[62] 科特, 赫斯克特, 李晓涛. 企业文化与经营业绩——当代世界学术名著·管理学系列 [M]. 北京: 中国人民大学出版社, 2004.

[63] 邝雄, 胡南贤, 徐艳. 货币政策不确定性与银行信贷决策——基于新闻报道文本分析的实证研究 [J]. 金融经济学研究, 2019, 34 (05): 68 – 79.

[64] 黎文靖, 郑曼妮. 实质性创新还是策略性创新? ——宏观产业政策对微观企业创新的影响 [J]. 经济研究, 2016, 51 (04): 60 – 73.

[65] 李成, 李一帆, 张炜. 财政政策与货币政策的动态搭配和组合模式 [J]. 改革, 2020 (01): 100 – 110.

[66] 李成, 于海东, 李一帆. 货币政策不确定性对宏观经济影响的实证 [J]. 统计与决策, 2021, 37 (18): 128 – 132.

[67] 李凤羽, 杨墨竹. 经济政策不确定性会抑制企业投资吗? ——基于中国经济政策不确定指数的实证研究 [J]. 金融研究, 2015 (04): 115 – 129.

[68] 李建宏. 三维度概念模型下技术创新对品牌权益的影响机制分析 [J]. 统计与决策, 2017 (24): 44 - 47.

[69] 李连军, 戴经纬. 货币政策、会计稳健性与融资约束 [J]. 审计与经济研究, 2016, 31 (01): 75 - 82.

[70] 李明德. 两大法系背景下的商标保护制度 [J]. 知识产权, 2021 (08): 3 - 20.

[71] 李楠. 品牌的会计核算探究 [J]. 会计之友, 2011 (04): 73 - 75.

[72] 李香菊, 杨欢. 财税激励政策、外部环境与企业研发投入——基于中国战略性新兴产业 A 股上市公司的实证研究 [J]. 当代财经, 2019 (03): 25 - 36.

[73] 李香菊, 祝丹枫. 财税政策波动如何影响中国制造业转型升级——基于信息不对称和目标冲突视角的分析 [J]. 财贸研究, 2018, 29 (11): 15 - 30.

[74] 李晓燕. 专利对经济发展的贡献度分析 [J]. 统计与决策, 2019 (20): 117 - 120.

[75] 李亚男. 公司创新能力发展指数构建——基于新疆上市公司的实证研究 [C] //中国管理现代化研究会, 复旦管理学奖励基金会. 第十八届 (2023) 中国管理学年会暨 "一带一路" 十周年研讨会论文集. [出版者不详], 2023: 16.

[76] 李忆, 马莉, 苑贤德. 企业专利数量、知识离散度与绩效的关系——基于高科技上市公司的实证研究 [J]. 情报杂志, 2014, 33 (02): 194 - 200.

[77] 李颖灏, 张苗. 消费认同对品牌购买意愿的影响 [J]. 商业研究, 2013 (11): 74 - 79.

[78] 李玉香. 品牌与企业发展 [M]. 北京: 知识产权出版社, 2010.

[79] 梁城城, 胡智, 李业强, 等. 国际品牌价值评价方法及最新进展 [J]. 管理现代化, 2018, 38 (06): 86 - 91.

[80] 梁权熙, 谢宏基. 政策不确定性损害了中国经济的长期增长潜力

吗？——来自企业创新行为的证据 [J]. 中央财经大学学报，2019（07）：79－92.

[81] 刘炳辰. 财政政策不确定性与城投债发行 [J]. 财政监督，2023（17）：76－83.

[82] 刘德胜，张玉明. 政府研发资助驱动 SME 研发及其效果研究 [J]. 软科学，2010，24（07）：27－31.

[83] 刘东胜，周玲玲. 企业家个人品牌、企业品牌资产与品牌绩效——来自中国上市公司的实证研究 [J]. 科学决策，2016（12）：45－58.

[84] 刘督，万迪昉，吴祖光. 我国创业板市场能够识别创新质量吗？[J]. 科研管理，2016，37（12）：46－54.

[85] 刘方. 熊彼特的"创新思想"评介——读《经济发展理论》[J]. 求实，2004（S1）：159－160.

[86] 刘海明，李明明. 货币政策对微观企业的经济效应再检验——基于贷款期限结构视角的研究 [J]. 经济研究，2020，55（02）：117－132.

[87] 刘和旺，郑世林，王宇锋. 所有制类型、技术创新与企业绩效 [J]. 中国软科学，2015（03）：28－40.

[88] 刘红霞. 品牌资产的公允价值计量及其信息揭示研究 [J]. 中央财经大学学报，2009（10）：91－96.

[89] 刘洪深，汪涛，周玲，等. 制度压力、合理性营销战略与国际化企业绩效——东道国受众多元性和企业外部依赖性的调节作用 [J]. 南开管理评论，2013，16（05）：123－132.

[90] 刘建华，李园园，段坤，等. 董事会特征、创新投入与品牌价值——基于内生性视角的实证研究 [J]. 管理评论，2019，31（12）：136－145.

[91] 刘婧，罗福凯，王京. 环境不确定性与企业创新投入——政府补助与产融结合的调节作用 [J]. 经济管理，2019，41（08）：21－39.

[92] 刘尚希. 不确定性：财政改革面临的挑战 [J]. 财政研究，2015（12）：2－11.

[93] 刘尚希. 财政蓝皮书：中国财政政策报告（2019）[M]. 北京：

社科文献出版社，2019.

[94] 刘尚希，李成威，杨德威. 财政与国家治理：基于不确定性与风险社会的逻辑 [J]. 财政研究，2018（01）：10－19.

[95] 刘婷，杨琦芳. "她力量"崛起：女性高管参与对企业创新战略的影响 [J]. 经济理论与经济管理，2019（8）：75－90.

[96] 刘希宋，赵洪亮，邓立治. 自主品牌创新功能及其效果评价研究 [J]. 科技管理研究，2007（07）：14－16.

[97] 刘晓华，朱力伟，张燕花. 专利产出对高技术产业创新价值链的贡献分析——基于灰色关联分析法 [J]. 忻州师范学院学报，2022，38（02）：68－75.

[98] 刘永涛. 研发费用税前加计扣除政策及会计政策研析 [J]. 税务研究，2018，000（01）：118－121.

[99] 卢宏亮. 转型经济背景下企业间（B2B）品牌资产的来源路径、形成机理及溢出效应 [M]. 天津：南开大学出版社，2016.

[100] 卢泰宏，高辉. 品牌老化与品牌激活研究述评 [J]. 外国经济与管理，2007，29（02）：17－23.

[101] 卢泰宏，黄胜兵，罗纪宁. 论品牌资产的定义 [J]. 中山大学学报（社会科学版），2000（04）：17－22.

[102] 陆娟. 品牌资产价值评估方法评介 [J]. 统计研究，2001（09）：34－37.

[103] 陆普舜. 各国商标法律与实务（修订版）[M]. 北京：中国工商出版社，2006.

[104] 吕敏康. 财政政策、经营异质性与企业价值 [J]. 中南财经政法大学学报，2017（01）：94－105.

[105] 罗伯特·考特等. 法和经济学 [M]. 张军等译. 上海：上海三联书店、上海人民出版社，1994：191.

[106] 罗婷，朱青，李丹. 解析 R&D 投入和公司价值之间的关系 [J]. 金融研究，2009（06）：100－110.

[107] 马草原，李成. 国有经济效率、增长目标硬约束与货币政策超

调 [J]. 经济研究, 2013, 48 (07): 76 – 89.

[108] 马静. 格力品牌国际化研究 [D]. 首都经济贸易大学, 2019.

[109] 马军杰, 卢锐, 刘春彦. 中国专利产出绩效的空间计量经济分析 [J]. 科研管理, 2013, 34 (06): 99 – 105, 114.

[110] 毛昊, 尹志锋, 张锦. 中国创新能够摆脱 "实用新型专利制度使用陷阱" 吗? [J]. 中国工业经济, 2018 (03): 98 – 115.

[111] 毛其淋. 贸易政策不确定性是否影响了中国企业进口 [J]. 经济研究, 2020 (02): 148 – 164.

[112] 孟庆斌, 张永冀, 贾俊生. 宏观经济不确定性与企业最优资产结构 [J]. 系统工程理论与实践, 2019, 39 (02): 286 – 297.

[113] 牟宇鹏, 郭旻瑞, 司小雨, 等. 基于中国非遗品牌可持续性成长路径的案例研究 [J]. 管理学报, 2020, 17 (01): 20 – 32.

[114] 潘彬, 金雯雯. 货币政策对民间借贷利率的作用机制与实施效果 [J]. 经济研究, 2017, 52 (08): 78 – 93.

[115] 潘士远, 史晋川. 内生经济增长理论: 一个文献综述 [J]. 经济学 (季刊), 2002 (03): 753 – 786.

[116] 逢淑媛, 陈德智. 专利与研发经费的相关性研究——基于全球研发顶尖公司 10 年面板数据的研究 [J]. 科学学研究, 2009, 27 (10): 1500 – 1505.

[117] 彭红枫, 米雁翔. 信息不对称、信号质量与股权众筹融资绩效 [J]. 财贸经济, 2017, 38 (05): 80 – 95.

[118] 齐昕, 刘家树. 组织协作、企业创新与自主品牌成长 [J]. 预测, 2015, 34 (05): 8 – 14.

[119] 齐永智, 李园园, 闫瑶. 政府补助、技术创新与品牌价值的门槛效应研究 [J]. 宏观经济研究, 2020 (04): 60 – 70.

[120] 钱学锋, 龚联梅. 贸易政策不确定性、区域贸易协定与中国制造业出口 [J]. 中国工业经济, 2017 (10): 81 – 98.

[121] 乔均, 彭纪生. 品牌核心竞争力影响因子及评估模型研究——基于本土制造业的实证分析 [J]. 中国工业经济, 2013 (12): 130 – 142.

[122] 邱新华. "熊彼特创新理论" 对中国创新发展的启示 [J]. 对外经贸, 2020 (07)：106 – 108, 121.

[123] 权小锋, 吴世农, 尹洪英. 企业社会责任与股价崩盘风险："价值利器" 或 "自利工具"？[J]. 经济研究, 2015 (11)：51 – 66.

[124] 饶品贵, 徐子慧. 经济政策不确定性影响了企业高管变更吗？[J]. 管理世界, 2017 (01)：145 – 157.

[125] 饶品贵, 岳衡, 姜国华. 经济政策不确定性与企业投资行为研究 [J]. 世界经济, 2017, 40 (02)：27 – 51.

[126] 申慧慧, 吴联生. 股权性质、环境不确定性与会计信息的治理效应 [J]. 会计研究, 2012 (08)：8 – 16.

[127] 申慧慧, 于鹏, 吴联生. 国有股权、环境不确定性与投资效率 [J]. 经济研究, 2012, 47 (07)：113 – 126.

[128] 沈弋, 徐光华, 钱明. 双元创新动因、研发投入与企业绩效——基于产权异质性的比较视角 [J]. 经济管理, 2016, 38 (02)：69 – 80.

[129] 宋建波, 文雯. 董事的海外背景能促进企业创新吗？[J]. 中国软科学, 2016 (11)：109 – 120.

[130] 苏勇, 陈小平. 品牌通鉴 [M]. 上海：上海人民出版社, 2003.

[131] 孙健, 钟凯, 卢闯, 等. 货币政策不确定性对会计信息质量的影响研究 [J]. 经济理论与经济管理, 2017 (08)：34 – 45.

[132] 孙俊华, 陈传明. 企业家社会资本与公司绩效关系研究——基于中国制造业上市公司的实证研究 [J]. 南开管理评论, 2009, 12 (02)：28 – 36.

[133] 孙立, 何佳讯. 国家品牌战略、企业制度性行为与品牌资产——中国乳业市场的证据 [J]. 经济管理, 2019, 41 (04)：142 – 157.

[134] 孙丽辉. 区域品牌形成中的地方政府作用研究——基于温州鞋业集群品牌的个案分析 [J]. 当代经济研究, 2009 (01)：44 – 49.

[135] 孙晓强. 品牌资产提升策略——品牌代言人视角下的理论与案例 [M]. 北京：经济科学出版社, 2009.

[136] 孙日瑶. 自主创新的品牌经济学研究 [J]. 中国工业经济, 2006

（04）：59 – 65.

[137] 谭小芬，张凯，耿亚莹．全球经济政策不确定性对新兴经济体资本流动的影响 [J]．财贸经济，2018，39（03）：35 – 49.

[138] 汤湘希．论无形资产范围的界定 [J]．中南财经大学学报，1997（01）：72 – 75.

[139] 汤湘希．论组合无形资产——商誉价值的确认与分割 [J]．财务与会计，2000（11）：20 – 22.

[140] 汤湘希．无形资产会计问题探索 [M]．武汉：武汉大学出版社，2010.

[141] 唐清泉，巫岑．银行业结构与企业创新活动的融资约束 [J]．金融研究，2015（07）：116 – 134.

[142] 陶骏，李善文．"中华老字号"品牌复兴：品牌延伸及反馈 [J]．经济管理，2012，34（02）：97 – 106.

[143] 滕海丽，李园园．企业文化对品牌价值影响的实证研究——企业家精神和 CSR 的调节作用 [J]．管理现代化，2021（02）：92 – 97.

[144] 童锦治，刘诗源，林志帆．财政补贴、生命周期和企业研发创新 [J]．财政研究，2018（04）：33 – 47.

[145] 汪海粟，吴祺．关于品牌价值评估基本问题的几点思考 [J]．中国资产评估，2013（04）：19 – 25.

[146] 汪亚楠，王海成，苏慧．贸易政策不确定性与中国产品出口的数量、质量效应——基于自由贸易协定的政策背景 [J]．审计与经济研究，2020（01）：111 – 119.

[147] 王博，李力，郝大鹏．货币政策不确定性、违约风险与宏观经济波动 [J]．经济研究，2019，54（03）：119 – 134.

[148] 王成荣，李诚，王玉军．老字号品牌价值 [M]．北京：中国经济出版社，2012.

[149] 王成荣．品牌价值的评价与管理研究 [D]．华中科技大学，2005.

[150] 王成荣．品牌价值评价与管理 [M]．2 版．北京：中国人民大学

出版社，2011.

[151] 王成荣，王玉军. 老字号品牌价值评价模型 [J]. 管理评论，2014，26（06）：98-106.

[152] 王分棉，程立茹，王建秀. 知识产权保护、技术创新与品牌成长——基于门槛面板回归分析 [J]. 北京工商大学学报（社会科学版），2015（04）：102-109.

[153] 王金明，杨祚. 美国货币政策对我国宏观经济的溢出效应——基于货币政策不确定性区制分析 [J]. 数量经济研究，2023，14（03）：135-152.

[154] 王俊峰，程天云. 技术创新对品牌价值影响的实证研究 [J]. 软科学，2012，26（09）：10-14.

[155] 王立勇，王申令. 货币政策不确定性研究进展 [J]. 经济学动态，2020（06）：109-122.

[156] 王良栋. 研发投入对中国经济增长的影响研究 [D]. 河南大学，2023.

[157] 王亮亮. 研发支出资本化或费用化：税收视角的解释 [J]. 会计研究，2016（09）：17-24.

[158] 王茜. 品牌资产评估综述及我国现状分析 [J]. 中国市场，2020（002）：119-120，130.

[159] 王少华. 企业金融化适度性、宏观经济政策与创新 [D]. 山西财经大学，2019.

[160] 王姝勋，方红艳，荣昭. 期权激励会促进公司创新吗？——基于中国上市公司专利产出的证据 [J]. 金融研究，2017（03）：176-191.

[161] 王泗通，孙良顺. "老字号"品牌的危机管理与重塑——以南京新冠生园为例 [J]. 湖南社会科学，2017（05）：75-81.

[162] 王焱，赵红，赵宇彤. 品牌重叠概念与机理研究 [J]. 管理评论，2013，25（11）：156-162，176.

[163] 王肇，王成荣. 老字号企业研发创新与品牌成长关系研究 [J]. 管理评论，2020，32（12）：158-169.

［164］魏永芬．关于货币政策透明度问题的研究［J］．金融研究，2004
（10）：33－39.

［165］温信祥，苏乃芳．大资管、影子银行与货币政策传导［J］．金融
研究，2018（10）：38－54.

［166］温忠麟，叶宝娟．中介效应分析：方法和模型发展［J］．心理科
学进展，2014，22（05）：731－745.

［167］吴超鹏，唐菂．知识产权保护执法力度、技术创新与企业绩
效——来自中国上市公司的证据［J］．经济研究，2016，51（11）：125－
139.

［168］吴延兵．R&D存量、知识函数与生产效率［J］．经济学（季
刊），2006（03）：1129－1156.

［169］吴延兵．自主研发、技术引进与生产率——基于中国地区工业
的实证研究［J］．经济研究，2008（08）：51－64.

［170］夏扬．论品牌资产价值及其评估方法［J］．财贸经济，1996
（10）：47－49.

［171］肖婷，李垣．风险承担与环境不确定对新产品开发的研究［J］．
科学学研究，2010，28（07）：1077－1081.

［172］谢德仁，郑登津，崔宸瑜．控股股东股权质押是潜在的"地雷"
吗？——基于股价崩盘风险视角的研究［J］．管理世界，2016（05）：128－
140.

［173］谢军，黄志忠．宏观货币政策和区域金融发展程度对企业投资
及其融资约束的影响［J］．金融研究，2014（11）：64－78.

［174］谢乔昕．货币政策冲击对企业R&D投入的影响研究［J］．科学
学研究，2017，35（01）：93－100.

［175］熊彼特．经济发展理论［M］．北京：中国社会科学出版社，
2009.

［176］徐伟，汤筱晓，王新新．传承还是创新？老字号品牌双元性实
现路径研究——一项模糊集的定性比较分析［J］．经济管理，2020，42
（08）：85－104.

[177] 徐希燕,曹丽,周滨. 规模、创新与企业品牌竞争力 [J]. 经济管理, 2007 (06): 30 - 33.

[178] 许罡,朱卫东. 管理当局、研发支出资本化选择与盈余管理动机——基于新无形资产准则研发阶段划分的实证研究 [J]. 科学学与科学技术管理, 2010 (09): 39 - 43.

[179] 许光建,秦永良. 非对称信息市场理论的贡献及其应用 [J]. 宏观经济研究, 2002 (02): 53 - 63.

[180] 许晖,邓伟升,冯永春,等. 品牌生态圈成长路径及其机理研究——云南白药 1999 ~ 2015 年纵向案例研究 [J]. 管理世界, 2017 (06): 122 - 140.

[181] 许晖,张海军,冯永春. 传承还是重塑? 本土老字号品牌活化模式与机制研究——基于品牌真实性与价值迁移视角 [J]. 管理世界, 2018, 34 (04): 146 - 161, 188.

[182] 许军,梅姝娥. 虚拟顾客共同创造影响因素的实证研究 [J]. 管理学报, 2014, 11 (12): 1841 - 1849.

[183] 许玲玲. 高新技术企业认定、制度环境与企业技术创新 [J]. 科技进步与对策, 2018, 35 (07): 82 - 87.

[184] 薛平平,高觉民. 老字号沉淀价值的失效、激活与实现分析——基于沉淀投入动态模型 [J]. 商业经济与管理, 2019 (05): 69 - 80.

[185] 严若森,陈静,李浩. 基于融资约束与企业风险承担中介效应的政府补贴对企业创新投入的影响研究 [J]. 管理学报, 2020 (08): 1188 - 1198.

[186] 杨保军,黄志斌. 基于知识进化视角的技术创新与品牌进化耦合机制研究 [J]. 自然辩证法研究, 2014, 30 (12): 30 - 35.

[187] 杨国超,芮萌. 高新技术企业税收减免政策的激励效应与迎合效应 [J]. 经济研究, 2020, 55 (09): 174 - 191.

[188] 杨海生,陈少凌,罗党论,等. 政策不稳定性与经济增长——来自中国地方官员变更的经验证据 [J]. 管理世界, 2014 (09): 13 - 28.

[189] 杨瑚. 企业自创无形资产确认与计量 [J]. 合作经济与科技,

2012（10）：75－77.

[190] 杨林，俞安平. 企业家认知对企业战略变革前瞻性的影响 [J].
南开管理评论，2016，19（01）：120－133.

[191] 杨鸣京，程小可，钟凯. 股权质押对企业创新的影响研究——
基于货币政策不确定性调节效应的分析 [J]. 财经研究，2019，45（02）：
139－152.

[192] 杨汝梅. 无形资产论 [M]. 上海：立信会计出版社，2009.

[193] 杨武，李升. 税收征管不确定性与外商直接投资：促进还是抑
制 [J]. 财贸经济，2019，40（11）：50－65.

[194] 杨雄胜. 品牌会计 [J]. 外国经济与管理，2000（11）：37－
41.

[195] 杨依山，杜同爱，武鹏飞. 内生经济增长理论与模型的界定、
发展及其评价 [J]. 山东财政学院学报，2013（01）：108－114.

[196] 姚东旻，严文宏. 财政政策定义的重构——来自两百年间的文
献研究与中国实践的启示 [J]. 财政研究，2020（05）：3－20.

[197] 尹美群，盛磊，李文博. 高管激励、创新投入与公司绩效——
基于内生性视角的分行业实证研究 [J]. 南开管理评论，2018，21（01）：
109－117.

[198] 尹志锋，叶静怡，黄阳华，等. 知识产权保护与企业创新：传
导机制及其检验 [J]. 世界经济，2013，36（12）：111－129.

[199] 于玉林. 宏观视角下无形资产的创新与发展研究 [J]. 会计与经
济研究，2016，30（02）：67－84.

[200] 于玉林. 无形资产：面向全球化企业核心竞争力的选择 [J]. 理
论与现代化，2005（03）：60－63.

[201] 虞镇国，何敏. 创新、品牌和销售网络——杭州天堂伞业集团
成长的案例研究 [J]. 科研管理，2005，26（s1）：82－85.

[202] 袁建国，程晨，后青松. 环境不确定性与企业技术创新——基
于中国上市公司的实证研究 [J]. 管理评论，2015（10）：60－69.

[203] 袁胜军，周子祺，张剑光. 品牌力评价指标体系研究 [J]. 经济

学家，2018（03）：96 - 104.

[204] 苑泽明，马玉. 中外品牌评估比较研究 [J]. 现代财经（天津财经大学学报），2008（03）：73 - 78.

[205] 约翰奈斯比特. 定见未来：正确观察世界的 11 个思维模式 [M]. 北京：中信出版社，2018.

[206] 张爱珠. 知识产权会计 [M]. 北京：中国物资出版社，2005.

[207] 张成思，刘贯春. 中国实业部门投融资决策机制研究——基于经济政策不确定性和融资约束异质性视角 [J]. 经济研究，2018，53（12）.

[208] 张成思，刘贯春. 最优金融结构的存在性、动态特征及经济增长效应 [J]. 管理世界，2016（01）：66 - 77.

[209] 张程. 积极财政政策对扩大内需的动态作用分析 [J]. 投资研究，2019，38（12）：149 - 156.

[210] 张峰. 基于顾客的品牌资产构成研究述评与模型重构 [J]. 管理学报，2011，8（04）：552 - 558.

[211] 张峰，刘曦苑，武立东，等. 产品创新还是服务转型：经济政策不确定性与制造业创新选择 [J]. 中国工业经济，2019（07）：101 - 118.

[212] 张浩，李仲飞，邓柏峻. 政策不确定、宏观冲击与房价波动——基于 LSTVAR 模型的实证分析 [J]. 金融研究，2015（10）：32 - 47.

[213] 张杰，郑文平. 创新追赶战略抑制了中国专利质量么？ [J]. 经济研究，2018，53（05）：28 - 41.

[214] 张琳，廉永辉，辛兵海. 宏观经济不确定性、银行异质性和信贷供给 [J]. 当代经济科学，2015，37（04）：60 - 71.

[215] 张平南，徐阳，徐小聪，等. 贸易政策不确定性与企业出口国内附加值：理论与中国经验 [J]. 宏观经济研究，2018（01）：57 - 68.

[216] 张倩倩，周铭山，董志勇. 研发支出资本化向市场传递了公司价值吗？ [J]. 金融研究，2017（06）：176 - 190.

[217] 张思雪，林汉川. 创新中国品牌体系的关键：重塑与定位 [J]. 经济与管理研究，2016，37（08）：134 - 142.

[218] 张同斌，高铁梅. 财税政策激励、高新技术产业发展与产业结

构调整 [J]. 经济研究, 2012, 47 (05): 58-70.

[219] 张燚, 刘进平, 卢方杰. 中国自主品牌形象提升的关键驱动因素及对策研究——基于矫形与塑形传播的视角 [J]. 北京工商大学学报 (社会科学版), 2019, 34 (01): 40-51.

[220] 赵红, 赵新宇, 王宗水. 社会化媒体营销: 战略、行动、度量与效果评价 [J]. 管理现代化, 2017, 37 (05): 72-75.

[221] 赵卫宏, 孙茹. 驱动企业参与区域品牌化——资源与制度视角 [J]. 管理评论, 2018, 30 (12): 154-163.

[222] 赵志耘, 吕冰洋, 郭庆旺, 等. 资本积累与技术进步的动态融合: 中国经济增长的一个典型事实 [J]. 经济研究, 2007 (11): 18-31.

[223] 中国企业家调查系统, 李兰, 张泰, 等. 新常态下的企业创新: 现状、问题与对策——2015·中国企业家成长与发展专题调查报告 [J]. 管理世界, 2015 (06): 22-33.

[224] 钟凯, 程小可, 王化成. 货币政策不确定性损害了资金配置效率吗 [J]. 中国会计评论, 2017, 15 (03): 307-334.

[225] 钟梦馨. 近代中国知识产权立法研究 (1912—1949) [D]. 新疆大学, 2021.

[226] 朱国泓, 周波. 对传统商誉观的质疑和新释 [J]. 财会月刊, 2000 (16): 40-41.

[227] 朱军, 蔡恬恬. 中国财政、货币政策的不确定性与通货膨胀预期——基于中国财政-货币政策不确定性指数的实证分析 [J]. 财政研究, 2018 (01): 53-64.

[228] 朱军, 张淑翠, 李建强. 中国财税政策不确定性的度量及其经济影响模拟——基于异质性居民的视角 [J]. 社会科学战线, 2020 (02): 69-82.

[229] 朱军. 中国财政政策不确定性的指数构建、特征与诱因 [J]. 财贸经济, 2017, 38 (10): 22-36.

[230] 庄子银, 李宏武. FDI、知识产权与中国的专利结构 [J]. 研究与发展管理, 2018, 30 (01): 81-91.

［231］庄子银，李宏武. 贸易、知识产权与出口企业创新：基于美国337 调查的实证分析［J］. 世界经济研究，2018（04）：75 – 87.

［232］Aaker D. A. Measuring Brand Equity Across Products and Markets［J］. California Management Review，1996，38（3）：102 – 120.

［233］Aaker D. A. The Value of Brand Equity［J］. Journal of Business Strategy，1992，13（4）：27 – 32.

［234］Aghion P.，Bloom N.，Griffith R.，et al. Competition and Innovation：An Inverted U Relationship［J］. Quarterly Journal of Economics，2005，120（2）：701 – 728.

［235］Aghion P，Howitt P. A Model of Growth Through Creative Destruction［J］. Econometrica，1992（60）：323 – 351.

［236］Akerlof G. A. The Market for "Lemons"：Quality Uncertainty and the Market Mechanism［J］. The Quarterly Journal of Economics，1970，3（84）：488 – 500.

［237］Alchian，A. A. Uncertainty，Evolution，and Economic Theory［J］. Journal of Political Economy，1950，58（3）：211 – 221.

［238］Arrow K. J. The Economic Implication of Learning by Doing［J］. Review of Economics and Stats，1962，29（3）：155 – 173.

［239］Baker R. S.，Nicholas B.，Davis J. S. Measuring Economic Policy Uncertainty［J］. The Quarterly Journal of Economics，2016，131（4）：1593 – 1636.

［240］Balmer J.，Chen W. Corporate Heritage Brands in China. Consumer Engagement with China's Most Celebrated Corporate Heritage Brand – Tong Ren Tang［J］. Journal of Brand Management，2015，22（3）：194 – 210.

［241］Barro R. J. Economic Growth in a Cross Section of Countries［J］. The Quarterly Journal of Economics，1991，106（2）：407 – 443.

［242］Barwise P. Brandequity：Snarkorboojum？［J］. International Journal of Research in Marketing，1993，10（1）：93 – 104.

［243］Bauer M. D.，Lakdawala A.，Mueller P. 2021. Market – Based Monetary Policy Uncertainty [J]. The Economic Journal, 132 (644): 1290 – 1308.

[244] Baum C. F. , Caglayan M. , Ozkan N. , et al. The impact of macro-economic uncertainty on non-financial firms' demand for liquidity [J]. Review of Financial Economics, 2006, 15 (4): 289 – 304.

[245] Bernanke B. S. Irreversibility, Uncertainty, and Cyclical Investment [J]. Quarterly Journal of Economics, 1983, 98 (1): 85 – 106.

[246] Bloom N. , Bond S. , Van R. J. Uncertainty and Investment Dynam-ics [J]. Review of Economic Studies, 2007, 74 (2): 391 – 415.

[247] Bloom N. , Draca M. , Reenen J. V. Trade Induced Technical Change? The Impact of Chinese Imports on Innovation, IT and Productivity [J]. Review of Economic Studies, 2016, 83 (1): 87 – 117.

[248] Bloom, N. , Floetotto, M. & Jaimovich, N. et al. Really Uncertain Business Cycles [J]. Econometrica, 2018, 86 (3): 1031 – 1065.

[249] Bloom N. Fluctuations in Uncertainty [J]. The Journal of Economic Perspectives, 2014, 28 (2): 153 – 176.

[250] Bloom N. The Impact of Uncertainty Shocks [J]. Econometrica, 2009, 77 (3): 623 – 685.

[251] Budac C. , Baltador L. The Value of Brand Equity [J]. Procedia Economics and Finance, 2013, 6: 444 – 448.

[252] Chen P F, Lee C C, Zeng J H. Economic Policy Uncertainty and FirmInvestment: Evidence From the U. S. Market [J]. Applied Economics, 2019 (51).

[253] Chen Y. , Puttitanun T. Intellectual Property Rights and Innovation in Developing Countries [J]. Journal of Development Economics, 2004, 78 (2): 474 – 493.

[254] Chesbrough H W. Open Innovation [M]. Harvard Business School Press, Boston, MA, 2003.

[255] Claudiu T. A. A. B. , Adrian M. I. A. D. The Long-run Impact of Mo-netary policy Uncertainty and Banking Stability on inward FDI in EU Countries

［J］. Research in International Business & Finance，2018，45：72 – 81.

［256］David A. H.，Hsu P. H.，Li D. Innovative Originality，Profitability，and Stock Returns ［J］. The Review of Financial Studies，2018，31（7）：2553 – 2605.

［257］Davidson H. The Committed Enterprise：How to Make Values and Visions Work ［M］. Oxford：Butterworth Heinemann，2002.

［258］Delis M. D.，Kouretas G. P. Interest Rates and Bank Risk – Taking ［J］. Journal of Banking & Finance，2011，35（4）：840 – 855.

［259］Dobni and Zinkhan. G. M. Inseach of brand image：A foundation analysis ［J］. Advanced in Consumer Research，1990.

［260］Duncan T.，Moriarty S. E. A Communication – Based Marketing Model for Managing Relationships ［J］. Journal of Marketing，1998，62（2）：1 – 13.

［261］Elitzur R，Gavious A. Contracting，signaling，and moral hazard：a model of entrepreneurs，'angels，' and venture capitalists ［J］. Journal of Business Venturing，2003，18（6）：709 – 725.

［262］Erdem T.，Swait J. Brand Equity as a Signaling Phenomenon ［J］. Journal of Consumer Psychology，1998，7（2）：131 – 157.

［263］Farquhar P. H. Managing Brand Equity ［J］. Marketing Research，1989（30）：24 – 33.

［264］Fernandez – Villaverde J.，Guerron – Quintana P.，Rubio – Ramirez J.，et al. Fiscal Volatility Shocks and Economic Activity ［J］. American Economic Review，2015，105（11）：3352 – 3384.

［265］Fernández – Villaverde J.，Guerrón – Quintana P.，Rubio – Ramírez F. J.，et al. Risk Matters：The Real Effects of Volatility Shocks. ［J］. American Economic Review，2011（10）：2530 – 2561.

［266］George Akerlof，Designing contracts for a closed-loop supply chain under information asymmetry ［J］. Operations Research Letters，1970，42（2）：150 – 155.

［267］ Gilchrist S. , Zakrajsek E. Credit Spreads and Business Cycle Fluctuations ［J］. American Economic Review, 2012, 102 (4): 1692 – 1720.

［268］ Greening D. W. , Turban D. B. Corporate Social Performance As a Competitive Advantage in Attracting a Quality Workforce ［J］. Business & Society, 2000, 39 (3): 254 – 280.

［269］ Heath, C. & Tversky, A. Preference and Belief: Ambiguity and Competence in Choice under Uncertainty ［J］. Journal of Risk and Uncertainty, 1991, 4 (1): 5 – 28.

［270］ Helmut B, Karsten B, Nina K. How neo patrimonialism affects tax administration: a comparative study of three world regions ［J］. Third World Quarterly, 2011, 32 (7): 1307 – 1329.

［271］ Huang Y. , Luk P. Measuring Economic Policy Uncertainty in China ［J］. China Economic Review, 2020, 59: 78 – 96.

［272］ Hudson B. T. , Balmer J. Corporate Heritage Brands: Mead's Theory of the Past ［J］. Corporate Communications: An International Journal, 2013, 18 (3): 347 – 361.

［273］ Husted L, Rogers J, Sun B. Monetary Policy Uncertainty ［J］. Journal of Monetary Economics, 2020 (115).

［274］ Hyun H. S. , Young S. P. Financing Constraints and Internal Capital Markets: Evidence from Korean 'Chaebols' ［J］. Journal of Corporate Finance, 1999, 5 (2): 169 – 191.

［275］ Interbrand Groupplc. Brand Valuation ［M］. Premier Books, 1997 (4).

［276］ Ion M. , Gulen H. Policy Uncertainty and Corporate Investment ［J］. The Review of Financial Studies, 2016, 29 (3): 523 – 564.

［277］ Iris C. Optimal contract design in the joint economic lot size problem with multi-dimensional asymmetric information ［J］. European Journal of Operational Research, 2016, 253 (3): 711 – 733.

［278］ Jacoby J. , Szybillo G. J. , Busatoschach J. Information Acquisition

Behavior in Brand Choice Situations [J]. Journal of Consumer Research, 1977, 3 (4): 209 – 216.

[279] Jefferson G. H. , Huamao B. , Xiaojing G. , et al. R&D Performance in Chinese Industry [J]. Economics of Innovation and New Technology, 2006, 15 (4 – 5): 345 – 366.

[280] Jensen M C, Meckling W H. Theory of the firm: Managerial behavior, agency costs and ownership structure [J]. Journal of Financial Economics, 1976, 3 (4): 305 – 360.

[281] Jones T. International Intangible Cultural Heritage Policy in the Neighbourhood: An Assessment and Case Study of Indonesia [J]. Journal of Cultural Geography, 2018, 35 (1): 1 – 26.

[282] Julio B. , Yook Y. Political Uncertainty and Corporate Investment Cycles [J]. Journal of Finance, 2012, 67 (1): 45 – 83.

[283] Keller K, Lehmann D R. Brandsandbranding: Researchfindingsandfuturepriorities [J]. Marketing Sci-ence, 2006 (6).

[284] Keller K. L. , Lehmann D. R. How Do Brands Create Value? [J]. Marketing Management, 2003, 12: 26 – 31.

[285] Keller, K. L. Strategic Brand Management [M]. 中国人民大学出版社. & Prentice Hall, 1998 (27).

[286] Knight, F. H. Risk, uncertainty and profit [M]: Houghton Mifflin, 1921.

[287] Kurov A. , Stan R. Monetary Policy Uncertainty and the Market Reaction to Macroeconomic News [J]. Journal of Banking & Finance, 2017, 86: 127 – 142.

[288] Leduc S. , Liu Z. Uncertainty Shocks are Aggregate Demand Shocks [J]. Journal of Monetary Economics, 2016, 82: 20 – 35.

[289] Lemon K. N. , Rust R. T. , Zeithaml V. A. What Drives Customer Equity [J]. Marketing Management, 2001, 10 (1): 20 – 25.

[290] Lucas Jr, R. E. & Prescott, E. C. Investment under uncertainty [J].

Econometrica：Journal of the Econometric Society, 1971：659 – 681.

［291］Lucas R E. On the Mechanics of Economic Development ［J］. Journal of Monetary Economy, 1988, 22：3 – 42.

［292］Lucas R. On the Mechanics of Economic Development ［J］. Journal of Monetary Economics, 1988, 22：3 – 39.

［293］Mangold W. G. , Faulds D. J. Social Media：The New Hybrid Element of the Promotion Mix ［J］. Business Horizons, 2009, 52 (4)：357 – 365.

［294］Maskus K. E. , Neumann R. , Seidel T. How National and International Financial Development Affect Industrial R&D ［J］. European Economic Review, 2011, 56 (1)：72 – 83.

［295］Merton, R. C. Lifetime Portfolio Selection under Uncertainty：The Continuous – Time Case ［J］. The Review of Economics and Statistics, 1969, 51 (3)：247 – 257.

［296］Michael S. Job Market Signaling ［J］. Quarterly Journal of Economics, 1973 (3)：355 – 374.

［297］Miller, E. M. Risk, uncertainty, and divergence of opinion ［J］. The Journal of Finance, 1977, 32 (4)：1151 – 1168.

［298］Moran P. , Queralto A. Innovation, Productivity, and Monetary Policy ［J］. Journal of Monetary Economics, 2018, 93 (C)：24 – 41.

［299］Pastor L. , Veronesi P. Political Uncertainty and Risk Premia ［J］. Journal of Financial Economics, 2013, 110 (3)：520 – 545.

［300］Peter H. Farquhar. Managing Brand Equity. (Research Currents). ［J］. Journal of Advertising Research, 1990, 30 (4)：7 – 12.

［301］Prodan I. Influence of Research and Development Expenditures on Number of Patent Applications ［J］. Applied Econometrics and International Development, 2005, 5 (4)：5 – 22.

［302］Prüser J, Schlösser A. The Effects of Economic Policy Uncertainty on European Economies：Evidence From a TVP – FAVAR ［J］. Empirical Economic, 2019, (58).

［303］ Romer P. M. Endogenous Technical Change ［J］. Journal of Political Economy, 1990, 98 (5): 71 – 103.

［304］ Romer P M. Endogenous Technological Change ［J］. Journal of Political Economy, 1990, 98: 71 – 102.

［305］ Romer P M. Growth Based on Increasing Returns Due to Specialization ［J］. American Economic Review, 1987, 77: 56 – 62.

［306］ Romer P M. Increasing Returns and Long – Run Growth ［J］. Journal of Political Economy, 1986, 94: 1002 – 1037.

［307］ Romer P. M. Increasing Returns and Long – Run Growth ［J］. Journal of Political Economy, 1986, 94 (5): 1002 – 1037.

［308］ Rose G. M., Merchant A., Orth U. R., et al. Emphasizing Brand Heritage: Does It Work? And How? ［J］. Journal of Business Research, 2016, 69 (2): 936 – 943.

［309］ Schroeder J., Borgerson J., Wu Z. A Brand Culture Approach to Chinese Cultural Heritage Brands ［J］. Journal of Brand Management, 2015, 22 (3): 261 – 279.

［310］ See L. Patterson, Stanley W. Lindberg, The Nature of Copyright: A Law of Users' Right, the University of Georgia Press, 1991, pp. 49 – 55.

［311］ Shah A. S. Z. A., Liang S., Akbar S. International Financial Reporting Standards and the Value Relevance of R&D Expenditures: Pre and Post IFRS Analysis ［J］. International Review of Financial Analysis, 2013, 30: 158 – 169.

［312］ Sinha A. Monetary Policy Uncertainty and Investor Expectations ［J］. Journal of Macroeconomics, 2016: 188 – 199.

［313］ Spence M. Job Market Signaling ［J］. The Quarterly Journal of Economics, 1973, 87 (3): 355 – 374.

［314］ Spence M. Signaling in retrospect and the informational structure of markets ［J］. American Economic Review, 2002, 92 (3): 434 – 459.

［315］ Steenkamp J. B. E. M., Heerde H. J. V., Geyskens I. What Makes Consumers Willing to Pay a Price Premium for National Brands over Private Labels? [J]. Journal of Marketing Research, 2010, 47 (12): 1011 – 1024.

[316] Stiglitz J E. The contributions of the economics of information to twentieth century economics [J]. The Quarterly Journal of Economics, 2000, 115 (4): 1441 – 1478.

[317] Stiglitz J., Weiss A. Credit Rationing in Markets with Imperfect Information [J]. The American Economic Review, 1981, 71 (3): 393 – 410.

[318] Susan F. Consumers and Their Brands: Developing Relationship Theory in Consumer Research [J]. Journal of Consumer Research, 1998 (4): 343 – 353.

[319] Tsoligkas F., Tsalavoutas I. Value Relevance of R&D in the UK after IFRS Mandatory Implementation [J]. Applied Financial Economics, 2011, 21 (13): 957 – 967.

[320] Tversky, A. & Kahneman, D. Judgment under uncertainty: Heuristics and biases [J]. Science, 1974, 185 (4157): 1124 – 1131.

[321] Uzawa H. Optimum Technical Change in An Aggregative Model of Economic Growth [J]. International Economic Review, 1965, 6 (1): 18 – 31.

[322] Wakelin K. Productivity Growth and R&D Expenditure in UK Manufacturing Firms [J]. Research Policy, 2001, 30 (7): 1079 – 1090.

[323] Wiedmann K. P., Hennigs N., Schmidt S., et al. The Importance of Brand Heritage as a Key Performance Driver in Marketing Management [J]. Journal of Brand Management, 2011, 19 (3): 182 – 194.

[324] Xiao G. Legal Shareholder Protection and Corporate R&D Investment [J]. Journal of Corporate Finance, 2013, 23: 240 – 266.

[325] Yoo B., Donthu N. Developing and Validating a Multidimensional Consumer – Based Brand Equity Scale [J]. Journal of Business Research, 2001, 52 (1): 1 – 14.

[326] Zhong R. Transparency and Firm Innovation [J]. Journal of Accounting & Economics, 2018, 66 (1): 67 – 93.